서울 & 근교 여행
1967

서울 & 근교 여행
1967

초판 인쇄일 2017년 12월 11일
초판 발행일 2017년 12월 18일

지은이 정윤성
발행인 박정모
등록번호 제9-295호
발행처 도서출판 혜지원
주소 (10881) 경기도 파주시 회동길 445-4(문발동 638) 302호
전화 031) 955-9221~5 **팩스** 031) 955-9220
홈페이지 www.hyejiwon.co.kr

기획·진행 박혜지
디자인 김희진
영업마케팅 김남권, 황대일, 서지영
ISBN 978-89-8379-950-0
정가 16,800원

Copyright © 2017 by 정윤성 All rights reserved.

No Part of this book may be reproduced or transmitted in any form,
by any means without the prior written permission on the publisher.

이 책은 저작권법에 의해 보호를 받는 저작물이므로 어떠한 형태의 무단 전재나 복제도 금합니다.
본문 중에 인용한 제품명은 각 개발사의 등록상표이며, 특허법과 저작권법 등에 의해 보호를 받고 있습니다.

이 도서의 국립중앙도서관 출판시도서목록(CIP)은 서지정보유통지원시스템 홈페이지(http://seoji.nl.go.kr)와 국가자료공동목록시스템(http://www.nl.go.kr/kolisnet)에서 이용하실 수 있습니다.(CIP제어번호 : CIP2017029590)

서울 & 근교 여행
1967

19개의 전철 노선을 타고 쉽게 떠나는
67개 서울과 근교 여행 코스

혜지연

머리말

서울에 볼 것이 뭐가 있지?

똑같은 일상을 매일 살아오던 곳이어서 그럴까요? '여행'을 한다고 하면 일단 강원도의 바닷가를 검색하고, 부산에 사는 친구들에게 연락하거나, 여수로 가는 기차표를 끊는 것이 일반적입니다. 정작 서울에 사는 사람들은 자신이 살고 있는 서울에 어떠한 볼거리가 있는지, 어떠한 매력이 숨어 있는지 제대로 살펴보지 못하는 것 같습니다.

이 책은 서울에 볼 것이 뭐가 있지라는 고민에서부터 시작되었습니다. 우리가 흔히 아는 서울의 유명한 명소에서부터 잘 알지 못했던 골목의 숨은 명소 그리고 최근 떠오르고 있는 핫 플레이스까지… 서울이라는 도시가 가지고 있는 매력은 생각보다 무한하다는 사실도 알 수 있었습니다. 600년 조선의 도읍을 넘어 6000여 년 전 선사시대부터 사람들이 모여 살았던 서울의 역사와 겉보기에는 비슷해 보이는 길이더라도 지역마다 고유의 특징을 느낄 수 있었던 서울의 골목길, 아스팔트 길에서 벗어나 조금만 걸어가면 나오는 초록빛 숲길과 정상에 올라온 것이 결코 헛되지 않게 느껴지는 푸른 하늘과 서울의 풍경들을 볼 수 있는 산까지. 복잡하다고 느껴지면 복잡하지만, 한편으로는 활기차고 역동적인 도시인 서울의 매력을 많이 볼 수 있습니다.

1117, 587

무엇을 의미하는지 아시나요? 2017년 9월을 기준으로 서울과 경기도, 그리고 충남과 강원도까지를 아우르는 수도권 전철의 총연장(1,117km)과 총 전철 역수(587개 역)입니다. 1974년 81.8km의 1호선 전철이 개통한 이후, 40년이 넘는 세월 동안 수도권 전철은 대한민국의 발전과 함께 빠르게 성장해왔고 어느덧 1,000km가 넘는 거대한 교통 시스템이 되었습니다.

서울의 가장 큰 매력은 굳이 자동차를 타고 다니지 않더라도 교통카드 단 한 장으로 거미줄처럼 연결되어 있는 전철을 타고 쉽게 여행할 수 있는 도시라는 점입니다. 이 책에서는 유명 여행지에서부터 이색 여행지까지 서울 전 지역에 골고루 퍼져 있는 명소들을 대중교통을 이용하여 가는 방법, 그리고 여행지에 대한 자세한 소개와 맛집, 카페 소개까지 더해 알찬 서울 여행을 할 수 있도록 안내해 드릴 것입니다.

여기에 덧붙여 전철을 타고 찾아갈 수 있는 서울 근교 여행지는 무엇이 있는지도 소개합니다. 서울에서 한 시간 정도 벗어나면 바닷가를 구경할 수 있고, 바닷가 너머로 노을 지는 풍경을 담을 수도 있으며, 강가의 여유로운 풍경을 즐길 수 있습니다. 때 묻지 않은 청정 자연과 밤하늘을 더욱 아름답게 장식해주는 불빛까지 서울에서 그리 멀지 않은 곳에서 온전히 그 매력을 느낄 수 있는 여행지들을 전철로 더 쉽게 찾아갈 수 있는 방법들을 소개하였습니다.

이 책이 서울은 물론 그 주변 도시들로 이어진 전철을 타고 교통체증에서 벗어나 스트레스 없고 편리한 여행의 길잡이가 되기를 기대해봅니다.

정윤성

목차

PART 1
서울
색(色)이 있는 서울 여행

❀ 도심권(종로/중구/용산)

골목여행 01 종로 뒤편, 시간이 멈춘 것 같은 **익선동** •18
골목여행 02 전통과 현대의 만남, **인사동** •27
골목여행 03 **삼청동**에서 찾는 이색 박물관 나들이 •35
골목여행 04 경복궁의 서쪽, **서촌** 나들이 •45
골목여행 05 북악산 산세가 보이는 서울의 조용한 동네, **부암동** •52
골목여행 06 경희궁 옆 사뿐사뿐 걷는 성곽길 나들이, **행촌동** •59
골목여행 07 덕수궁 돌담길 따라 근대 유적 탐방, **정동** •66
골목여행 08 서울역 서편, 숨은 보석을 찾아 떠나는 **중림 · 만리동** •74
골목여행 09 108계단을 올라 바라보는 서울 풍경, **해방촌 · 경리단길** •80
골목여행 10 활기찬 서울의 대표 쇼핑거리, **명동** •86
골목여행 11 문화와 예술이 살아 있는 **대학로** •93
문화유적 12 조선왕조의 법궁, **경복궁** •99
문화유적 13 경복궁의 동쪽 궁궐, 동궐 여행, **창덕궁 · 창경궁** •109
문화유적 14 옹기종기 모여 있는 정다운 한옥길, **북촌한옥마을** •120
공원 15 자동차길에서 사람길로 재탄생, **서울로7017** •125
공원 16 서울의 중심, **남산**에서 바라본 서울 •133
공원 17 대한제국의 슬픈 역사가 서려있는 **장충단공원** •139
공원 18 서울 시내 한복판을 지나는 물길 따라, **청계천** 나들이 •144
공원 19 성곽을 걸으며 떠나는 감성 서울 여행, **낙산공원** •151
공원 20 서울의 과거와 미래를 한 번에, **동대문 디자인플라자** •156
박물관 21 풍성한 볼거리, 아름다운 풍경, **용산구 박물관** 여행 •161

박물관 22 서울의 역사를 담다, **서울 역사박물관** •168
FOCUS 전통시장 23 역사가 깊은 **전통시장** 나들이 •173

동북권(도봉/노원/강북/성북/중랑/동대문/성동/광진)

골목여행 01 문화와 예술이 숨어있는 조용한 동네, **성북동** •180
골목여행 02 수제화거리와 감성 카페, 이색 쇼핑공간까지, **성수동** •188
도보여행 03 서울 동북부에 있는 걷기 좋은 산책길, **아차산** •194
도보여행 04 낭만열차가 다니던 기찻길을 걷다, **경춘선 숲길** •199
도보여행 05 우이신설선 타고 떠나는 북한산 둘레길 나들이, **북한산 흰구름길** •205
공원 06 어린이부터 어른까지, 모두에게 열린 행복한 공간, **어린이대공원** •210
공원 07 서울을 대표하는 녹색 숲길, **서울숲** •214
공원 08 야경이 아름다운 **뚝섬 한강공원** •218
공원 09 중랑천과 서울 풍경이 한눈에 들어오는 **응봉산** •222
FOCUS 공원 10 서울에서 찾는 **이색 공원** •227

서남권(강서/양천/영등포/구로/금천/동작)

골목여행 01 철공소와 예술의 만남, **문래 창작촌** •235
공원 02 한적한 풍경 따라 걷는 기찻길, **항동철길 & 푸른수목원** •241
공원 03 정수장 시설과 친환경공원의 조화, **선유도공원** •246
공원 04 서울과 부천의 경계에 있는 호수공원, **서서울 호수공원** •250
공원 05 여의도 가는 길에 있는 푸른 공원, **샛강 생태공원** •254
공원 06 **여의도**에서 한강구경 · 공원산책 · 봄꽃구경 •260
박물관 07 가양동으로 떠나는 한의학 박물관 탐방, **허준박물관** •266
FOCUS 조망명소 08 서남권에서 찾는 **조망명소** 모음 •270

서북권(은평/마포/서대문)

골목여행 01 산책하고 먹고 즐기는 나들이, **연남동** •278
골목여행 02 맛과 여유로움 가득한 곳, **공덕동** •286
골목여행 03 주택가 속 핫 플레이스 찾기, **망원동** •293
골목여행 04 청정 자연과 한옥의 만남, **진관동** •300
도보여행 05 누구나 쉽게 걷는 푸른 산책길, **안산 자락길** •306

공원 06 억새의 물결을 느낄 수 있는 **하늘공원** •310
공원 07 일제강점기 아픈 역사가 있는 곳, **서대문 독립공원** •314

⚙ 동남권(강동/송파/강남/서초)

골목여행 01 개성 넘치는 공간 찾기, **천호 · 성내동** •321
도보여행 02 한성백제의 발자취를 따라서, **한성백제 왕도길** •326
도보여행 03 방배동에서 고속터미널까지 이어지는 푸른 길, **서리풀길** •333
문화유적 04 강남에서 찾는 문화유적들, **선정릉 · 봉은사** •338
공원 05 백제시대 유적과 올림픽 경기장의 만남, **올림픽공원** •344
공원 06 빌딩 숲에서 찾는 휴식쉼터, **양재 시민의숲 · 양재천** •350
공원 07 달빛무지개분수부터 유채꽃까지, **반포 한강공원** •355
공원 08 아름다운 벚꽃길, 로맨틱한 야경, **석촌호수** •360

PART 2
서울 근교
감성이 넘치는 서울 근교 여행

⚙ 수원 01 타박타박 걷는 **화성행궁** 나들이 •371
고양 02 개성 있는 여행지, 여유로운 산책 **고양** 여행 •377
파주 03 **헤이리 예술마을**에서 찾는 감성여행 •383
가평 04 가평시티투어버스와 함께 하는 **가평** 나들이 •391
남양주/양평 05 여유로운 **강변 풍경**과 함께 하는 힐링여행 •399
광주/이천 06 경강선 타고 떠나는 **광주 · 이천** 대표 명소 나들이 •405
여주 07 남한강 따라 떠나는 인문도시, **여주** 여행 •410
춘천 08 강 따라, 추억 따라, **춘천** 낭만여행 •416
아산 09 매력 넘치는 여행지들의 집합소, **아산** •425
인천 10 과거부터 미래까지 찾아가는 시간여행 •431
인천 11 바다가 보고 싶을 때? 전철타고 **인천 바다여행** •442

360° 동영상 감상 방법

1. 네이버 앱 검색창 오른쪽에 QR코드를 선택하세요.

2. 책의 QR코드를 인식시켜 링크를 들어가 주세요.

3. 메뉴 → 다른 브라우저를 선택하여 유튜브 앱에서 감상하세요.

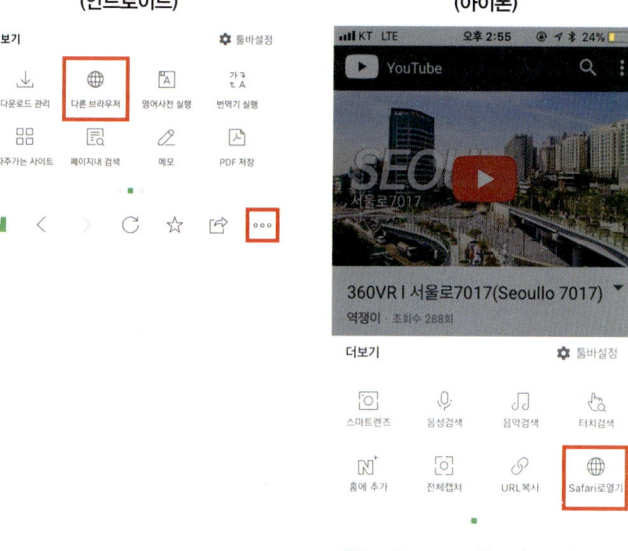

PART 1
서울

색(色)이 있는 서울 여행

도심권(종로/중구/용산)
동북권(도봉/노원/강북/성북/중랑/동대문/성동/광진)
서남권(강서/양천/영등포/구로/금천/동작)
서북권(은평/마포/서대문)
동남권(강동/송파/강남/서초)

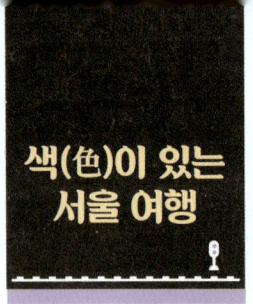

색(色)이 있는 서울 여행

✤ 단청이 인상적인 고궁 여행

서울은 오래된 역사를 담고 있는 도시이다. 광화문광장을 나와 광화문을 지나면 볼 수 있는 조선왕조의 법궁인 경복궁을 비롯하여 서울 도심에는 창덕궁, 창경궁, 덕수궁, 경희궁 등 많은 궁궐들을 만날 수 있다. 빨간색 단청에서부터 진회색의 기와와 돌담길까지, 서울의 고궁을 걷다 보면 만나게 되는 것들이다. 특히 야간개장 고궁을 방문하면 낮과는 또 다른 색다른 매력을 만날 수 있다.

※ 궁궐 통합관람권(경복궁 · 창덕궁 · 창경궁 · 덕수궁 · 종묘)

조선의 5대 궁궐 중 규모가 작은 경희궁을 제외한 나머지 궁궐과 종묘는 입장료를 받고 있다. 조금 더 저렴하게 궁궐을 여행하고 싶다면 궁궐 통합관람권을 구매하는 것이 좋다. 성인 기준 10,000원에 판매되는 궁궐 통합관람권은 경복궁, 창덕궁(후원 포함), 창경궁, 덕수궁과 종묘를 모두 구경할 수 있는데, 구매일로부터 3개월 이내에 사용이 가능하다. 단, 입장인원이 제한되어 있는 창덕궁 후원을 구경하기 위해서는 사전에 예약이 필요하며, 매표소에서 통합권을 제시한 후 후원 입장권으로 교환해야 한다.

✸ 푸른 하늘을 만날 수 있는 전망대 오르기

서울의 맑은 하늘을 조금 더 가까이에서 조금 더 시원하게 느끼고 싶다면 높은 전망대에 올라가 보는 것이 좋다. 서울에는 곳곳에 높고 낮은 산들이 많은데, 아차산이나 남산은 1시간 정도 걸려 산책하는 기분으로 올라가면 서울의 전체적인 모습이 한눈에 들어온다. 푸른색 하늘 아래 빼곡히 들어선 서울의 건물들 그리고 그 사이를 유유히 지나는 한강의 모습까지 전망대에 오르면 만끽할 수 있는 풍경이다.

✸ 녹음이 우거진 녹색 산책로 걷기

서울은 곳곳에 푸른 숲이 우거진 녹색 공원들이 정말 많다. 서울숲에서부터 시작하여 올림픽공원에 이르기까지 잘 조성된 길을 따라 가벼운 산책을 즐기기에도 좋고, 피크닉을 즐기기에도 좋다. 도심 속 공원 외에도 서울에는 조금만 걸어 들어가면 조용한 풍경이 이어지는 숨은 명소가 많이 있다.

❈ 낡고 오래된 것에서 발견하는 새로운 가치

서울의 오래된 골목길에서는 옛것을 그대로 지키고 있는 '전통'의 가치도 느낄 수 있지만, 한편으로는 옛것을 그대로 유지하면서 새롭게 공간을 꾸민 카페나 식당이 많이 있다. 때로는 허름한 한옥이 분위기 좋은 식당으로 바뀌기도 하고, 또 때로는 공장 건물이 갤러리와 카페로 바뀌기도 한다. 오래되고 허름한 공간을 재활용한 새로운 공간을 만나는 것은 서울 골목여행에서 빼놓을 수 없는 매력이자 구경거리이다.

❈ 서울의 중심부를 지나는 한강의 은빛 물길

서울 하면 빼놓을 수 없는 곳이 바로 은빛 물결이 펼쳐지는 한강이다. 한강 곳곳에는 한강공원이 있는데, 한강을 끼고 있지만 각 공원마다 매력이 다양하다. 가장 서쪽의 강서구 쪽에서는 조용하고 한적한 생태공원을 만날 수 있고, 반포동의 한강공원에서는 기네스북에도 오른 달빛무지개분수도 만날 수 있다. 또 여의도와 뚝섬공원은 전철역에 내리면 바로 한강공원이어서 쉽게 찾아갈 수 있어 언제나 사람이 많다.

✹ 봄이 찾아왔다는 소식, 서울의 벚꽃길

봄이 찾아왔다는 실감이 나서일까 아니면 벚꽃터널을 만드는 울창한 벚나무 때문일까. 3~4월 벚꽃이 개화하는 시기가 되면 전국 곳곳에서는 벚꽃축제가 열린다. 서울에도 수많은 벚꽃명소가 있다. 가장 대표적인 여의도, 석촌호수는 물론, 안양천이나 양재천, 불광천 등 서울을 지나는 하천을 따라서도 울창한 벚꽃길을 볼 수 있다. 벚꽃이 피고 절정을 지나 꽃이 지는 데까지는 일주일 정도 소요된다. 멀리 갈 필요 없이 가까운 서울 곳곳의 벚꽃길을 걸어보는 것도 좋다.

도심권 (종로/중구/용산)

각 노선별 명소 모음

1호선
- **서울역**: 08 중림·만리동, 15 서울로7017
- **시청**: 07 정동
- **종각**: 18 청계천, 02 인사동
- **종로3가**: 01 익선동
- **종로5가**: 23 광장시장
- **동대문**: 23 동대문 생선구이 골목, 23 창신동 문구완구거리
- **신설동**: 23 서울풍물시장

2호선
- **충정로**: 08 중림·만리동
- **시청**: 07 정동
- **을지로입구**: 10 명동
- **동대문 역사문화공원**: 20 동대문 디자인플라자
- **상왕십리**: 18 청계천박물관
- **신설동**: 23 서울풍물시장

3호선
- **경복궁**: 04 서촌, 05 부암동, 12 경복궁
- **안국**: 02 인사동, 13 창덕궁
- **03 삼청동, 14 북촌한옥마을**
- **종로3가**: 01 익선동
- **동대입구**: 16 남산, 17 장충단공원

경의중앙선
- **서울역**: 08 중림·만리동, 15 서울로7017
- **이촌**: 21 국립중앙박물관, 국립한글박물관, 용산가족공원

4호선
- **혜화**: 11 대학로, 13 창경궁, 19 낙산공원
- **동대문**: 23 동대문 생선구이 골목, 23 창신동 문구완구거리
- **동대문 역사문화공원**: 20 동대문 디자인플라자
- **명동**: 10 명동
- **서울역**: 08 중림·만리동, 15 서울로7017
- **삼각지**: 21 전쟁기념관
- **이촌**: 21 국립중앙박물관, 국립한글박물관, 용산가족공원

5호선
- **충정로**: 08 중림·만리동
- **서대문**: 07 정동, 22 서울역사박물관
- **06 행촌동**
- **광화문**: 12 경복궁·광화문광장, 18 청계천
- **종로3가**: 01 익선동, 02 인사동
- **동대문 역사문화공원**: 20 동대문 디자인플라자

6호선
- **창신**: 19 낙산공원
- **녹사평**: 09 해방촌·경리단길
- **삼각지**: 21 전쟁기념관

우이신설선
- **신설동**: 23 서울풍물시장

공항철도
- **서울역**: 08 중림·만리동, 15 서울로7017

골목여행
01
종로 뒤편, 시간이 멈춘 것 같은 **익선동**

서울의 한복판에 위치하여 문화와 역사의 중심지인 종로는 고층 오피스빌딩에서부터, 전통시장 그리고 문화유적이 고스란히 남아있다. 세련되고 깨끗한 큰 길에서 조금만 걸어들어가면 옛 모습을 그대로 간직하고 있는 정겨운 골목길이 하나둘 나타난다. 익선동도 바로 그곳 중 하나이다. 불과 몇 년 전까지만 하더라도 익선동 하면 사람들에게 낯선 동네였지만, 한옥의 모습이 그대로 남아있고, 분위기 좋은 음식점과 식당들이 들어서면서 유명세를 타기 시작한 곳이기도 하다.

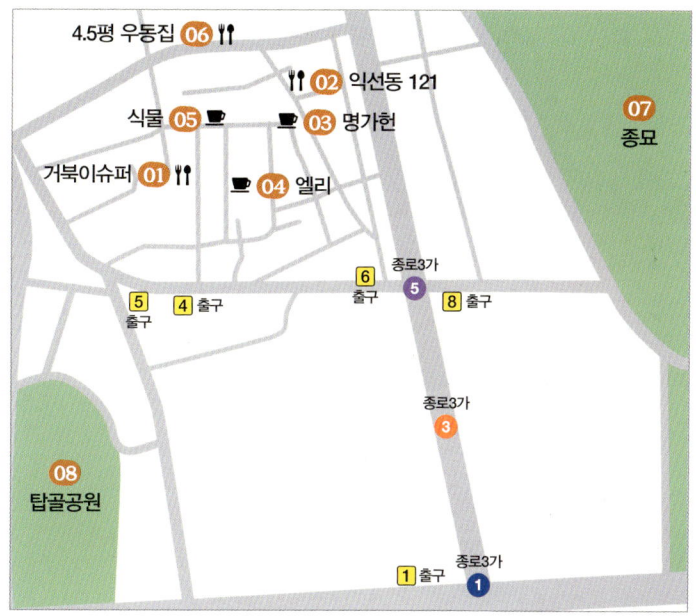

TIP 익선동 골목여행은 수표로 28길에서 시작된다. 종로3가역(1호선·3호선·5호선)과 가깝다. 5호선 이용 시 4번 출구로 나와 길을 건너면 바로 찾을 수 있으며, 1호선·3호선 이용 시에는 종로3가역 구조상 6번 출구로 나와 3분 정도 걸어가는 것이 편하다.

익선동 골목 걷기

익선동은 겉보기에는 허름하고 낡은 골목이지만, 세세히 들여다보면 세월의 지남이 느껴지는 한옥 건물들이 빼곡히 들어서 있는 것을 한눈에 알아볼 수 있다. 다른 허름한 동네들이 다 그렇듯 이곳 역시 한때는 개발의 바람이 불었다. 그러나 지금은 개발보다는 한옥을 보존하는 방향으로 바뀌었고, 한옥 그대로의 모습을 간직한 풍경 덕에 사람들의 발길이 조금씩 이어지고 있다. '더욱 착하고 잘한다'라

는 의미를 갖고 있는 익선동에 한옥들이 들어서기 시작한 것은 1920년대에서 1930년대 후반, 건설 회사를 운영하던 정세권 씨가 이 지역을 도시형 한옥마을로 개발하면서부터다. 허름한 한옥과 젊은 감각이 느껴지는 익선동은 지금도 꾸준히 변화하고 있는 활기찬 골목이다.

01 거북이슈퍼

서울특별시 종로구 수표로 28길 17-25
☎ 010-7532-7474
🕐 평일 16:00-24:00, 토요일 14:00-24:00, 일요일 14:00-23:00

익선동에 있는 수많은 상점들이 내부의 모습은 조금씩 바뀌었을지라도 한옥 그대로의 모습은 그대로 유지하고 있는 것이 돋보인다. 이곳에서 특히 눈에 띄는 상점은 거북이슈퍼이다. 허물어진 담벼락을 그대로 활용하여 만든 이곳은 겉보기에는 작은 골목가게에서 과자나 음료 등을 팔고 있는 곳으로 보이지만, 거북이슈퍼가 가지고 있는 또 다른 별명은 '가맥집'이라고 한다. 가게에 맥주를 판매하고 있는 의미로 부르는데, 가게의 내부에서 간단한 맥주와 소박한 안주를 곁들일 수도 있다.

익선동 121

서울특별시 종로구 돈화문로 11나길 30
☎ 02-765-0121
🕐 11:00-21:00(주말 11:00-20:00)

익선동 121 역시 한옥을 리모델링하여 아담한 식당으로 개조한 것이다. 이름이 익선동 121인 것은 이곳의 주소가 익선동 121번지이기 때문이다. 익선동 골목길을 따라 조금 안쪽에 있지만, 점심시간이 되면 많은 사람들이 찾고 있는 소문난 맛집이다. 익선동 121은 카레가 맛있는 집으로 알려져 있다. 원하는 카레를 두 개 선택하여 한 번에 두 개의 카레 맛을 즐길 수 있는 '반반카레'라는 메뉴가 특히 독특하다. 또 수육과 함께 나오는 표고부추된장비빔밥 역시 이 가게의 대표 메뉴이다.

익선동 121 반반카레

명가헌

서울특별시 종로구 돈화문로 11다길 34
☎ 02-741-8349
🕐 11:00-23:00(일요일 휴무)

익선동에는 한옥의 모습을 그대로 활용한 카페도 많이 있다. 명가헌 역시 익선동에 위치한 한옥카페이다. 한옥의 정문을 넘어서면 작은 마당이 보이는데, 카페라는 느낌보다는 작은 한옥 숙박 집에 온

것과 같은 착각을 불러일으킨다. 한옥카페인만큼 전통차들도 판매하지만, 커피는 물론 주류도 판매하고 있는 곳이다. 마당에 내리쬐는 햇볕을 느끼면서 한옥 특유의 따스함 그리고 여유로움을 즐길 수 있는 곳이다.

04 엘리

서울특별시 종로구 수표로 28길 21-6
☎ 02-2135-3360
🕐 11:00-22:00(월요일 휴무)

익선동 골목길은 조금은 복잡해 보이지만, 골목을 걸으면서 한옥 그대로의 모습을 유지한 채 개성 넘치는 인테리어로 꾸민 가게들을 구경하는 재미가 있는 곳이다. 카페 엘리는 한옥의 예스러움과 현대적인 분위기가 묘한 조화를 이루고 있는 곳이다. 내부로 들어가면 따뜻한 햇살이 비추는 마당 분위기가 인상적이다. 커피와 음료 외에도 케이크와 같은 디저트 그리고 맥주도 판매하고 있다.

05 식물

서울특별시 종로구 돈화문로 11다길 46-1
☎ 02-747-4854
🕚 11:00-24:00(토 · 일요일 1:00까지)

익선동에서 특히 많은 사람들이 찾고 있는 카페는 '식물'이다. 카페의 내부로 들어오면 오래된 건물이라는 느낌이 드는 어떠한 꾸밈도 없는 인테리어가 돋보인다. 한편에는 옛날 다방에서 느낄 수 있는 테이블도 보이고, 또 다른 한쪽에서는 익선동 골목길이 보이는 곳에 자리 잡은 테이블도 눈에 띈다. 빈티지 하면서도 과거와 현대의 모습이 조화롭게 섞여있는 분위기가 이곳 카페 식물에서 느낄 수 있는 인상이다.

06 4.5평 우동집

서울특별시 종로구 삼일대로 30길 37
☎ 02-741-5051
🕚 11:30-22:00(토요일 21:00까지, Break Time 15:30-16:30), 일요일 휴무

익선동에서는 작은 음식점들도 곳곳에서 만나볼 수 있다. 익선동 골목을 빠져나와 보이는 음식점은 '4.5평 우동집'이라는 이름에 걸맞는 자그마한 맛집이다. 대형 음식점들과는 다르게 소박한 내부가 인상적인데,

꾸준히 사람들의 발길이 이어지고 있어 작은 공간은 금세 한 끼 식사를 위해 모여든 사람들로 가득 찬다. 우동뿐만 아니라 카레와 연어덮밥 등 다양한 메뉴를 판매하고 있다.

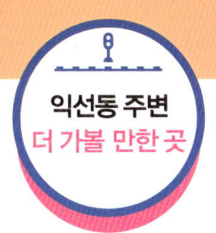

익선동 주변 더 가볼 만한 곳

07 종묘

서울특별시 종로구 종로 157　☎ 02-765-0195
1·3·5호선 종로3가역 8번 출구 → 도보 5분
시간제 운영 9:00-18:00(10월~2월 : 9:00-17:30), 화요일 휴무
　※자유관람 : 토요일, 매달 마지막 주 수요일 9:00-18:00(6~8월 18:30, 11~1월 17:30까지)
관람료 성인 1,000원(만 24세 이하, 만 65세 이상 무료)

영녕전

종묘는 조선시대 역대 왕과 왕비 그리고 추존된 왕과 왕비의 신주를 모시고 제사를 지내는 사당이다. 외대문을 통해 종묘로 들어와 조금 걸어 들어가면 종묘에서 가장 대표적인 건물인 왕과 왕비의 신주를 모신 정전과 영녕전 그리고 악공들의 대기실로 사용되었던 악공청 등을 볼 수 있다. 종묘와 함께 종묘제례악 역시 세계문화유산으로 지정되어 있다. 종묘제례는 지금도 매년 5월 첫째 주 일요일에 봉행되고 있다.

종묘 정전

08 탑골공원

서울특별시 종로구 종로 99　☎ 02-731-0534
🚇 1·3·5호선 종로3가역 1번, 5번 출구 → 도보 5분

팔각정과
원각사지 십층석탑

탑골공원은 1897년 영국인 브라운에 의해 조성된 우리나라 최초의 근대식 공원이다. 이 자리는 원각사가 있었던 자리인데, 연산군 때 원각사가 폐사된 이후에 남아있던 빈자리를 공원으로 꾸민 것이다. 탑골공원은 3·1운동의 발상지로, 독립선언서가 낭독되었던 역사적인 장소이기도 하다. 탑골공원으로 들어오면 팔각정 뒤로 국보 제2호로 지정된 원각사지 십층석탑을 볼 수 있다.

골목여행
02
전통과
현대의 만남,
인사동

서울에는 다양한 변화가 있지만, 인사동은 인사동만의 고유한 문화와 예술이 숨어 있는 곳이다. 인사동의 중심 거리에는 독특한 형태의 문화예술공간부터 아기자기한 물건들을 파는 상점들이 모여 있어 현대적인 감각과 한국 전통문화의 조화를 느낄 수 있다. 또한 인사동은 큰길 외에 그 속의 골목들을 살펴보는 것도 좋다. 전통 찻집과 화랑, 갤러리, 골동품 상점까지 구석구석 숨은 가게가 많다. 덕분에 외국인들이 우리나라의 고유문화를 알아볼 수 있고, 직접 체험해 볼 수 있는 곳이기도 하다.

도심권　27

> **TIP** 인사동은 3호선 이용 시 안국역, 5호선 이용 시 종로3가역 5번 출구를 이용하는 것이 편하며, 조계사는 1호선 종각역과 가깝다.

쌈지길

서울특별시 종로구 인사동길 44
☎ 02-736-0088   ⏰ 10:30-20:30
🚇 3호선 안국역 6번 출구 → 도보 약 5분, 1·3·5호선 종로3가역 5번 출구 → 도보 약 7분

'인사동에서 찾는 또 다른 인사동'을 표방하고 있는 인사동 쌈지길은 건물 내부로 들어가면 가운데에 중정을 두고 그 가장자리를 따라 공예품을 파는 상점들이 줄지어 있다. 지하 1층에서부터 4층까지 이어지는 인사동 쌈지길은 4층까지 길이 하나의 골목으로 연결되어 있는 것이 특징이다. 중정을 가운데 두고 완만한 경사를 따라 자연스레 1층에서부터 4층까지 쌈지길에 자리 잡은 가게들을 구경하며 하늘정원까지 올라가 볼 수 있

다. 독특한 건물형태가 인상적인 쌈지길은 하늘정원에 오르면 인사동과 그 주변 풍경을 한눈에 볼 수 있다.

02 마루

서울특별시 종로구 인사동길 35-4
☎ 02-2223-2500
🚇 3호선 안국역 6번 출구 → 도보 약 5분, 1·3·5호선 종로 3가역 5번 출구 → 도보 약 7분

인사동 쌈지길과 마찬가지로 마루 역시 한국의 문화를 느낄 수 있는 복합문화공간이다. 50여 개의 가게가 모여 있는 마루는 총 6층으로 구성되어 있으며, 공간마다 달빛마루, 큰마루, 다락마루, 하늘마루 등 이름이 붙어 있는 것이 특징이다. 김치박물관인 '뮤지엄 김치간'을 비롯하여 공예 체험을 할 수 있는 공간과 다양한 전시도 있다. 또 인사동 마루에 입점한 음식점들에서는 전통 한식과 코리안 디저트를 즐길 수 있다. 이처럼 인사동 마루에는 맛집부터 문화공간까지 모두 한곳에 모여있어 알찬 하루 여행이 가능하다.

목인박물관

서울특별시 종로구 인사동11길 20　☎ 02-722-5066
1호선 종각역 3-1번 출구 → 도보 약 7분
10:00–18:00(매주 일·월요일, 설날, 추석 연휴 휴관)
입장료 일반 5,000원, 19세 미만 65세 이상 3,000원

'목인'이란 나무로 만든 사람의 형상을 의미한다. 목인박물관은 일상생활에 사용되었던 조각상에서부터 종교, 상여 장식에 사용된 것까지 8,000여 점의 다양한 목인들을 만나볼 수 있는 박물관이다. 잘 꾸며진 정원으로 들어서면 목인박물관 건물이 나오는데, 생각보다 작고 아담한 편이다. 목인박물관에서 볼 수 있는 조각상들은 종류와 크기도 다양할뿐더러 조각상에서 보이는 표정과 옷차림, 채색까지 다양하다. 1층과 2층의 전시공간을 구경하고 3층으로 올라가면 야외 테라스에서 무료로 제공되는 음료 한 잔과 함께 인사동과 그 주변 풍경을 감상할 수 있다.

04 조금

서울특별시 종로구 인사동길 62-4
☎ 02-725-8400
🚇 3호선 안국역 6번 출구 → 도보 약 3분
🕐 11:30-22:00(명절 휴무)

일본식 솥밥집 조금 솥밥

인사동에는 골목골목마다 정갈한 한정식집이 많고 전통 찻집도 많이 있다. 조금 솥밥집은 안국동사거리 주변 인사동길 초입에 있는데, 무심코 지나치기 쉬울 정도로 간판과 가게 규모가 작은 일본 가정식 솥밥집이다. 가게 간판과 외관에서 일본식 분위기가 물씬 풍긴다. 주요 메뉴는 조금 솥밥과 송이 솥밥 그리고 전복 솥밥이다. 가격이 저렴한 편은 아니지만, 다양한 해산물, 맛살, 은행, 대추 등등 솥밥에 들어가는 메뉴가 풍성하며 담백하고 깔끔한 맛이 인상적이다.

05 아름다운차박물관

서울특별시 종로구 인사동길 19-11
☎ 02-735-6678
🚇 1·3·5호선 종로3가역 5번 출구 → 도보 약 4분
🕐 10:30-21:50(연중무휴)

서울에는 다양한 번화가들이 있지만 각 지역마다 특색이 하나씩 꼭 있다. '인사동' 하면 떠오르는 것은 우리 고유의 전통을 느낄 수 있는 공간이 많다는 것이다. 길거리에는 전통공예품들을 판매하는 가게들이 많고, 문화 공간 역시 '우리의 것'을 주제로 꾸며져 있

다. '아름다운차박물관'은 우리의 전통 중에서도 차를 알아볼 수 있으면서도 차 한 잔을 즐길 수도 있는 곳이다. 가게를 들어오면 전통차와 차를 만드는데 필요한 도구들을 구경해볼 수 있고, 한옥스타일의 넓은 공간에서는 직접 전통차를 마시면서 편안하게 휴식을 누릴 수 있는 공간이다.

06 운현궁

서울특별시 종로구 삼일대로 464　☎ 02-766-9090
🚇 3호선 안국역 4번 출구
🕘 4월~10월 9:00-19:00, 11월~3월 9:00-18:00,
　매주 월요일 휴관
관람료 무료

운현궁은 왕족의 친족인 흥선대원군이 거주하고 생활하였던 공간이다. 또 한편으로는 조선 제26대 임금인 고종이 임금이 되기 전까지 성장했던 곳이기도 하다. 운현궁은 원래 그 규모가 지금보다 더 커서 바로 옆 덕성여자대학교와 그 주변까지 모두 해당했었다고 하나, 일제강점기를 거치면서 지금의 규모로 축소되었다.

현재 운현궁에는 경비와 관리 업무를 맡은 이들이 거처했던 수직사를 비롯하여 대원군이 사랑채로 사용하던 건물이었던 노안당, 가족들의 잔치 등 큰 행사 때 주로 사용되었던 노락당, 운현궁의 별당으로 남자들이 드나들지 못했던 공간인 이로당 등의 건물을 볼 수 있다.

조계사

서울특별시 종로구 우정국로 55
☎ 02-768-8600
🕐 1호선 종각역 2번 출구 → 도보 약 5분

종각역에서 인사동 방향으로 가다보면 길가에 제법 규모가 큰 사찰이 자리 잡고 있는 것을 볼 수 있다. 조계사는 1395년(태조 4년) 창건된 사찰로 1910년에는 각황사라고 불렸고, 일제강점기에는 태고사라는 이름으로 불렸다. 조계사라는 이름으로 바뀌게 된 것은 1954년의 일이다. 일주문을 통해 들어오면 웅장한 규모의 대웅전이 보이고 대웅전 앞으로는 진신사리탑이 있다. 대웅전 옆에 백송이 있는데 500년 정도의 수령으로 추정되어 천연기념물 제9호로 지정되어 있다. 도심 속에 위치한 절인 만큼 점심시간대에 찾아가면 점심을 먹고 산책을 나온 직장인들이 상당히 많이 볼 수 있다.

조계사 백송

인사동 옆에 있는 1395년 창건된 조계사

골목여행
03
삼청동에서 찾는 이색 박물관 나들이

삼청동은 산과 물이 맑고, 인심 역시 맑다고 하여 삼청(三淸)이라는 이름이 붙여졌다고 한다. 경복궁 옆길을 따라 삼청공원 방면으로 올라가다보면 카페와 식당이 모여 있는 거리가 나타난다. 숨은 이색 박물관을 찾아보는 재미도 있고 골동품 가게, 색다른 분위기를 보이는 카페들을 구경하는 재미도 있다. 삼청동은 한쪽으로는 경복궁이 그리고 그 반대쪽으로는 북촌한옥마을이 있고 감고당길 등 분위기 좋은 거리가 이어진다.

> **TIP** 종로 11번 마을버스가 삼청동을 지나 삼청공원 입구까지 운행하고 있으며, 시청역 4번 출구, 광화문역 2번 출구에서 이용할 수 있다.

삼청공원

서울특별시 종로구 북촌로 134-3
🚌 종로 11번 버스 이용, 삼청공원(종점) 하차

종로 11번 마을버스의 종점에 내리면 바로 찾아갈 수 있는 삼청공원은 삼청동의 맛집이나 카페를 방문한 뒤에 잠시 산책 삼아 걸어도 좋은 공원이다. 이곳은 우리나라에서 처음으로 지정된 도시계획공원으로 알려져 있다. 도시계획공원으로 지정된 것은 1940년의 일이었고 공원으로 지정된 이후 오랫동안 서울시민의 휴식처로 자리매김하였다. 이

러한 역사성을 인정받아 앞으로 계속해서 보존해야 할 '서울 미래유산'으로 지정되기도 하였다. 공원에는 산책하다가 잠시 쉬어가도 좋을 삼청숲속도서관이 있다.

기차박물관

서울특별시 종로구 북촌로 147 ☎ 02-723-7793
🚌 종로 11번 버스 이용, 교육과정평가원 하차
🕐 10:30-19:00(입장마감 18:00), 매주 월요일, 1월 1일, 설날, 추석 당일 휴관

관람료 8,000원

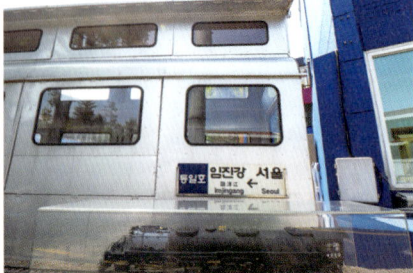

디오라마와 기차모형을 볼 수 있는 삼청기차박물관

기차박물관은 철길 건널목을 묘사한 박물관의 입구부터 이색적으로 다가온다. 총 3층으로 구성되어 있는 삼청기차박물관의 1층에는 전 세계를 달리고 있는 기차 모형을 만나볼 수 있다. 우리나라의 기차와 다른 나라의 기차는 어떠한 차이점이 있는지 모형을 통해 짐작해볼 수 있다. 2층으로 올라가면 디오라마를 볼 수 있다. '디오라마'란 작은 입체모형을 이용해서 만든 실제와 같은 장면을 의미하는데, 삼청기차박물관의 디오라마에서는 작은 공간이지만 계곡을 지나고 간이역에 도착하는 모습 등을 구경할 수 있다. 또 진동의자체험이라는 특별한 체험도 할 수 있는데, 기차소리와 영상을 들으며 마치 기차를 타고 가는 것 같은 느낌을 받을 수 있다. 3층으로 올라가면 실제 모습 크기의 1/160의 탄현역사 모형을 볼 수 있고, 야외테라스에서 삼청동과 그 주변의 모습을 살펴볼 수 있다.

부엉이 박물관

서울특별시 종로구 북촌로 143-10 ☎ 02-3210-2902
🚌 종로 11번 버스 이용, 교육과정평가원 하차 → 도보 5분
🕐 10:00-19:00(월~수요일 휴관)
입장료 성인 5,000원, 학생 4,000원, 어린이 3,000원

삼청동에는 골목골목에 작은 박물관이 많이 숨어 있다. 이 중에서 가장 인상적인 곳을 하나 뽑으라면 바로 부엉이 박물관이다. 박물관 내부로 들어오면 '부엉이'를 주제로 한 수많은 미술품과 공예품들이 전시장에 가득하다. 이곳에는 역사적인 가치가 높은 고서(古書)에서부터 앙증맞은 액세서리까지 전 세계 부엉이와 관련된 모든 것을 만나볼 수 있다. 내부는 '박물관'이라기보다는 '카페'와 좀 더 가까운 분위기로 커피나 차를 마시며 박물관 관장이 직접 모은 수많은 부엉이 작품들을 구경할 수 있다.

삼청동 수제비

서울특별시 종로구 삼청로 101-1
☎ 02-735-2965
🚌 종로 11번 버스 이용 삼청동 주민센터 하차
🕐 11:00-21:00

삼청동 수제비는 삼청동에서 오랫동안 자리 잡은 대표적인 맛집이다. 삼청동은 청와대와도 가까이 있어 이 집은 역대 대통령들이 즐겨 찾았던 곳으로도 알려져 있다. 삼청동 수제비는 TV나 언론에서도 많이 나와 점심시간이면 어김없이 줄을 서서 먹을 정도로 인기가 높다. 수제비는 항아리에 담겨져 나와 직접 조금씩 덜어먹는 방식으로 특이하다. 대표 메뉴인 수제비 외에도 새알심, 감자전 등도 판매하고 있다.

05 달

서울특별시 종로구 삼청로 94-1
☎ 02-735-7355
🚌 종로 11번 버스 이용 삼청동 주민센터 하차
🕙 10:00-22:00(주말 10:00-23:00)

삼청동하면 떠오르는 것은 거리에 들어선 카페 거리일 것이다. 특히 삼청동에는 곳곳에 한옥을 개조하여 상점이나 카페, 식당 등으로 활용하고 있는 곳들이 많다. 삼청동 카페 달은 삼청동 거리에서 찾아볼 수 있는 한옥 카페이다. 이곳에서 특히 유명한 메뉴는 여름에 한정적으로 판매하고 있는 항아리 빙수인데, 작은 항아리에 담겨 나오는 푸짐한 양의 빙수는 한옥 카페의 전체적인 분위기와도 어울린다.

브리진

서울특별시 종로구 삼청로 90-2　☎ 02-722-8120
🚌 종로 11번 버스 이용 삼청동 주민센터 하차
🕐 10:30-21:30(주말 9:00-22:30)

최근 특히 인기를 끌고 있는 카페는 도시의 야경과 시원한 전망이 있는 테라스가 있는 카페일 것이다. 삼청동에도 이런 카페들이 몇 곳 있는데 카페 브리진도 테라스가 있는 카페이다. 카페 2층에서 외부와 연결되는 좁은 계단을 따라오르면 3층의 테라스를 볼 수 있다. 삼청동 거리 바로 옆에 있어 삼청동의 전체적인 모습이 한눈에 들어온다. 해가 지고 난 뒤에는 삼청동 거리의 야경을 감상하면서 커피 한 잔을 즐길 수도 있다.

커피인뜨락

서울특별시 종로구 삼청로5길 11
☎ 02-725-7776
🚌 종로 11번 버스 이용 삼청파출소 하차
🕐 11:00-22:00

커피인뜨락은 삼청동 길에서 조금 안쪽으로 들어간 골목 사이에 있다. 이 카페는 무엇보다도 독특한 인테리어가 눈에 띈다. 새하얀 외벽에 파란색 창문 그리고 그 창문에서 나오는 불빛과 잘 정돈된 작은 정원이 골목을 지나가다가 자연스레 카페로 발걸음을 이끈다. 사람들이 많은 복잡한 길에서 조금 벗어나 삼청동에서 조용한 카페를 찾고 싶다면 추천하는 곳이다. 삼청동 길을 걷다가 삼청감리교회가 보인다면 삼청로5길을 따라 골목 안쪽으로 들어가면 볼 수 있다.

삼청동 골목 안쪽의 분위기 좋은 카페, 커피인뜨락

서울 교육박물관

서울특별시 종로구 북촌로5길 48 정독도서관
☎ 02-2011-5780
🚇 3호선 안국역 1번 출구 → 도보 약 10분
🕐 9:00-18:00(토 · 일요일 9:00-17:00)
    첫 번째, 세 번째 수요일, 공휴일 휴관
관람료 무료

삼청동으로 향하는 입구에 정독도서관이 자리 잡고 있다. 정독도서관은 옛 경기고등학교 자리에 들어선 도서관인데 도서관 입구에는 서울교육박물관이 있다. 내부로 들어오면 삼국시대에서부터 시작하여 지금에 이르기까지 우리나라 교육의 역사를 살펴볼 수 있다. 책상, 필통 등 공부하면 가장 먼저 떠오르는 물건들을 볼 수 있고, 옛날 교과서와

책을 인쇄할 때 사용되었던 인쇄용구도 구경할 수 있다. 특히 시대별로 당시의 교육 현장을 재현해 놓은 모형들을 보며 그 때 그 당시의 생활상을 상상해 볼 수 있고, 옛날 교복과 학교의 모습을 보면서 지나간 추억을 다시 되새겨볼 수 있는 공간이기도 하다.

서울교육박물관의 다양한 전시 공간

09 조선김밥

서울특별시 종로구 율곡로1길 78
☎ 02-723-7496
🚇 3호선 안국역 1번 출구 → 도보 약 10분
🕙 11:00-14:30, 16:30-20:00(일요일 휴무)

삼청동 길에는 크고 작은 음식점들이 정말 많이 있다. 조선김밥은 삼청동 입구 국립현대미술관 뒤편 골목에 있다. 허름한 간판과 입구에 김밥을 판매한다는 글귀가 적힌 티셔츠가 인상적인 곳이다. 골목길에 조용히 자리 잡고 있지만, 이 지역에서는 소문난 맛집인지라 점심시간에 찾는다면 기다리는 시간이 제법 길 수 있다. 삼잎국화나물이 들어간 것이 특징인 조선김밥, 어묵과 겨자소스가 가미된 오뎅김밥과 조선국시, 콩비지 이렇게 단 4개의 메뉴가 있다.

국립현대미술관 뒤편 골목에 있는 조선김밥

감고당길

🚇 3호선 안국역 1번 출구로 나와 안국동사거리 앞에서부터 감고당길이 시작된다.

감고당길은 안국동사거리에서부터 시작하여 덕성여자중고등학교를 지나 정독도서관 앞까지 이어지는 작은 길이다. 학교 담장길이 이어지고 정독도서관 부근에는 분위기 좋은 음식점과 카페가 모여 있다. '감고당'이란 조선 숙종이 인현왕후의 친정을 위해 지어준 집이다. 인현왕후가 폐위된 이후에 이곳에서 살았으며 이후 대대로 민 씨가 살았다. 1866년 고종 3년에 명성황후가 이곳에서 왕비로 책봉되고 명성황후는 인현왕후의 일을 생각하여 '감고당'이라는 이름을 붙였다고 한다. 감고당은 현재 경기도 여주시 명성황후 생가 옆에 이전·복원되어 있다. 감고당길은 한쪽으로는 북촌한옥마을이 그리고 다른 한쪽으로는 삼청동길이 이어진다.

안국동사거리에서 이어지는 감고당길

골목여행 04
경복궁의 서쪽, 서촌 나들이

서촌의 첫인상은 '그냥 평범한 서울의 골목'이다. 그러나 평범한 골목길에도 60년이 넘은 역사가 있는 오래된 소중한 공간들이 곳곳에 숨어있는 것이 바로 서촌 골목길이 갖는 매력이다. 서촌 골목길은 아파트가 철거되고 과거의 청정 계곡의 모습으로 탈바꿈한 수성동계곡에서부터 시작하여 박노수미술관을 지나 엽전도시락으로 유명한 통인시장 그리고 경복궁역 앞까지 이어진다.

> **TIP** 일반적인 서촌 여행코스는 우리은행 효자동지점에서부터 시작하여 수성동계곡까지(자하문로7길 · 옥인길)인데 길 찾기가 어려울 것 같다면 경복궁역에서 종로 09번 마을버스(시청역 4번 출구, 광화문역 2번 출구, 경복궁역 3번 출구)를 이용해도 된다.

01 수성동계곡

서울특별시 종로구 옥인동 185-3
종로 09번 이용, 수성동계곡 하차

종로 09번 마을버스의 종점에 내리면 인왕산 자락의 수성동계곡을 볼 수 있다. 흐르는 계곡물의 소리가 맑다고 하여 수성동(水聲洞)이라는 명칭이 붙여졌는데 겸재 정선이 그린 산수화 〈수성동〉에 등장하기도 하였다. 서울특별시 기념물 제31호로 지정되어 있는 수성동계곡은 뒤편의 인왕산을 배경으로 펼쳐지면서 곳곳에 정자가 있어 계곡물이 흐르는 시원한 경치를 즐기며 여유로운 시간을 보낼 수도 있다. 수성동계곡이 지금과 같이 공원으로 조성된 것은 2011년의 일로 이전에는 1970년대 지어진 옥인시범아파트가 이곳에 있었다. 낡은 아파트가 철거되고 옛 모습을 그대로 되찾은 것이다.

인왕산을 배경으로 아름다운 풍경이 보이는 수성동계곡

박노수미술관

서울특별시 종로구 옥인1길 34
☎ 02-2148-4171
🚉 종로 09번 이용, 박노수미술관 하차
🕙 화~일요일 10:00-18:00,
월요일, 1월 1일, 설날, 추석 당일 휴무
관람료 성인 3,000원, 학생 1,800원, 어린이 1,200원

서촌 여행의 두 번째 도착지는 박노수미술관이다. 이층집인 이 집은 시민들에게 미술관으로 개방하기 전까지는 윤덕영이 딸을 위해 지어준 가옥이다. 1938년에 지어진 이 집은 조선 말기의 한옥 양식에 중국, 서양식이 섞여있다. 우리의 것을 유지하면서도 점차 외국의 양식을 하나둘 섞었던 것이 당시의 유행이 아니었을지 짐작하게 한다. 1972년에 박노수 화가가 이 집을 사서 거주하였는데, 그가 사망하기 전에 2011년 그의 작품과 집을 종로구에 기증하여 박노수미술관으로 개관하였다. 사진 촬영이 금지되어 있는 미술관 내부에는 일제강점기에 지어진 가옥의 형태를 구석구석 살펴볼 수 있고, 고(故) 박노수 화백의 작품들도 구경이 가능하다.

미술관 뒤편에 작은 언덕에 오르면 박노수미술관과 그 주변의 모습이 들어온다.

통인시장

서울특별시 종로구 자하문로15길 18 ☎ 02-722-0911
🚇 종로 09번 이용, 통인시장 하차
🕐 **엽전도시락 판매시간** 11:00-16:00, 도시락카페 휴무일 매주 첫째, 셋째 일요일

박노수미술관을 지나 조금 내려오면 큰 길이 하나 나온다. 서울의 유명 전통시장 중의 하나인 통인시장이다. 지금은 전통시장 현대화 사업을 통해 깔끔해졌지만, 그 시작은 1941년에서부터 시작했다고 하니 60년이 넘은 역사를 자랑하는 유서 깊은 시장이다. 통인시장의 특징은 조선시대 엽전이 화폐를 대신한다는 점이다. 시장 입구에서 통인시장에서 사용되는 엽전을 교환하여 도시락 쇼핑을 즐길 수 있다. 통인시장에는 특히 기름 떡볶이가 유명하며 이외에도 많은 먹거리를 즐길 수 있다.

효자 베이커리

서울특별시 종로구 필운대로 54
☎ 02-736-7629
🚇 종로 09번 이용, 통인시장 하차
🕐 7:30-00:00

통인시장 바로 옆에는 효자베이커리라는 제과점이 있다. 규모가 작은 빵집이지만 서촌에서 유명한 빵집으로 사람들이 많은 시간대 방문한다면 줄을 서서 기다려 빵을 살 정도로 인기가 높다. 효자베이커리에서 유명한 빵은 빵 안에 옥수수, 치즈, 마요네즈와

야채가 들어간 콘브레드이다. 또 어니언크림치즈 베이글과 블루베리크림 치즈모카번 등도 효자베이커리의 대표 메뉴이다.

이상의 집

서울특별시 종로구 자하문로7길 18
☎ 070-8837-8374
🚇 종로 09번 이용, 오거리 하차
🕙 10:00-18:00(점심시간 13:00-14:00, 일·월요일 휴무)

'이상의 집'은 우리에게 〈날개〉 등으로 많이 알려진 작가 이상이 세 살부터 스물세 살까지 머물렀던 집이다. 카페로 활용하고 있는 로비를 지나 뒤편의 이상의 방으로 들어가면 소설가 이상의 생애와 그의 작품들을 살펴볼 수 있다. 문학가 이상을 추억해 볼 수 있는 공간으로 서촌 골목길 산책에서 빼놓을 수 없는 명소이다.

대림미술관

서울특별시 종로구 자하문로4길 21
☎ 02-720-0667
🚇 3호선 경복궁역 3번 출구 → 도보 약 5분
🕐 화~일요일 10:00-18:00, 목요일과 토요일은 10:00-20:00. 월요일, 추석 연휴 휴관
관람료 성인 6,000원, 학생 3,000원, 어린이 2,000원

서촌 골목길 나들이를 마치고 경복궁역 방향으로 내려오다보면 통의동에 자리 잡은 대림미술관을 만날 수 있다. '일상이 예술이 되는 미술관'이라는 비전처럼, 미술관이 위치한 곳도 사람들의 일상이 이뤄지는 주택가 한복판이라는 점이 특이하다. 대림미술관은 한국 최초의 사진 전문관으로 출발하여 지금은 다양한 분야의 사진전이 열리고 있는 곳으로, 우리 주변에서 흔히 볼 수 있는 사물을 새롭게 바라보는 다양한 전시가 열리고 있다.

골목여행
05
북악산 산세가 보이는 서울의 조용한 동네, 부암동

서울 종로구에 있는 부암동은 경복궁을 지나 북악산 방향으로 조금 올라가면 만날 수 있는 곳이다. 사람들이 많이 모이는 삼청동이나 인사동과는 달리 부암동은 조용한 것이 특징이다. 부암동은 북악산으로 이어지는 서울성곽길과 그 주변의 풍경들을 한눈에 만나볼 수 있는 곳이며, 부암동 곳곳에서는 분위기 좋은 카페와 미술관들을 볼 수 있다. 또 백사실계곡은 도롱뇽이 서식하는 곳으로 알려진 때 묻지 않은 깨끗함을 자랑하는 곳이다.

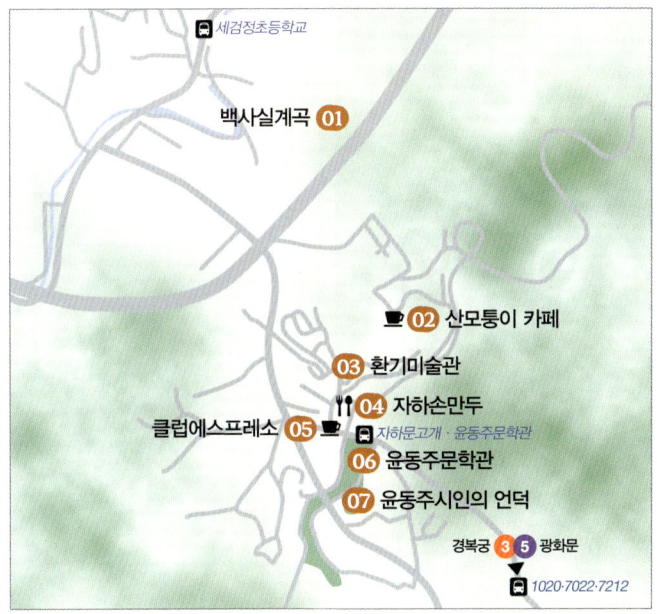

TIP 부암동 여행은 백사실계곡에서부터 윤동주문학관까지 내려오는 코스로, 윤동주문학관 근처에 북악산으로 올라가는 창의문이 있다.

백사실계곡

서울특별시 종로구 부암동 115
110, 153, 1020, 1711, 7022, 7212, 7730번 이용, 세검정초등학교 내려 세검정로 6다길을 따라 올라가면 백사실계곡을 찾아갈 수 있다.

세검정초등학교 정류소에 내려 골목으로 조금 들어가면 백사실계곡으로 향하는 이정표가 있는데, 주택가를 벗어나 10여 분 정도 산길을 따라 조금만 걸어 올라가면 백사실계곡을 만날 수 있다. 몇 분 걸었을 뿐인데 물 흐르는 소리와 새 소리만 들려와 깊은 숲 속에 온 것 같은 느낌을 불러일으킨다. 도롱뇽과 버들치가 이곳에 산다고 하니 백사실계곡의 자연이 얼마나 깨끗하고 때 묻지 않았는지를 느끼게 해준다. 백사실계곡은 백사

도심권 53

이항복의 별장 터가 있던 곳이라고 하여 붙여진 이름으로 계곡 한편에 있는 별장 터도 만나볼 수 있다.

조금만 걸어도 조용한 숲속에 온 것 같은 착각을 불러일으키는 백사실계곡

02 산모퉁이 카페

서울특별시 종로구 백석동길 153 ☎ 02-391-4737
🚇 5호선 광화문역 2번 출구, 3호선 경복궁역 3번 출구 → 7018, 7016, 1711번 환승하여 자하문터널입구·석파정 하차, 도보 약 15분 거리
🕐 11:00-22:00(명절 당일 휴무)

백사실계곡을 빠져나와 부암동 주택가를 따라 조금 걸어 내려오면 북악산을 따라놓인 서울성곽이 눈에 들어온다. 이곳에 전망이 좋은 산모퉁이 카페가 자리 잡고 있다. 산모퉁이 카페는 드라마 〈커피프린스 1호점〉의 촬영지로 알려지면서 입소문을 타 많은 사람들이 찾는 부암동의 명소이기도 하다. 노란 자동차와 아담한 마당이 보이는 정원을 지나 카페 내부로 들어오면 지하 1층은 갤러리로 그리고 2층으로 올라가

면 야외 테라스가 있다. 특히 2층에서 바라본 풍경이 인상적이다. 북악산을 따라 이어지는 서울성곽과 부암동의 전체적인 모습이 한눈에 들어온다.

산모퉁이 카페에서는 부암동과 그 주변 모습이 시원하게 보인다.

03 환기미술관

서울특별시 종로구 자하문로40길 63
☎ 02-391-7701
🚇 5호선 광화문역 2번 출구, 3호선 경복궁역 3번 출구 → 7018, 7016, 1711번 환승하여 자하문터널입구·석파정 하차, 도보 약 5분 거리
🕙 10:00-18:00(월요일, 설날, 추석 휴관)

산모퉁이 카페를 지나 내려오면 1992년에 문을 연 환기미술관을 볼 수 있다. 환기미술관은 수화 김환기 선생이 작고한 그 이듬해에 세워져 김환기의 작품과 특별전 그리고 현대미술에 관한 다양한 기획전이 열리고 있다. 환기미술관은 전시실로 활용하고 있는 본관, 카페와 기획전시실로 사용 중인 별관과 강의실, 기념관으로 활용하고 있는 수향산방으로 구성되어 있다.

자하손만두

서울특별시 종로구 백석동길 12
☎ 02-379-2648
🚇 5호선 광화문역 2번 출구, 3호선 경복궁역 3번 출구 →
7018, 7016, 1711번 환승하여 자하문터널입구 · 석파정 하차, 도보 약 5분 거리
🕐 11:00-21:30

환기미술관에서 조금만 더 걸어 내려가면 한양도성 일부를 구성하는 창의문을 볼 수 있다. 부암동 도보여행의 나머지 여행지들은 이곳 창의문 앞 삼거리에 모두 모여 있다. 부암동에 자리 잡은 맛집인 자하손만두는 가정집을 개조한 곳이어서 작은 마당에서도 식사를 할 수 있는 것이 특징이다. 담백한 만둣국이 유명한 자하손만두에서는 특히 창 밖으로 인왕산과 북악산의 모습이 들어와 멋진 전망을 보면서 한 끼 식사를 즐길 수 있다.

자하손만두 만둣국

클럽 에스프레소

서울특별시 종로구 창의문로 132
☎ 02-764-8719
🚇 5호선 광화문역 2번 출구, 3호선 경복궁역 3번 출구 →
7018, 7016, 1711번 환승하여 자하문터널입구 · 석파정 하차, 도보 약 5분 거리
🕐 9:00-22:00(설날, 추석 당일 휴무)

자하손만두집 바로 옆에는 제법 큰 카페 하나가 자리 잡고 있다. 클럽 에스프레소는 로스터리 카페로 1990년부터 문을 열어 오랜 역사를 간직한 카페이다. 카페 안에는 세계 각지의 다양한 원두를 판매하고 있는 진열대를 만나볼 수 있고 간단한 베이커리도 있

다. 2층으로 올라오면 앤티크한 카페 분위기가 시선을 끈다. 다양한 커피 맛을 느끼고 싶다면 창의문 앞 삼거리에 있는 클럽 에스프레소를 방문해보는 것이 좋다.

06 윤동주문학관

서울특별시 종로구 창의문로 119
☎ 02-2148-4175
🚇 5호선 광화문역 2번 출구, 3호선 경복궁역 3번 출구 →
　7212, 1020번 환승하여 윤동주문학관 하차
🕐 10:00-18:00(월요일, 1월 1일, 설날, 추석 휴관)

관람료 무료

〈서시〉, 〈별 헤는 밤〉 등 일제강점기 시인이자 독립운동가로 알려진 윤동주 시인의 문학작품과 관련된 자료들을 찾아볼 수 있는 윤동주문학관이 부암동에 있다. 2012년 문을 연 윤동주문학관은 3개의 전시실로 구성되어 있다. 제1전시실(시인채)에는 윤동주 시인에 대한 다양한 자료들을 만나볼 수 있는데, 특히 쉽게 만나볼 수 없는 당시의 문학잡지와 친필로 된 원고들을 만나볼 수 있다.

윤동주문학관 제2전시실(열린 우물)

제2전시실(열린 우물)에는 윤동주의 시 〈자화상〉에 등장하는 우물에서 모티브를 얻어 용도 폐기된 물탱크의 윗부분을 개방하였고, 물탱크에 저장되었던 물의 흔적도 그대로 볼 수 있다. 제2전시실을 지나 제3전시실(닫힌 우물)로 들어가면 침묵하고 사색하는 조용한 공간을 만나 볼 수 있다. 제3전시실에서는 시인에 대한 영상을 상영하고 있으니 시간에 맞춰 방문해 보는 것도 좋다.

07 윤동주시인의 언덕

🚇 5호선 광화문역 2번 출구, 3호선 경복궁역 3번 출구 → 7212, 1020번 환승하여 윤동주문학관 하차

윤동주문학관을 나와 뒤편의 언덕을 따라 올라가면 윤동주시인의 언덕으로 갈 수 있다. 윤동주는 경복궁의 서쪽, 서촌에 살았는데 종종 인왕산을 산책하곤 하였다고 전해진다. 윤동주시인의 언덕은 이런 윤동주 시인이 오르던 길목에 조성하여 그가 이 길을 걸으며 생각했을 고뇌가 어떠하였을지를 상상하며 걸어볼 수 있는 길이다. 북악산과 인왕산으로 이어지는 서울성곽 아래로는 청운효자동 일대의 모습이 한눈에 들어온다.

골목여행
06
경희궁 옆 사뿐사뿐 걷는 성곽길 나들이,
행촌동

행촌성곽마을은 강북삼성병원 옆 작은 길을 따라 이어지는 산책로이다. 바로 옆에는 서울역사박물관과 경희궁이 있고, 길을 건너면 정동길을 따라 덕수궁까지 이어진다. 상대적으로 이 두 곳에 비하면 행촌성곽마을은 사람들에게 그리 많이 알려진 동네는 아니다. 그도 그럴 것이 행촌성곽마을은 비교적 최근에 복원된 곳이기 때문인데 행촌성곽마을 주변으로는 경교장, 홍난파가옥 등의 볼거리가 숨어있어 가볍게 산책하면서 주변에 숨은 문화유적을 찾아보는 여행 코스이다.

> **TIP** 행촌동 나들이는 송월1길을 따라 이어지며, 돈의문 터에서 딜쿠샤까지는 천천히 구경하면 30분 정도가 걸린다. 행촌동 주변으로는 서울역사박물관(168쪽), 정동길(66쪽)이 있다.

경교장

서울특별시 종로구 새문안로 29 강북삼성병원
☎ 02-735-2038
🚇 5호선 서대문역 4번 출구 → 도보 5분
🕘 9:00-18:00(매주 월요일, 1월 1일 휴관)
관람료 무료

서대문역에서 걸어서 5분 정도 거리에 강북삼성병원이 있다. 강북삼성병원 안으로 들어가면 최신식 병원 건물 사이에 근대건축물 하나를 볼 수 있는데 바로 사적 제 465호로 지정되어 있는 경교장이다. 원래 이 건물은 친일파 최창학 소유의 별장이었는데, 광복 이후에는 김구의 거처로 사용되었다. 경교장이 역사적인 가치를 지니는 이유는 김구가 이곳에서 1945년부터 1949년까지 반탁운동을 비롯하여 건국·통일운동을 하였던 사저이자 대한민국 임시정부의 활동 공간이기 때문이다. 김구가 서거한 이후 경교장이 여러 차례 주인이 바뀌었고 강북삼성병원의 병원의 일부로 사용되다가 2013년 경교장의 모습을 복원하여 개관하였다. 전시실은 지하 1층에 서부터 2층까지로 대한민국임시정부의 역사, 백범 김구의 삶에 대하여 알아볼 수 있는 공간과 응접실, 귀빈 식당 등 임시정부 시절 당시의 경교장 모습도 재현되어 있다.

강북삼성병원 내 경교장

경교장 2층 응접실

02 돈의문 터

서울특별시 종로구 평동 108
🚇 5호선 서대문역 4번 출구 → 도보 5분

경교장(강북삼성병원)을 나와 행촌성곽마을로 올라가는 골목 초입에 과거 돈의문이 있었다. 서울성곽의 서쪽에 있었던 문으로, 태종 때 풍수지리설에 위배된다고 하여 돈의문을 폐쇄하고 남쪽에 서전문을 지어 도성을 출입하곤 하였다. 그러나 세종 때 서전문을 헐고 다시 서쪽

에 문을 만들어 옛 이름인 돈의문을 계속 사용하게 하니 이때부터 다시 돈의문이 서울 성곽의 서쪽문의 역할을 하게 되었다. 이 돈의문을 두고 사람들은 새로 문이 생겼다고 하여 '새문', '신문(新門)'으로 불렀는데, 그래서인지 아직 이곳 근처에는 새문안로 등 돈의문과 관련된 지명이 그대로 남아있다. 지금은 아쉽게도 돈의문의 모습을 볼 수 없고 돈의문 터만 남아있다.

03 월암근린공원

🚇 5호선 서대문역 4번 출구 → 도보 8분

경교장을 지나 강북삼성병원 옆 송월길을 따라 조금 올라가면 서울성곽길을 볼 수 있다. 북악산, 남산, 인왕산, 낙산의 능선을 따라 축조된 한양도성은 현재 총 6개의 구간으로 나뉘어 있어 성곽길을 따라 걸어볼 수 있다. 이중 월암근린공원의 서울성곽길은 인왕산 구간의 시작점이다. 월암근린공원은 완만한 서울성곽길과 산책로가 이어지는 작은 공원인데 여기에서는 어니스트 베델 집터를 볼 수 있다. 베델은 1904년 조선으로 건너와 대한매일신보를 창간하여 항일 언론활동을 지원하였던 사람으로 조선으로 건너와서 죽기까지 이곳에 살았다고 한다.

월암근린공원에서부터 서울성곽길 인왕산구간이 시작된다.

월암근린공원의 어니스트 베델 집터

04 홍난파가옥

서울특별시 종로구 송월1길 38
☎ 070-8112-7900
🚇 5호선 서대문역 4번 출구 → 도보 8분
🕐 4~10월 11:00-17:00, 11~3월 11:00-16:00(주말, 공휴일 휴관)

월암근린공원 옆 주택가에는 붉은 벽돌로 만든 오래된 건물 하나가 있다. '고향의 봄', '성불사의 밤' 등으로 유명한 작곡가 홍난파가 살았던 건물이다. 이 건물은 1930년 독일의 선교사가 지었던 건물로 1930년대의 서양식 주택의 특성이 원형 그대로 보존되어 있고, 작곡가 홍난파의 대표적인 작품이 작곡되었던 현장이라는 점에서 근대문화유산으로 지정되어 보존되고 있다.

05 딜쿠샤(앨버트 테일러 가옥)

서울특별시 종로구 사직로2길 17
🚇 5호선 서대문역 4번 출구 → 도보 15분

홍난파 가옥에서 걸어서 5분 정도 거리, 행촌동의 주택가 사이에 오래된 서양식 가옥 하나가 눈에 띈다. 일제강점기에 지어진 2층 규모의 서양식 주택의 이름은 '딜쿠샤'로 이 집은 앨버트 테일러의 집이었는데, 앨버트 테일러는 3·1 운동과 제암리 사건을 세계에 알린 미국 AP 통신사의 한국 특파원이었다. 1923년 사직터널 근처에 붉은 벽돌의 집을 지었는데, 딜쿠샤는 힌디어로 '이상향, 기쁨'을 의미하며 인도 북부 곰티 강 인근의 딜쿠샤 궁전에서 그 이름을 따온 것이다. 앨버트 테일러는 1942년 일제에 의해 추방당하기 전까지 이곳에서 살았고 딜쿠샤는 이후 피난민들이 모여 사는 집터로 전락하였으나 최근 딜쿠샤를 과거의 모습대로 복원할 계획을 수립한 상태이다. 2019년 즈음에 원형으로 복원된 딜쿠샤의 모습을 볼 수 있을 것이다.

06 권율장군 집터

딜쿠샤 바로 앞에는 큰 은행나무 한 그루가 있다. 이곳은 과거 임진왜란 때 행주대첩을 이끈 권율 장군의 집이 있던 곳이다. 지금은 이렇게 집터와 이곳이 권율장군의 집터였음을 알려주는 비석만이 세워져 있다. 비록 건물은 사라졌지만 권율장군이 직접 심었다고 하는 은행나무가 하나 남아 있다. 수령이 400년이 넘는데 이 은행나무로 인하여 행촌동(杏村洞)이라는 지명이 생겨난 것이다.

사직공원

서울특별시 종로구 사직로9길 12
☎ 02-731-0536
🚇 3호선 경복궁역 1번 출구 → 도보 5분

딜쿠샤와 권율장군 집터를 보고 난 후 인왕산로1길을 따라 5분여 정도를 걸으면 사직공원으로 갈 수 있다. 사직단은 토지를 주관하는 신인 '사(社)'와 오곡을 주관하는 신인 '직(稷)'에게 제사를 지내는 제단이다. 사직공원에서는 사직단과 함께 단군성전이 있으며 종로도서관으로 연결된다.

한편 월암근린공원과 홍난파 가옥에서 시작된 서울성곽길은 인왕산 자락을 따라 계속해서 이어진다. 이 성곽길을 따라 계속 걸으면 인왕산을 넘어 부암동 윤동주시인의 언덕과 창의문으로 이어지는데, 인왕산 서울성곽길은 바위산을 지나가야 해서 난이도가 조금 높은 길이다.

골목여행
07
덕수궁 돌담길 따라 근대 유적 탐방, 정동

덕수궁에서부터 시작하여 정동사거리까지 이어지는 1km 정도의 이 길은 근대의 유적들을 살펴볼 수 있는 길이다. 태조 이성계의 계비 신덕왕후의 정릉이 이곳에 있어 '정동'이라는 이름이 붙었고, 개화기 이후 서구 열강들의 공사관이 들어서면서 외국인들이 많은 거리가 되기도 하였다. 덕수궁 돌담길은 특히 계절에 따라 그 모습이 달라져 오래전부터 서울의 유명 산책길로 자리 잡았고 지금도 그 유명세가 이어지고 있다.

TIP 정동길은 1·2호선 시청역 1번 혹은 12번 출구에서부터 시작되며, 5호선 서대문역 5번 출구에서 걸어서 5분 거리 정동사거리까지 이어진다. 정동사거리에서는 서울역사박물관(168쪽), 행촌동(59쪽)이 있다.

01 덕수궁

서울특별시 중구 세종대로 99 ☎ 02-771-9951
🚇 1·2호선 시청역 1번 혹은 10번 출구 이용
🕘 9:00-21:00(매주 월요일 휴궁)

관람료 성인기준 1,000원(만 24세 이하, 만 65세 이상 무료)

정동길 여행은 시청역 앞 덕수궁에서부터 시작한다. 덕수궁의 정문인 대한문을 지나면 덕수궁에 있는 전각들과 그 뒤편으로 서양식 건물이 보인다. 덕수궁은 본래 '경운궁'이라는 이름을 갖고 있었으나 1907년 고종이 순종에게 양위한 후 고종 황제의 장수를 빈다는 의미로 덕수궁으로 고쳐 부르게 되었다. 다른 조선시대 궁궐들이 다 그렇듯 일제강점기를 지나면서 많은 훼손이 있기도 하였는데 지금은 중화전, 함녕전 등의 전각들과 1909년 준공된 서양식 건물인 석조전 등을 볼 수 있다.

도심권 67

함녕전 · 덕홍전 · 정관헌

대한문을 통해 덕수궁으로 들어오면 가장 먼저 함녕전과 덕홍전이 보인다. 함녕전은 1897년에 지어져 고종의 침전으로 사용되었던 곳이자 1919년 고종이 승하한 곳이기도 하다. 함녕전 바로 옆에 있는 덕홍전은 황제가 외국 사신이나 대신들을 만날 때 사용하였던 접견실이었다고 전해진다. 함녕전과 덕홍전 뒤편으로 다소 독특한 모양을 한 전각이 나오는데 동서양의 양식을 모두 갖추고 있는 정관헌이다. 지붕은 동양식의 팔작지붕이 그리고 그 둘레에는 서양식의 차양칸이 설치된 독특한 구성을 하고 있어 덕수궁에서도 조금 들어간 곳에 있지만 단연 눈에 띄는 건물이다. 고종이 다과회를 개최하고 음악을 감상하던 장소였다.

왼쪽위 함녕전   오른쪽 위 덕홍전
오른쪽 아래 정관헌

중화전

함녕전과 덕홍전, 정관헌 옆으로는 덕수궁에서 가장 규모가 큰 건물이 있다. 바로 중화전으로 1897년 고종이 러시아 공사관에서 덕수궁으로 환궁하면서 정전으로 사용하기 위해 지은 건물이다. 원래는 2층으로 된 중층 건물이었다고 하나, 화재로 소실되고 다시 지으면서 지금의 모습이 되었다고 한다. 중화전을 마주하고 중화전의 정문인 중화문이 있다.

석조전

덕수궁 하면 가장 먼저 떠오르는 건물이 바로 석조전이다. 궁궐의 다른 건축물과는 달리, 서양식의 건축물이 자리 잡고 있는 것이 특이하다. 유럽풍의 석조 건축물로 1910년에 준공된 건물이다. 석조전은 국립중앙박물관, 궁중유물전시관 등으로 사용되다가 지금은 대한제국역사관으로 사용하고 있다. 중앙홀에서부터 시작하여 접견실, 황제 서재, 황후 침실 등 대한제국 당시 생활사의 모습이 그대로 재현되어 있다.

덕수궁 야간개장

경복궁이나 창덕궁을 야간에 방문하기 위해서는 반드시 사전에 예약을 해야 하지만 덕수궁은 사전에 예약할 필요가 없다. 덕수궁의 입장 시간은 오후 8시 그리고 관람 시간은 오후 9시까지기 때문에 오후 8시 전에 들어간다면 해가 진 궁궐의 밤 풍경을 마음껏 구경할 수 있다.

덕수궁 돌담길

🚇 1·2호선 시청역 1번, 12번 출구

덕수궁을 빠져나와 대한문 좌측 덕수궁 돌담길에서부터 본격적인 정동길 여행이 시작된다. 많은 사람들이 알고 있듯이 덕수궁 돌담길은 연인들이 걷고 나면 얼마 안 가 헤어진다는 이야기가 내려오고 있다. 어디서부터 이런 이야기가 시작되었는지는 알 수 없지만, 혹자는 덕수궁 후궁들 가운데 왕의 승은을 받지 못한 여인들의 질투가 연인들에게 씌웠다고도 하고, 또 다른 사람들은 이곳에 가정법원이 있었기에 이런 이야기가 내려온다고도 한다. 덕수궁 돌담길 입구에는 예전에 검찰청과 서울법원, 대법원 등이 있었으나 지금은 서초동으로 옮기고 서울시청 서소문청사를 비롯한 서울시 행정기관들이 모여있다.

정동전망대

서울특별시 중구 덕수궁길 15
1·2호선 시청역 1번, 12번 출구 → 도보 3분
9:00-21:00(휴일 9:00-18:00, 연중개방)
관람료 무료

덕수궁 돌담길 초입에 있는 서울시청 서소문청사 13층에는 서울 시내의 모습이 한눈에 들어오는 정동전망대가 있다. 정동전망대에는 작은 카페와 함께 한쪽에 있는 커다란 통유리를 통해 덕수궁의 전체적인 모습을 구경할 수 있는 공간이 있다. 덕수궁의 전체적인 모습을 볼 수 있으며 중명전과 같은 문화유적과 서울시청 그리고 광화문 일대의 고층 빌딩들이 눈에 들어온다. 아래를 내려다보면 덕수궁 돌담길을 걷는 사람들의 모습도 보인다. 카페 한편에는 정동에서 어떤 건축물들이 있었는지 알아볼 수 있는 공간도 마련되어 있어 정동길을 거닐면서 만날 것들에 대하여 미리 파악할 수 있다.

왼쪽 전동전망대는 덕수궁 돌담길 초입 서울시청 서소문청사 13층에 있다.
오른쪽 정동전망대에서 바라본 덕수궁

04 정동교회

서울특별시 중구 정동길 46
☎ 02-753-0001
🚇 1·2호선 시청역 1번, 12번 출구 → 도보 7분

정동은 외국인 선교사들이 모여들면서 이화학당, 배재학당을 비롯한 교육기관과 우리나라 최초의 호텔인 손탁호텔이 있던 곳이다. 대부분의 건물들은 현재 사라져 그 터만 있지만 정동교회는 그 자리에 그대로 남아있다. 덕수궁 돌담길을 지날 무렵 보이는 작은 교차로 건너편에 슬쩍 보아도 오랜 연륜이 묻어나는 건물이 바로 사적 제 256호로 지정되어 있는 정동교회다. 1897년에 준공되어 100년이 넘은 역사를 간직한 이 건물은 우리나라 최초의 프로테스탄트 교회 건축물이다.

05 정동극장

서울특별시 중구 정동길 43　☎ 02-751-1500
1·2호선 시청역 1번, 12번 출구 → 도보 7분
9:00-18:00(월요일 휴무)

중명전 입구에서는 1995년 개관된 정동극장을 볼 수 있다. 1908년 우리나라 최초의 근대식 극장이자 판소리 전문 공연장이었던 원각사를 복원하는 이념을 담고 있는 극장으로, 이곳에서는 상설공연인 〈전통예술무대〉를 비롯하여 전통뮤지컬 등 우리나라의 문화예술을 현대적으로 재해석한 많은 공연들이 열리고 있다.

06 구 러시아 공사관

서울특별시 중구 정동길 21-18 정동공원
1·2호선 시청역 1번, 12번 출구 → 도보 10분, 5호선 서대문역 5번 출구 → 도보 10분

정동극장과 중명전 앞을 지나 계속해서 정동길을 걷다 보면 주한 캐나다 대사관이 나온다. 이 길을 따라 조금 올라가면 정동에 남아 있는 또 하나의 근대건축물인 구 러시아 공사관의 건물 일부를 볼 수 있다. 구 러시아 공사관은 을미사변으로 명성황후가 시해된 이후, 1896년 고종이 러시아 공사관으로 거처를 옮긴 아관파천이 일어난 역사적인 장소이기도 하다. 르네상스 형식의 2층이었던 이 건물은 6·25 전쟁으로 파괴되어 지금은 러시아 공사관 건물의 일부를 구성하였던 탑만 남아있다.

골목여행

08
서울역 서편, 숨은 보석을 찾아 떠나는 중림·만리동

만리동과 중림동은 충정로역과 서울역 서부 사이에 있는 곳이다. 옛 서울역은 1호선과 4호선이 지나고 있는 서울역 광장 쪽으로만 출구가 나 있었고 그래서 오랫동안 남대문시장 방면 서울역의 동쪽은 높은 빌딩이 많아 사람들의 발길도 잦았다. 이에 반해 서울역 서쪽 만리동과 중림동은 상대적으로 조용하고 낡은 이미지가 강했다. 서울역 고가도로가 자동차길 대신에 사람길로 재탄생하면서 만리동과 중림동으로 향하는 사람들의 발길이 많아지고 있다. 이곳에는 주택가 사이에 자리 잡은 고풍스러운 성당인 약현성당, 서울 최초 수제화 골목인 염천교 수제화거리, 손기정 체육공원 등이 있다.

TIP 중림동과 만리동은 서울역 서부 방향 출구(철도 서울역 3번 출구, 전철 이용 시 공항철도 15번 출구, 경의선 출구 방향)과 가깝다. 문화역서울 284 · 서울로7017(125쪽)과 가깝다.

01 염천교 수제화거리

서울특별시 중구 의주로2가 175-8
1호선 · 4호선 · 공항철도 서울역 2번 출구 → 도보 약 10분

염천교는 서울역과 서소문근린공원 사이에 놓인 교량을 말한다. 기차가 끊임없이 지나다니고 있는 이곳에 낡고 허름한 건물들이 서있다. 거리에는 수제화를 판매하는 가게들

도심권   75

이 모여 있는데 1925년 경성역(지금의 서울역)이 들어서면서 염천교 수제화거리의 역사가 시작되었다. 미군 정기를 거치면서 미군들의 손상된 미군 군화를 구매하여 국군 군화 및 다양한 구두로 재탄생시켜 판매하던 것이 수제화거리의 시작이었고, 산업화 시기에는 최대의 수제화 도매 상권을 이루기도 하였다. 그러나 1990년대 들어서면서 염천교 수제화거리는 사람들의 소비행태 변화 등으로 쇠퇴하기 시작하였는데, 최근에는 이곳 수제화거리의 역사성을 잇기 위해 수제화거리라는 테마거리를 조성하고 활성화를 위해 노력을 하고 있다.

약현성당

서울특별시 중구 청파로 447-1
☎ 02-362-1891
🚇 2·5호선 충정로역 4번 출구 → 도보 약 10분

중림동삼거리를 건너 언덕을 따라 조금 올라가면 고풍스러운 분위기의 성당을 볼 수 있다. 바로 약현성당이다. 약현성당은 1891년 조선의 천주교 박해 때 많은 천주교도들의 사형이 집행된 서소문 성지가 내려다보이는 언덕 위에 지었다. 프랑스 출신의 코스트 신부가 설계한 약현성당은 로마네스크 형식과 고딕 양식이 절충되어 있는 형태로 우리나라 최초의 서양식 벽돌 건축물이기도 하다. 명동성당이 4대문 안의 선교를 담당했다면 약현성당은 4대문 밖의 선교를 담당했다고 전해진다.

리즈너블 한식당

서울특별시 중구 만리재로35길 50 ☎ 02-363-5008
🚇 1호선·4호선·공항철도 서울역 15번 출구, 경의선 서울역 → 도보 약 8분
🕐 평일 12:00-22:30, 토요일 15:00-23:00, 일요일 휴무

리즈너블한식당은 외부에 간판이 없어 그냥 지나치기 쉬운 식당이다. 허름한 골목에 깔끔하게 만들어진 인테리어가 인상적인데, 이 식당은 닭볶음탕으로 유명하다. 조미료를 넣지 않아 마치 집밥을 먹는 듯한데, 점심 메뉴로는 닭볶음탕과 카레덮밥이 가능하며 특히 1인분씩 주문을 받기 때문에 혼밥으로도 먹기 좋은 식당이다. 다양한 안주도 마련되어 있기 때문에 낮에는 간편한 한 끼 식사가 가능하고 밤에는 반주 삼아 맥주에서부터 고급 술까지 즐길 수 있는 곳이다.

리즈너블한식당의 닭볶음탕

04 현상소

서울특별시 중구 만리재로37길 24 ☎ 02-312-0318
🚇 1호선 · 4호선 · 공항철도 서울역 15번 출구, 경의선 서울역 → 도보 약 10분
🕐 11:00-23:00(Break Time 17:00-18:00), 월요일 휴무

'리즈너블한식당'과 마찬가지로 이 카페 역시 간판 없는 카페이다. 카페임을 알려주는 것은 입구에 붙은 색 바랜 포스터가 전부인 것이 특징이다. 카페 내부는 인테리어의 은은한 조명으로 이루어져 깨끗하고 군더더기 없는 하얀색 인테리어가 돋보인다. 외관과 인테리어, 종이봉투에 넣은 편지에 적은 카페의 메뉴까지 다른 카페에서는 시도한 적 없는 다양한 콘셉트를 이곳 현상소에서 느껴볼 수 있다. 낮에는 카페로 운영되고 밤에는 다이닝 카페로 운영된다.

카페 현상소.
낡은 포스터가 이 카페의 간판이다.

05 손기정 체육공원

서울특별시 중구 손기정로 101
☎ 02-313-7985
🚇 1호선 · 4호선 · 공항철도 서울역 15번 출구, 경의선 서울역 → 도보 약 10분

손기정체육공원은 1936년 독일 베를린에서 개최된 하계 올림픽대회에서 육상 남자 마라톤 경기에 일본 선수로 출전, 금메달을 획득하였던 손기정 선수의 공로를 기려 만든 공원이다. 공원에는 1939년 베를린 올림픽에서 금메달을 따서 가져온 나무가 심어져 있는데, 이 손기정 월계관은 서울특별시기념물 제5호로 지정되어 있다. 손기정체육공

원은 손기정의 모교였던 양정고등학교가 있던 자리이며 학교가 이전한 이후에 손기정기념공원으로 재단장한 것이다. 공원에는 체육시설과 함께 손기정기념관이 있다.

손기정기념관

손기정체육공원 전경

골목여행
09

108계단을 올라 바라보는 서울 풍경,
해방촌·경리단길

용산구 이태원 지역은 외국인들을 많이 볼 수 있는 곳이어서 거리 곳곳에서는 외국어로 쓰인 간판도 자주 보이고 이국적인 음식도 즐길 수 있는 곳이 많다. 이태원으로 사람들이 모여들면서 주변에 있는 경리단길 그리고 그 옆의 해방촌 역시 분위기가 조금씩 달라졌다. 해방촌과 경리단길은 녹사평대로를 사이에 두고 해방촌은 6·25 전쟁 이후 피난 온 사람들이 모여 살았다고 하여 붙여진 이름이고, 경리단길은 국군재정관리단의 옛 이름인 육군중앙경리단에서 가져온 이름이다.

> **TIP** 해방촌으로는 용산 02번이, 경리단길로는 용산 03번이 지나고 있으며, 두 마을버스 노선은 모두 녹사평역을 경유하고 있다.

01 후암동 108계단

- 서울특별시 용산구 용산동2가 1-1342
- 4호선 숙대입구역 1번 출구, 6호선 녹사평역 1번 출구 길 건너 → 용산 02 환승하여 후암동종점 하차

해방촌오거리에서 후암동 방면으로 가는 곳에 '후암동 108계단'이 있다. 해방촌의 오랜 역사를 품고 있는 이 계단은 개수가 108개에 이른다고 하여 '108계단'이라는 이름이 붙

었다. 아직 옛 모습을 간직하고 있으면서 문화예술과 작은 카페들이 조화를 이루고 있는 해방촌으로 올라가는 입구이자 해방촌의 상징이기도 한 계단이다.

02  해방촌

🚇 4호선 숙대입구역 1번 출구, 6호선 녹사평역 1번 출구 길 건너 → 용산 02번 환승

해방촌이 지금과 같이 사람들이 많이 살게 된 것은 6·25 전쟁 이후 실향민들이 모여 집단으로 촌락을 이루게 되면서였다. 행정구역으로 따지면 용산구 용산2가동 주변으로 용산 02번 마을버스가 지나가는 '신흥로'라는 도로를 따라 분위기 좋은 식당과 카페들이 들어서 있고, 골목골목마다 벽화와 조형물들이 설치된 '해방촌 예술 골목'을 볼 수 있다.

해방촌 오거리

해방촌은 크게 두 가지로 유명하다. 하나는 일반 대형 서점에서는 보기 힘든 아담하고 소박한 분위기에 독립잡지와 같은 특별한 출판물을 찾아볼 수 있는 작은 책방이다. '고요서사', '스토리지북앤필름', '별책부록'과 같은 작은 책방들을 골목골목마다 찾아볼 수 있다. 또 다른 하나는 시원한 풍경과 함께 즐길 수 있는 전망 좋은 식당과 카페이다.

해방촌 골목골목에서는 독립서점을 찾아볼 수 있다.

더백푸드트럭

서울특별시 용산구 신흥로20길 45-1 ☎ 02-777-3338
🚇 4호선 회현역 5번 출구 도보 5분 숭례문 남산 방향 정류소에서 402, 405번 환승하여 후암약수터 하차
🕛 12:00-23:00, 일요일 12:00-22:00(연중무휴)

해방촌은 언덕을 따라 집들이 들어서서 해방촌 동네 높은 곳에 오르면 서울의 시원한 전망을 볼 수 있다. 그래서 이러한 전망을 즐길 수 있는 가게들도 많이 생기고 있다. 더백푸드트럭 역시 테라스에서 해방촌 풍경을 즐기며 식사를 할 수 있는 수제버거집이다. 밤이면 아름다운 야경과 함께 맥주를 즐길 수 있어 낮부터 밤까지 사람들의 발길이 계속 이어진다.

왼쪽 더백푸드트럭 더백버거   오른쪽 더백푸드트럭에서 바라본 해방촌 풍경

오랑오랑

서울특별시 용산구 소월로20길 26-14
☎ 02-3789-7007
🚇 4호선 숙대입구역 1번 출구, 6호선 녹사평역 1번 출구 길 건너 → 용산 02 환승하여 해방촌오거리 하차, 신흥시장 내
🕛 11:00-23:00(일요일 11:00-22:00)

해방촌오거리 주변에는 신흥시장이 있다. 오래된 전통시장인데 시장 내부로 들어오면 허름하고 낡은 분위기가 지배적이다. 이런 시장 한곳에 신흥시장의 분위기와 묘하게 어울리는 독특한 분위기의 카페, '오랑오랑'이 있다. 노출된 콘크리트 벽면을 그대로 살린

인테리어와 은은한 조명이 인상적이다. 가파른 계단을 통해 옥상으로 올라가면 해방촌과 그 주변 남산타워의 모습도 볼 수 있다.

05 스탠딩커피

서울특별시 용산구 녹사평대로 224-1 ☎ 02-794-0427
6호선 녹사평역 2번 출구 → 길 건너 도보 약 5분
7:00-24:00(주말 8:00-24:00), 명절 휴무

해방촌거리를 나와 녹사평대로를 건너면 바로 맞은편이 경리단길이다. 경리단길로 향하는 초입에 이름부터 특이한 카페, '스탠딩커피'가 있다. 가게 내부 테이블이 두 개가 전부이기 때문에 스탠딩커피라는 이름이 붙여졌다고 한다. 테이크아웃을 전문으로 하는 작은 가게이지만, 경리단길에서는 이미 유명한 카페여서 사람들의 발길이 계속 이어진다. 스탠딩커피에서는 특히 청량한 맛의 블루레몬에이드가 유명하다.

경리단길

🚇 6호선 녹사평역 4번 출구 → 용산 03번 환승

해방촌을 지나 큰길(녹사평대로)을 건너면 바로 경리단길이 시작한다. 외국인들이 많이 찾는 이태원과 가까이 있지만, 이태원과는 비슷한 듯하면서도 다른 분위기가 이곳의 특징이다. 이 길을 경리단길이라고 한 것은 예전에 국군재정관리단의 옛 이름인 육군중앙경리단이 있었다는 데에서 유래됐다고 하며 이곳의 도로명은 회나무로이다. 2차선 도로를 따라서 하얏트호텔 입구까지 이어지는 경리단길에는 분위기 좋은 카페와 레스토랑이 모여 있으며, 경리단길에서 조금 안쪽으로 들어서면 '회나무길(도로명 주소 회나무로13길)'이라는 경리단길보다 더 작은 골목길이 하나 나온다. 회나무길은 팔찌에서부터 작은 소품들을 파는 미술 소품, 무지개로로 유명한 프랭크, 레코드숍 등 개성 있는 가게들이 이어진다.

골목여행

10

활기찬 서울의 대표 쇼핑거리, 명동

서울에는 많은 번화가가 있지만, 이 중에서 가장 유명한 곳은 바로 명동이다. 2014년 기준으로 명동은 세계에서 8번째로 임대료가 비싼 상권으로 순위에 올리기도 하였는데, 명동거리에 가면 중국인과 일본인 등 외국인들을 많이 볼 수 있고 외국어가 적혀 있는 간판도 많이 볼 수 있다. 명동 중심거리는 물론 골목골목마다 상점과 카페, 음식점들로 가득 차있고 점심 시간대 명동거리를 찾으면 관광객들과 직장인들까지 모여 사람들로 북적거리는 모습을 쉽게 볼 수 있다.

명동(明洞)이란 명칭은 조선시대 행정구역 중 하나인 명례방에서 유래되었다. 조선시대만 하더라도 명동은 단순한 주거 밀집 지역이었으나, 일제강점기 명동과 인접해 있는 충무로가 상업중심지로 발전하면서 명동도 덩달아 발전하게 되었다. 본격적으로 명동이 지금과 같은 유동인구가 많은 거리로 발전하게 된 것은 2000년대 이후 외국인 관광객들이 명동을 많이 찾게 되면서부터였다. 거리에 가득 차 있는 많은 가게들을 보고 있으면 어디를 먼저 가야 할지 궁금한데 명동에는 역사적인 가치를 지닌 명동성당을 비롯하여 유명 맛집이 곳곳에 숨어 있다.

TIP 명동과 인접한 전철역은 4호선 명동역 외 2호선 을지로입구역, 2·3호선 을지로3가역이 있으며, 명동성당은 명동역과 을지로3가역에서 가깝다.

명동교자

서울특별시 중구 명동10길 29 ☎ 02-776-5348
🚇 4호선 명동역 8번 출구 → 도보 약 5분
🕐 10:30-21:30(설날, 추석 당일 휴무)

명동교자의 칼국수

전국 곳곳에서 흔하게 찾아볼 수 있는 명동칼국수의 본점은 당연하게도 명동에서 찾아볼 수 있다. '명동교자'라는 이름이 붙은 이곳이 바로 명동칼국수 본점으로 1966년 개업하여 50년이 넘는 전통을 간직하고 있는 칼국숫집이다. 점심시간대에 이곳을 찾으면 긴 줄은 기본이다. 그렇지만 명동교자만의 독특한 칼국수 맛을 느끼기 위해 많은 사람들이 대기시간을 감수하고서라도 찾고 있는 명동의 대표 맛집이다.

명동성당

서울특별시 중구 명동길 74 명동성당
☎ 02-774-1784
🚇 2·3호선 을지로3가역 12번 출구 → 도보 약 5분, 4호선 명동역 9번 출구→도보 약 8분

명동거리 입구에는 사적 제258호로 지정되어있는 명동성당을 찾아볼 수 있다. 현대적인 거리 한편에 오래된 성당 건물이 자리 잡은 것이 인상적이다. 명동성당은 1898년 완공되어 100년이 넘은 역사를 간직하고 있는 건물로 우리나라에서는 처음으로 지어진 대규모 고딕 양식 교회 건물이다. 당시에는 종현성당이라고 불리다가 1945년 명동성당이라는 이름으로 바꾸게 되었다.

03
1898 플러스

서울특별시 중구 명동길 74 1898명동성당 B120호
☎ 02-727-2198
🚇 2·3호선 을지로3가역 12번 출구 → 도보 약 5분, 4호선 명동역 9번 출구 → 도보 약 8분
🕐 10:00-21:00(설날, 추석 당일 휴무)

명동성당을 구경한 후 지하연결통로로 걸어 내려가면 또 하나의 복합문화공간을 만나볼 수 있다. 명동성당 건물이 완공된 년도를 따서 1898플러스라는 이름이 붙은 이 공간은 카페 그리고 서점들이 들어서 있는데 1898플러스에 마련된 갤러리 1898에서는 다양한 전시회가 열리고 있다.

명동고로케 32G

서울특별시 중구 명동길 83 ☎ 02-777-7376
🚇 2·3호선 을지로3가역 12번 출구 → 도보 약 5분, 4호선 명동역 9번 출구 → 도보 약 8분
🕐 월요일 휴무

명동성당 맞은편에 사람들이 줄지어서 모여 있는 작은 가게 하나가 눈에 띈다. 바로 명동고로케로 오전 9시와 오후 12시 15분, 단 두 번 튀겨낸 명동고로케를 사기 위해서는 30분 정도의 긴 대기시간은 기본이라고 한다. 이곳에서 파는 고로케 종류는 다섯 가지로, 가격은 하나에 1,500원에 판매하고 있다. 만들어낸 고로케가 모두 떨어질 때까지만 판다고 하니 고로케가 나오는 시간에 맞춰서 방문하는 것이 좋다.

명동예술극장

서울특별시 중구 명동길 35 명동예술극장
☎ 1644-2003
🚇 4호선 명동역 6번 출구 → 도보 약 5분

명동거리 한복판에 근대건축물인 명동예술극장을 볼 수 있다. 이 건물의 역사는 일제강점기로부터 거슬러 올라가 '명치좌'라는 이름의 극장이 처음 시작이었다. 해방 이후에는 국제극장이라는 이름으로 사용되다가 1962년에는 명동국립극장이라는 이름을 갖게 되었다. 1973년 남산에 새로운 국립극장으로 이전한 이후에는 극장 용도가 아닌 사무실로 사용되기도 하였다. 그러나 명동예술극장의 옛 모습을 다시 살려야 한다는 여론이 일어 2009년 명동예술극장이라는 이름으로 재개관하였다.

명동 주변 더 가볼 만한 곳

06 한국은행 화폐박물관

서울특별시 중구 남대문로 39 ☎ 02-759-4881
🚇 4호선 회현역 8번 출구 → 도보 약 5분, 2호선 을지로입구역 7번 출구 → 도보 약 7분
🕙 10:00-17:00(12월 29일~1월 2일, 설날, 추석 연휴, 월요일 휴관)

관람료 무료

명동거리 입구에 오래된 근대건축물 하나가 있다. 이 건물은 사적 제280호로 지정되어 있는데, 1912년부터 조선은행 본점 건물로 사용되었던 건물로, 일제강점기에 지어진 대표적인 건축물이기도 하다. 6·25전쟁을 거치면서 건물이 파손되었으나 1989년에 원형대로 복원되었고, 2001년부터는 화폐박물관으로 사용하고 있다. 건물 내부로 들어오면 중앙 넓은 홀의 화폐 광장을 중심으로 우리나라와 세계 각국의 화폐와 금융에 대한 다양한 정보들을 알아볼 수 있는 공간이 있다. 2층으로 올라가면 모형 금고, 체험학습실과 다양한 전시가 열리고 있는 한은갤러리가 있어 화폐, 금융과 관련된 정보 외에 다양한 볼거리를 제공하고 있다.

07 커피한약방

서울특별시 중구 삼일대로12길 16-6 ☎ 070-4148-4242
🕐 08:00-22:30(토요일 11:00-21:00, 일요일 12:00-20:00)

을지로 주변에는 비교적 최근에 생긴 건물들도 많지만 곳곳에는 오래된 건물들, 좁은 골목 등 오래전 아날로그 모습을 그대로 간직하고 있는 곳도 있다. 커피한약방은 큰길가에서는 보이지 않고 좁은 골목을 따라 들어오면 건물 한편에 있는 카페이다. 카페로 향하는 길의 분위기도 그렇고, 커피한약방 카페 인테리어 역시 과거로 되돌아간 것 같은 착각이 든다. 위치가 눈에 잘 띄진 않지만 '숨은 카페'라는 특징이 입소문을 타서 주변의 직장인, 외국인 등 다양한 사람들의 발길이 계속 이어지고 있다.

골목여행
11

문화와 예술이 살아 있는 **대학로**

서울의 대표적인 번화가 중 하나인 대학로는 거리 이름답게 대학생들이 많이 보이고 곳곳에 크고 작은 소극장들이 많은 곳이다. 마로니에공원을 중심으로 북쪽으로는 혜화동로터리, 남쪽으로는 종로5가역 사거리까지를 '대학로'로 부르는데, 그 중심은 서울 4호선 혜화역이 위치한 곳으로 언제나 많은 사람들이 지나다니는 서울의 대표적 문화예술 거리이다.

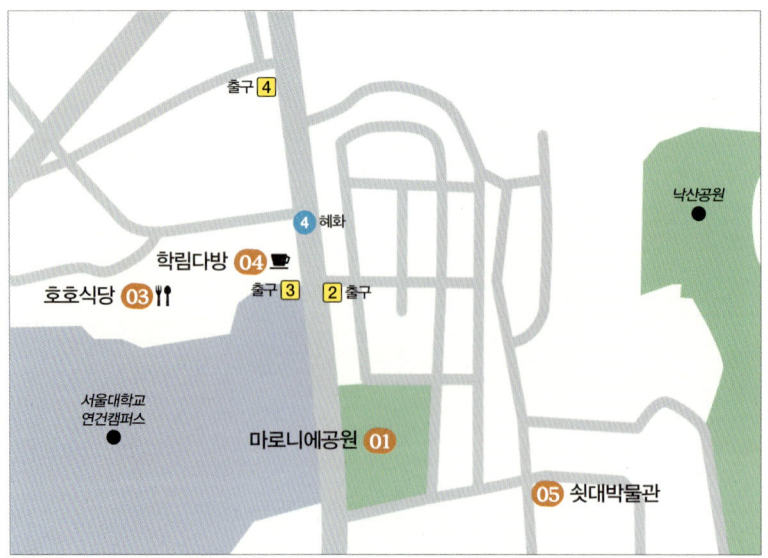

> **TIP** 대학로에서 쇳대박물관 방면으로 조금 더 올라가면 이화벽화마을(154쪽)이 나오며, 낙산공원(152쪽)으로 올라가볼 수 있다.

01 마로니에공원

서울특별시 종로구 대학로8길 1
🚇 4호선 혜화역 2번 출구 이용

대학로라는 이름이 붙여진 것은 1966년이다. 현재 마로니에공원이 있는 이곳이 원래는 서울대학교 법대와 문리대가 있던 자리인데, 1975년 관악구로 이전하고 맞은편에는 서울대학교 병원과 간호대학·의과대학 등이 있는 서울대 연건캠퍼스가 남아있다. 이처럼 예전에는 길 양쪽으로 서울대학교 캠퍼스가 있었다는 데에서 가운데 길 이름을 대학로라고 했었고, 1985년에는 대학로가 '문화예술의 거리'로 지정된다.

'마로니에공원'은 서울대학교 캠퍼스로 사용되던 시절부터 마로니에 나무가 세 그루 있

었다는 데에서 그 유래가 되었다. 이 공원 한쪽에 있는 '예술가의 집'은 옛 서울대학교 본관으로 사용되어 오던 건물로 사적 278호로 지정되어 보존되고 있다. 이 건물이 서울대 캠퍼스가 있었음을 알려주고, 또 대학로의 유래를 알려주는 유일한 보존물이라고 볼 수 있다.

예술가의 집

02 대학로의 소극장들

대학로에는 많은 소극장들이 모여 있어 다양한 공연을 볼 수 있다.

서울대학교 캠퍼스가 이전한 뒤 대학로에는 크고 작은 극장들이 들어서 서울을 대표하는 문화거리가 되었다. 1985년 '문화예술의 거리'로 지정된 대학로는 2004년에는 인사동에 이어 서울에서 두 번째로 문화지구로 지정되었다. 이후 다양한 문화시설이 추가로 확충된 공연문화 활성화 사업이 진행되기도 하였다. 지금도 대학로 곳곳에서 많은 연극이 열리며 야외무대에서는 다채로운 공연이 펼쳐지고 있다.

03 호호식당

서울특별시 종로구 대학로9길 35 ☎ 02-741-2384
🚇 4호선 혜화역 3번 출구 → 도보 5분
🕐 11:00-22:00(Break Time 15:00-17:00), 연중무휴

혜화역 3번 출구 쪽에서 성균관대입구 사거리 방향으로 가다보면 골목길 한곳에 전통한옥 모습을 한 일본식 가정식집이 있다. 대학로에는 많은 음식점이 있지만 이렇게 전통한옥과 마당이 있는 음식점을 찾기는 쉽지 않다. 길가 쪽 자리에서부터 단체석으로 사용되고 있는 별채까지 한옥 특유의 깔끔한 분위기를 느끼기 좋은 곳이다. 호호식당

에서는 사케이쿠라동, 소고기규동, 일본 돈가츠정식, 사케동, 스키야키정식 등 다양한 일본 가정식을 즐길 수 있다.

04 학림다방

서울특별시 종로구 대학로 119 ☎ 02-742-2877
🚇 4호선 혜화역 3번 출구 → 도보 5분
🕐 10:00-23:00(연중무휴)

대학로의 터줏대감으로 자리 잡은 학림다방은 1956년에 문을 열어 60년 이상 이어져 내려오는 가게이다. 서울 미래유산으로 지정된 학림다방은 서울대학교가 있던 시절부터 이곳의 거리가 대학로라는 이름이 붙은 시절을 지나 지금까지 대학로의 역사와 같이 하고 있는 곳이다. 서울대학교 캠퍼스가 관악구로 이전하기 전에는 서울대생의 아지트이기도 해서 '서울대학교 문리대 제25강의실'이라는 별칭이 붙기도 했다. 가게 분위기는 가게가 문을 열었을 그 당시의 빈티지한 분위기를 그대로 간직하고 있어 최근 문을 여는 세련된 카페와는 상반된 분위기를 보인다. 〈별에서 온 그대〉, 〈응답하라 1988〉 등 드라마 촬영지이기도 하였고 오래된 추억들을 느끼기 위해 찾아오는 사람들 등 문을 연 지 60년이 지난 지금까지 남녀노소 많은 사람들이 찾고 있다.

서울 미래유산으로 지정된 학림다방

쇳대박물관

서울특별시 종로구 이화장길 100　☎ 02-766-6494
🚇 4호선 혜화역 3번 출구 → 도보 6분
🕙 10:00-18:00(월요일, 일요일 휴관)
관람료 성인 4,000원, 학생·어린이 3,000원

자물쇠를 주제로 하고 있는 쇳대박물관

대학로에서 이화벽화마을로 올라가는 곳에 쇳대박물관이라는 독특한 이름의 박물관이 있다. 쇳대박물관에서는 조선시대에 사용되었던 자물쇠에서부터 목가구에 쓰인 자물쇠들, 또 외국에서 사용되고 있는 자물쇠들까지 다양한 종류의 자물쇠들을 볼 수 있다. 자물쇠 하면 일반적으로 볼 수 있는 자물쇠 형태만 생각이 드는데 ㄷ자형 자물쇠, 함박형 자물쇠, 물고기형 자물쇠 등 다양한 모양의 자물쇠들을 볼 수 있어 이색적이다. 또 보안을 위한 물건이라 생각이 들었던 자물쇠가 장식을 위한 공예품 등 다양한 용도로 사용되고 있었음을 알 수 있는 박물관이다.

문화유적
12
조선왕조의 법궁, 경복궁

조선 왕조의 법궁인 경복궁은 '큰 복을 누리라'는 의미로 붙여진 이름이다. 조선왕조를 대표하는 여러 궁궐 중에서 그 중요성과 상징성이 큰 궁궐이기에 나들이 나온 사람들, 외국인 관광객들이 찾는 서울의 대표 명소이기도 하다. 경복궁은 태조 이성계가 조선을 건국하고 한양으로 천도하면서 지어진 궁궐로, '경복궁'이라는 이름을 비롯하여 근정전, 사정전, 교태전 등 경복궁의 주요 전각들의 이름을 지은 사람은 정도전이다. 경복궁은 임진왜란 때 소실되어 이후 200여 년이 넘는 세월 동안 재건되지 못하고 폐허 상태로 남아 있었고 흥선대원군에 의해 중건되었다. 일제강점기에 많은 훼손이 있었던 경복궁은 아직도 온전히 복원되지 못한 상태이다. 조선총독부 건물의 철거와 광화문을 복원한 것을 비롯하여 현재 1차 정비 사업이 완료된 상태라고 하며, 2030년까지 고종 때 경복궁을 중건한 것의 75% 정도까지를 복원할 계획이다.

서울특별시 사직로 161   ☎ 02-3700-3900
🚇 3호선 경복궁역 5번 출구 이용, 5호선 광화문역 9번 출구 이용
🕘 9:00-18:00(6월~8월 9:00-18:30, 11월~2월 9:00-17:00), 매주 화요일 휴궁
관람료 성인 3,000원(만 24세 이하, 만 65세 이상 무료)

근정전

경복궁의 정문은 광화문이다. 5호선 광화문역 9번 출구로 나와 세종대로 한복판에 조성된 광화문광장을 지나면 끄트머리에 광화문을 볼 수 있다. 한편 3호선 경복궁역 5번 출구를 이용한다면 국립고궁박물관을 지나 경복궁으로 바로 들어갈 수도 있다. 광화문을 지나 흥례문과 근정문을 지나면 경복궁에서는 물론, 우리나라에서 가장 큰 목조건축물인 근정전(국보 233호)을 볼 수 있다. 경복궁을 상징하는 건물인 만큼 근정문을 지나 나오는 근정전의 모습이 웅장하다. 이곳은 역대 조선 국왕의 즉위식, 대례와 같은 큰 행사들이 열린 곳이기도 하고 외국 사신을 접견하기도 했던 곳이다.

왼쪽 광화문   오른쪽 근정전

경회루와 향원정

근정전을 지나면 왕이 신하들과 정사를 돌보던 편전인 사정전, 임금의 침전인 강녕전과 왕비의 침전인 교태전이 나오고 그 옆으로는 경회루가 보인다. 경회루는 나라의 경사가 있을 때 연회를 베풀던 곳이다. 그 규모가 굉장히 큰 편인데, 처음 경회루가 만들어졌을 때는 규모가 이 정도는 아니었으나 태종 때 연못의 크기를 키우고 건물도 크게 지은 것이라고 한다. 경회루를 지나 고종이 외국 공사를

경회루

접견하던 곳인 함화당과 집경당을 지나면 향원정을 만나볼 수 있다. 경복궁 후원의 누각인 향원정은 '향기가 멀리 퍼져나간다'는 의미를 가지고 있다. 고종 때 건천궁을 지으면서 옛 후원이었던 서현정을 새롭게 정비하면서 지금과 같은 모습을 갖추게 되었다.

향원정

경복궁의 풍경들

경회루와 향원정, 경복궁 궁궐 곳곳의 모습은 봄이면 봄꽃들로 가을에는 단풍들로 관광객의 눈을 즐겁게 해준다. 향원정을 지나면 건청궁과 집옥재 그리고 흥선대원군이 경복궁을 중건할 때 새로 지은 전각으로 태조 이성계의 어진을 봉안한 태원전을 볼 수 있다. 건청궁 권역의 곤녕합은 1895년 경복궁에 난입한 일본인 자객들에 의해 명성황후가 시해된 장소로 알려져 있다.

곤녕합과 옥호루

집옥재와 팔우정

경복궁 야간개장

경복궁의 특별한 모습을 보려면 정기적으로 찾아오는 경복궁 야간개장 관람을 이용해 보는 것을 추천한다. 경복궁 야간개장에는 근정전, 경회루를 지나 사정전, 교태전, 강녕전을 관람할 수 있다. 낮에 보이던 풍경과는 다르게 밤에 보이는 경복궁의 모습은 고궁 특유의 분위기가 더해져 색다른 모습을 보여준다. 가는 발걸음마다 아름다운 밤 풍경이 펼쳐지는 경복궁 야간개장은 미리 예약을 하는 경우에만 가능하기 때문에 야간개장 날짜와 예약시간을 미리 알아보는 것이 좋다.

경복궁 야간개장 풍경들(근정전, 교태전, 경회루)

도심권

**경복궁 주변
더 가볼 만한 곳**

❷ 국립민속박물관

서울특별시 종로구 삼청로 37 ☎ 02-3704-3114
🚇 3호선 경복궁역 5번 출구 → 도보 15분(경복궁 내)
🕘 9:00-18:00(6~8월 9:00-18:30, 11월~2월 9:00-17:00), 매달 마지막 주 수 · 금 · 토요일 9:00-21:00, 5~8월 주말, 공휴일 9:00-19:00, 1월 1일, 설날, 추석 휴관

관람료 무료

경복궁 내에는 두 개의 박물관이 있다. 하나는 조선왕조에서부터 대한제국에 이르는 왕실문화에 대해 살펴볼 수 있는 국립고궁박물관이고, 다른 하나는 한국인의 생활사를 구경해볼 수 있는 국립민속박물관이다. 이 중에서 국립민속박물관은 내부의 상설전시는 물론, 야외전시장까지 알차게 꾸며져 있어서 경복궁을 구경하고 난 후 부담 없이 구경할 수 있는 박물관이다. 경복궁과는 달리 무료로 관람할 수 있는 국립민속박물관은 선사시대부터 근현대에 이르기까지 그때 그 시절 사람들의 삶의 모습을 살펴볼 수 있다.

상설전시

국립민속박물관 내부로 들어오면 세 개의 상설전시실과 기획전시실을 만나볼 수 있다. 상설전시실은 1전시실에는 한민족생활사, 2전시실에는 한국인의 일상, 3전시실에는 한국인의 일생을 주제로 하고 있다. 1전시실(한민족생활사)은 선사시대에서부터 지금에 이르기까지 우리 민족의 생활사에 대하여 다양한 전시를 통하여 살펴볼 수 있는 공간이다. 까마득한 구석기시대 사람들의 삶에서부터 시작하여 지금에 이르기까지 사람들의 생활상이 어떻게 변화하였는지 보여주고 있다.

2전시실은 한국인의 일상을 봄에서부터 여름, 가을, 겨울에 이르는 사계절로 나누어서 살펴볼 수 있는 공간이다. 사계절이 뚜렷한 우리나라는 계절이 변할 때마다 변화하는 날씨에 적응하며 살아가야만 했다. 특히 농사를 짓는 데 있어서 풍요로운 한 해를 기원하는 제사를 시작으로 수확에 이르기까지의 과정 그리고 계절이 바뀜에 따라 달라지는 사람들의 옷과 장신구의 변화를 살펴볼 수 있다.

3전시실은 태어나면서부터 죽을 때까지 한국인의 일생을 살펴볼 수 있는 공간이다. 조선시대 양반 사대부 집안의 한 사람을 기준으로 출생부터 돌잔치를 지나 배우고, 혼례를 올리고 출세하는 과정, 잠시나마 일상에서 벗어나 풍류를 즐기는 모습들 그리고 회갑을 지나 사람이 죽고 제사를 지내는 것까지, 조선시대 사대부들의 한 일생을 살펴볼 수 있는 공간이다. 이렇듯 국립민속박물관의 전시실은 오래전 우리 민족의 삶의 모습을 우리나라의 역사를 관통하면서 일련의 변화와 한 사람의 일생을 따라서 살펴볼 수 있는 공간이다.

야외전시

국립민속박물관 상설전시장을 나오면 야외전시장을 만나볼 수 있다. 여기서 특히 사람들의 시선을 끄는 곳은 1960~70년대 거리의 모습을 재현해 놓은 추억의 거리이다. 지금은 사라진 전차의 모습에서부터 과거로 돌아간 듯 낡은 간판과 거리의 모습이 인상적이다. 다방, 만화방 등 옛 모습의 상점들과 그 내부를 재현해 놓은 공간들을 구경해 볼 수 있다.

03 대한민국역사박물관

서울특별시 종로구 세종대로 198 ☎ 02-3703-9200
🚇 5호선 광화문역 2번 출구 → 도보 5분
🕐 10:00-18:00(수요일과 토요일은 21:00까지), 설날, 추석 휴관

관람료 무료

대한민국역사박물관은 문화체육관광부 등 정부 청사 건물로 사용되던 곳을 2012년 우리나라 최초의 근현대사 박물관으로 재단장한 곳이다. 대한민국역사박물관의 시작은 강화도조약이 체결된 1876년에서부터 시작한다. 개항기부터 시작하여 광복의 순간과 6·25 전쟁을 지나 오늘날 대한민국이 성장하고 발전해온 과정을 총 4개의 전시실을 구경하며 알아볼 수 있다. 풍성한 근현대사의 자료와 전시물들을 감상하고 나면 청와대 집무실과 브리핑룸 세트장을 볼 수 있다. 경복궁과 북한산을 배경으로 기념사진을 찍기 좋은 공간이어서 관람객들에게 특히 인기가 좋은 장소이다. 대한민국역사박물관의 8층 옥상정원으로 올라가면 경복궁의 모습을 한눈에 볼 수 있는데, 수요일과 토요일은 박물관이 21시까지 운영하고 있어 이날 방문한다면 경복궁의 야경도 구경할 수 있다.

04 광화문광장
🚇 5호선 광화문역 9번 출구

광화문광장은 2009년 육조거리를 재현하고 세종대로를 차량 중심에서 사람 중심의 공간으로 조성할 목적으로 조성되었다. 이순신·세종대왕 동상과 역사물 그리고 5호선 광화문역과 직접 연결되는 해치마당으로 구성되어 있으며, 해치마당은 안내센터와 다양한 전시 공간, 기념품 매장으로 활용하고 있다. 세종대로의 넓은 도로와 그 주변의 높은 빌딩들 그리고 멀리 보이는 광화문과 경복궁의 모습이 인상적이다.

05 세종이야기 · 충무공이야기

서울특별시 종로구 세종대로 지하 175　☎ 02-399-1114
🚇 5호선 광화문역 2번 출구 앞, 광화문광장 세종대왕상 뒤편, 세종문화회관 대극장 앞 전시관 출구 이용
🕙 10:00-20:00(월요일 휴관)

관람료 무료

세종이야기는 광화문광장 밑에 꾸며진 전시공간으로 세종이야기에서는 세종대왕의 연대기에서부터 시작하여 세종대왕의 애민사상 그리고 한글의 창제 과정과 과학기술의 발전을 살펴볼 수 있다. 충무공이야기는 이순신 장군의 삶 그리고 임진왜란이 발발하여 7년 동안 해전의 역사와 난중일기 등 이순신 장군에 대한 전반적인 부분을 알아볼 수 있는 전시공간으로 운영되고 있다.

광화문광장 세종대왕상 뒤편에는 세종이야기 · 충무공이야기 전시관 입구가 있다.

문화유적

13

경복궁의 동쪽 궁궐, 동궐 여행, 창덕궁·창경궁

창덕궁은 경복궁의 동쪽에 있는 조선의 궁궐이다. 창덕궁은 조선 태종이 즉위한 이후 1405년에 완공된 궁궐이다. 궁궐이 완공된 이후 태종은 경복궁 대신 이곳 창덕궁에 머물렀으며, 창덕궁은 이후에도 계속해서 증축되어 점차 궁궐의 규모가 커졌다. 창덕궁 역시 임진왜란 당시 전소되었는데 임진왜란 이후 선조는 창덕궁을 가장 먼저 중건하여 흥선대원군이 경복궁을 중건하기 전까지 조선의 정궁 역할을 하였다. 창덕궁은 그래서 경복궁보다 왕의 거처로 더 오랜 기간 사용되었던 궁궐이기도 하다. 창덕궁 여행의 하이라이트는 한 회당 100명에게만 허용된 창덕궁 후원을 구경하는 것이다. 입장 인원이 제한된 만큼 후원은 자연경관이 잘 보존되어 있으며 숲과 전각들이 잘 조화를 이루고 있는 곳이다. 창덕궁 바로 옆으로는 창경궁이 있어 두 개의 궁궐을 한꺼번에 여행할 수 있다.

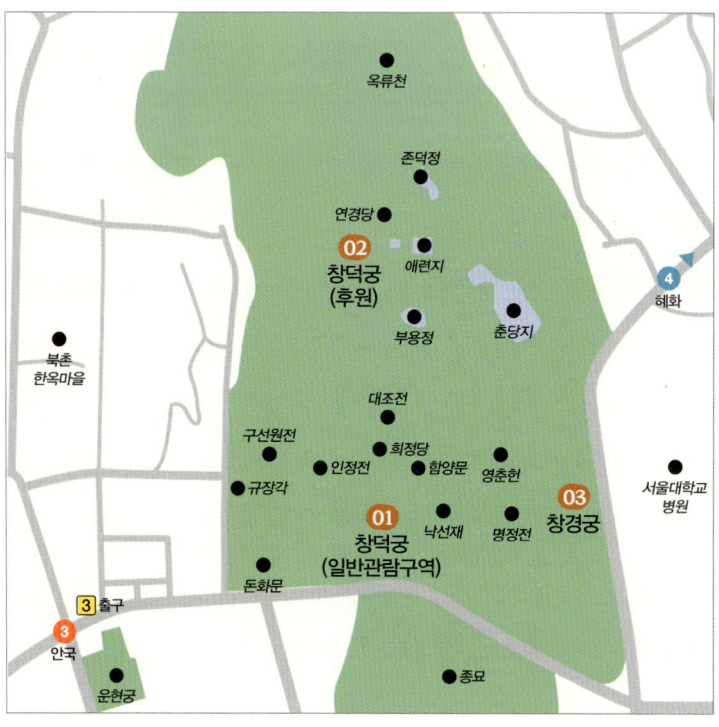

창덕궁 일반 관람구역

서울특별시 종로구 율곡로 99 ☎ 02-3668-2300
🚇 3호선 안국역 3번 출구, 도보 5분 거리
🕘 9:00-18:00(6월~8월 9:00-18:30, 11월~2월 9:00-17:00), 매주 월요일 휴궁

※ 창덕궁 후원은 사전에 예약이 필요하며, 해설사와 함께 관람(약 90분 소요).

관람료 성인 3,000원(만 24세 이하, 만 65세 이상 무료), 창덕궁 후원 관람 시 성인 8,000원, 만 7세-만 18세 2,500원, 만 19-24세, 만 65세 이상 5,000원

창덕궁 일반 관람구역은 돈화문을 지나 낙선재까지이다. 검서청과 내의원, 규장각 등이 있는 궐내각사를 지나면 창덕궁의 정전으로 사용된 인정전 그리고 희정당과 대조전을 지나 낙선재까지 구경할 수 있다. 희정당과 낙선재로 향하는 길 사이에는 창경궁으로 향하는 함양문이 있는데, 창경궁을 관람하기 위해서는 별도의 입장권을 구매해야 한다.

인정전

돈화문을 지나면서 펼쳐지는 창덕궁의 전각들은 잘 짜인 경복궁에 비해서는 궁궐의 배치가 자유롭게 되어있는 것이 특징이다. 진선문과 인정문을 지나면 창덕궁의 정전인 인정문을 볼 수 있다. 정면 5칸, 측면 4칸의 중층 전각인 인정전은 임진왜란으로 소실된 이후 선조에 들어와서 다시 복원공사가 시작되었고, 광해군 원년에 재건되어 왕의 즉위식이나 외국 사신을 접견할 때 등 국가의 중요한 의식을 치를 때 사용되었다. 인정전의 내부에는 임금님의 용상과 그 뒤편으로 나무로 만든 곡병과 일월오악도가 보인다.

희정당 · 대조전

인정전을 지나면 왕의 침전으로 사용되었던 희정당 그리고 왕비의 침전으로 사용되었던 대조전이 나온다. 원래의 편전은 선정전이었으나 이후 선정전의 편전 기능도 희정당이 이어받았다. 희정당 뒤편에 대조전이 있다. 대조전 옆의 전각인 흥복헌은 1910년 마지막 어전회의를 열어 경술국치가 결정되었던 비극적인 현장이기도 하다.

대조전

낙선재

희정당을 나오면 한쪽으로는 후원과 창경궁으로 가는 길이 그리고 다른 한쪽으로는 낙선재로 향하는 길이 나온다. 낙선재는 1847년 조선 제24대 임금인 헌종이 김재청의 딸을 경빈으로 맞이하여 지은 곳이

다. 낙선재는 헌종의 서재 겸 사랑채로의 역할을 하였고 낙선재 석복헌은 경빈의 처소로 사용되었다. 낙선재는 주변의 다른 전각과는 다르게 소박한 분위기가 느껴지는데 여기에서 검소한 헌종의 면모를 느끼게 해준다. 낙선재는 순종의 비 순정효황후가 1966년까지 그리고 덕혜옹주와 영왕의 비 이방자 여사가 기거하다가 세상을 떠난 곳이기도 하다.

02 창덕궁 후원

창덕궁 여행의 하이라이트이자 창덕궁에서 가장 아름다운 곳은 바로 후원이다. 후원은 반드시 사전에 예약해야만 관람이 가능한데, 인터넷 예매의 경우 많은 사람들이 한꺼번에 몰려 예약하기 상당히 힘든 편이고 현장 예매 역시 미리 아침에 서두르는 것이 좋다. 돈화문 앞 창덕궁 매표소에서부터 후원 입구까지는 걸어서 15분 정도에 있으며, 후원 관람 시간에 늦으면 관람이 불가능할 수도 있기 때문에 입장 시간을 꼭 지키는 것이 좋다. 해설사의 해설을 통해 후원을 천천히 구경할 수 있는데 평균 소요시간은 1시간 30분 정도이다.

부용지와 주합루

가장 먼저 만나는 후원의 정원은 바로 부용지라는 곳이다. 연못인 부용지를 중심으로 왕실 도서관 용도로 사용되었던 규장각과 서향각, 왕이 입회하에 과거시험을 치르기도 했던 영화당 그리고 높은 곳에 자리 잡아 부용지가 한눈에 내려다보이는 주합루 등의 전각이 조화를 이루고 있다. 창덕궁 후원 관람을 하면 이곳에서 해설사의 설명을 듣고 약 5분 정도의 휴식시간이 주어진다. 휴식시간 동안 부용정의 정자에 앉아 평화로운 풍경을 잠시 감상해 보는 것도 좋다.

애련정과 의두합

부용지를 지나 다음으로 만나는 정자는 바로 애련정이다. 1692년 연못 가운데 섬을 쌓고 정자를 지었다는 기록이 있는데, 지금은 섬은 찾아볼 수 없고 정자만 볼 수 있다. 애련정에는 단청도 없는 소박한 8칸의 서재인 의두합 그리고 창덕궁에서 가장 작은 건물로 한 칸 반 정도 크기의 운경거 등의 건물들이 있다.

관람정과 존덕정

후원 깊숙이 더 들어가면서 조용하고 여유로운 풍경들이 계속해서 펼쳐진다. 세 번째로 만나게 되는 곳은 바로 관람지라는 연못과 그 주변의 다양한 형태의 정자들이다. 이 중에서 가장 오래된 건물은 1644년 세워진 존덕정이라는 정자이고, 부채꼴 형태의 관람정, 길쭉한 맞배지붕이 인상적인 폄우사 그리고 승재정이라는 정자들이 보인다. 관람정과 승재정은 19세기 후반에서부터 20세기 초반에 세워진 것으로 추정되고 관람지를 주변으로 한 이곳은 후원 가운데 가장 늦게 갖춰진 것으로 추정된다.

옥류천

옥류천은 후원에서 가장 북쪽에 있는 곳이다. 옥류천 쪽으로 오면 창덕궁 뒤편으로 건물들이 보이는데 이곳은 성균관대학교와 가까이 있다. 옥류천은 1636년 소요암이라는 바위를 깎아 내고 작은 폭포를 만든 것인데, 바위에는 '玉流川'이라는 인조의 친필이 남겨져 있다. 이곳에서도 다양한 형태의 정자들이 보인다. 태극정, 소요정, 취규정, 청의정이라는 이름을 갖고 있는데 볏짚으로 지붕을 덮은 청의정이 특히 인상적이다.

연경당

마지막으로 살펴볼 창덕궁 후원의 관람 장소는 연경당이라는 곳이다. 효명세자가 아버지 순조에게 존호를 올리는 의례를 행하기 위해 만들어진 건물이다. 사대부 살림집을 본뜬 연경당은 그 규모가 120여 칸에 이르는 상당히 큰 규모이다. 지금의 연경당은 1865년 고종 때 새로 지은 것으로 추정된다.

1시간 30분 정도 이어진 후원 관람은 연경당에서 마무리되며 지정된 길을 따라 궐내 각사 쪽으로 나오게 된다. 예약해야만 구경할 수 있고 자유관람이 허용되지 않지만 때 묻지 않은 자연과 그 속에서 조화를 이루고 있는 정자들은 창덕궁에서 꼭 봐야 할 아름다움이라 할 수 있다.

창경궁

서울특별시 종로구 창경궁로 185 창경궁
☎ 02-762-4868
🚇 4호선 혜화역 2번 출구, 도보 15분 거리
🕘 9:00-18:00(6월~8월 9:00-18:30, 11월~2월 9:00-17:30), 매주 월요일 휴궁
관람료 1,000원(만 24세 이하, 만 65세 이상 무료)

창경궁은 1418년 세종이 태종의 만수무강과 평안을 바란다는 의미로 '수강궁(壽康宮)'이라는 이름으로 세워진 궁이다. 이후 성종이 창성하고 경사스럽다는 뜻으로 '창경(昌慶)'이라고 고쳐 불렀다. 임진왜란 당시 소실되었다가 광해군 때 중건되었다. 창경궁은 숙종 때 장희빈이 사약을 마시고 죽은 곳이기도 하며, 사도세자가 뒤주 속에 갇혀 죽는 비극이 일어났던 곳이기도 하다.

창경궁은 일제강점기 때 무참히 훼손되었던 곳이기도 한데 이 당시 창경궁은 궁궐이 아닌 유원지로 전락하여 오랜 기간 '창경원'이라는 격하된 이름으로 불렸었다. 일제는 1909년 순종의 마음을 달랜다는 명목으로 궁궐에 동물을 들여오고 전각을 훼손했으며 이곳에 일본식 정원을 만들기도 하였다. 여기에 멈추지 않고 1922년에는 창경원에 벚꽃을 심어 일본인들이 벚꽃놀이를 즐겼었고, 심지어는 이곳에서 불꽃놀이를 하기도 했다고 전해진다. 안국역에서 원남동으로 이어지는 율곡로라는 도로 역시 1920년대 후반 일제가 종묘와 창경궁, 창덕궁을 떼어내기 위해 만든 도로였다.

일제에 의해 훼손된 창경궁은 광복 이후에도 계속 서울 시민을 위한 유원지로 남게 되었지만, 일제의 잔재를 없애기 위한 움직임에 따라 1983년부터 본격적인 복원공사에 착수해 1986년 다시 '창경궁'이란 궁궐의 이름으로 일반인에게 공개되었다. 또 동물원과 식물원 등 이곳에 있었던 것들은 과천의 서울대공원으로 이전되었다.

명정전

창경궁의 정문인 홍화문을 거쳐서 들어오면 명정문을 지나고 창경궁의 정전인 명정전을 볼 수 있다. 임진왜란 때 불타 소실된 것을 1616년 복원한 것으로, 현존하는 조선 궁궐의 정전 가운데 가장 오래된 건물이다. 경복궁의 근정전이나 창덕궁의 인정전에 비하면 그 규모가 조금은 작다고 느껴지는데 이는 창경궁이 지어진 목적 자체가 왕대비 등의 생활공간으로 지어졌기 때문이다.

침전권역 · 춘당지

명정전 뒤편으로는 편전으로 사용되었던 문정전 그리고 침전으로 사용되었던 전각들을 볼 수 있다. '햇볕 따뜻한 봄'이라는 의미로, 왕대비나 왕비, 세자빈 등이 거처했던 곳으로 추정되는 경춘전, 세자나 국왕이 생활했던 환경전, 왕비의 침전으로 사용되었던 통명전 등을 볼 수 있다. 그리고 침전권역을 지나면 춘당지를 볼 수 있다. 이곳은 원래 국왕이 직접 농사를 짓는 의식을 행하던 곳이었으나 일제가 이를 없애고 연못을 파 일본식 정원을 만든 것을 창경궁을 복원하면서 한국식 정원으로 다시 꾸민 것이다.

위 환경전(좌측)과 양화당, 통명전
아래 춘당지

문화유적

14
옹기종기 모여 있는 정다운 한옥길, 북촌 한옥마을

고층 빌딩들이 자리 잡은 서울 도심 한복판에 여전히 오랜 전통을 간직하고 있는 한옥들이 밀집된 곳이 있다. 경복궁과 창덕궁 사이 '북촌'이 바로 그곳인데, 오랜 연륜이 보이는 기와들로 밀집된 한옥 골목, 그 너머로 보이는 종로 일대의 빌딩들 그리고 남산타워가 묘한 조화를 이루는 곳이다.

서울특별시 종로구 계동길 37　☎ 02-2133-1372

🚇 3호선 안국역 2번 출구로 나와 걸어서 5분 정도 가면 북촌한옥마을 입구(북촌문화센터)가 나온다.

주변 여행지 북촌한옥마을을 사이에 두고 한쪽으로는 창덕궁과 창경궁(109쪽)이, 다른 한쪽으로는 삼청동(35쪽)과 경복궁(99쪽)이 있다.

북촌한옥마을 여행하기

조선시대에는 상류층의 주거지이었던 북촌에 지금과 같은 전통가옥들이 본격적으로 생기게 된 것은 1930년대의 일이다. 곳곳에 표시된 이정표를 따라서 여행하다보면 북촌한옥마을의 여러 모습을 살펴볼 수 있고, 가까운 곳의 삼청동까지 여행할 수 있다. 일반적인 북촌한옥마을 여행은 재동초등학교 옆 북촌문화센터에서부터 시작된다. 계동길을

전통한옥들이 밀집되어 있는 북촌한옥마을

따라 올라간 후, 차례대로 북촌로12길, 북촌로11길을 지나 북촌생활사박물관 앞을 경유하는 것이다. 북촌한옥마을을 구경하고 나면 자연스레 삼청동길로 갈 수 있어서 삼청동 카페나 식당 그리고 숨어있는 박물관들을 같이 구경하면 좋다.

01 북촌전망대

서울특별시 종로구 북촌로11다길 22-3
☎ 070-8819-2153
⊙ 9:00-20:00
관람료 성인 3,000원, 어린이 2,000원

북촌전망대에 오르면 한옥들이 모여 있는 북촌의 모습이 한눈에 들어온다.

북촌마을을 여행하는 중 북촌한옥마을의 전경을 한눈에 보고 싶다면 한옥마을에 있는 '북촌전망대'를 찾아가 보는 것을 추천한다. 북촌전망대는 빌라를 전망대로 활용하고 있는 곳인데 앞서 소개한 북촌한옥마을 여행길에서는 조금 벗어난 곳에 있어서 생각보다 전망대를 찾기가 쉽지 않다. 북촌로11다길을 따라 골목을 내려오면 북촌전망대를 찾을 수 있다. 입장료(3,000원)를 받는 곳이지만 대신 커피나 음료수 한 잔을 무료로 마실 수 있다. 위치에 따라서 보이는 모습이 다른데 한쪽으로는 남산타워와 서울도심의 빌딩들이 눈에 들어온다면 다른 한쪽으로는 북악산의 모습을 같이 담을 수 있는 것이 특징이다.

02 북촌 생활사박물관

서울특별시 종로구 북촌로5나길 90　☎ 02-736-3957
🚇 5호선 광화문역 2번 출구 → 종로 11번 버스 환승하여 삼청동 주민센터 하차
🕐 3월~10월 10:00-19:00, 11월~2월 11:00-18:00(연중무휴)
관람료 성인 5,000원, 고등학생 이하 3,000원

한옥마을의 겉 부분을 살펴보았다면, 이번에는 이런 전통한옥에 살았던 사람들의 삶의 모습을 살펴볼 수 있는 공간을 찾아가 보는 것을 추천한다. 북촌한옥마을 여행의 거의 마지막 즈음에 삼청동으로 이어지는 골목길에는 선조들이 사용하던 옛 물건들을 전시하고 있는 북촌생활사박물관을 만나볼 수 있다. 가정집과 같은 분위기인 전시관에 들어가면 작은 마당이 나오고, 내부로 가면 옛날에 흔히 볼 수 있었지만, 현대화가 이뤄지면서 지금은 보기 힘들어진 오래된 물건들을 만나볼 수 있다. 북촌생활사박물관은 단순한 전시에 그치는 것이 아니라 옛 물건들을 직접 만져보고 체험해볼 수 있는 것이 특징이다.

북촌사람들의 삶의 모습을 보고 싶다면 북촌생활사박물관을 찾아가 보는 것이 좋다.

북촌 8경

북촌한옥마을에서 놓쳐서는 안 되는 것이 바로 '북촌 8경'을 찾아보는 것이다. 북촌 8경은 북촌한옥마을 골목길의 아름다움을 느낄 수 있는 장소 8곳을 선정한 것인데, 북촌 골목골목을 다니다 보면 북촌 8경을 자연스레 사진 속에 담을 수 있다. 돌담길 너머로 창덕궁의 모습이 보이는 북촌 1경을 시작으로 삼청동으로 내려가는 돌담길(북촌 8경)까지 지정해 놓았다. 북촌 8경의 모습 외에도 북촌한옥마을을 걷다 보면 한옥 밀집 지역 만의 독특한 풍경 그리고 과거로 돌아간 것 같은 돌담길, 정겨운 골목길 등을 살펴볼 수 있다.

정해진 표지판을 따라 구경하다보면 북촌 8경을 찾아볼 수 있다.

공원

15

자동차길에서 사람길로 재탄생, 서울로7017

우리나라의 명실상부한 기차역은 바로 서울역이다. 서울역은 일제강점기와 한국전쟁의 아픈 역사에서부터 시작되어 우리나라 경제 성장의 현장이기도 하며, 지금까지 서울을 대표하는 상징과도 같다. 한국 전쟁 당시에는 피난의 역사를, 경제성장기에는 서울로 상경한 사람들이 처음 보았을 서울의 풍경이기도 했으며 서울의 첫인상이기도 했을 것이다. 지금도 하루 수만 명이 이용하고 있는 서울역은 최근 서울역 고가도로가 '서울로7017'로 재탄생하는 등 새로운 도약을 준비하고 있다.

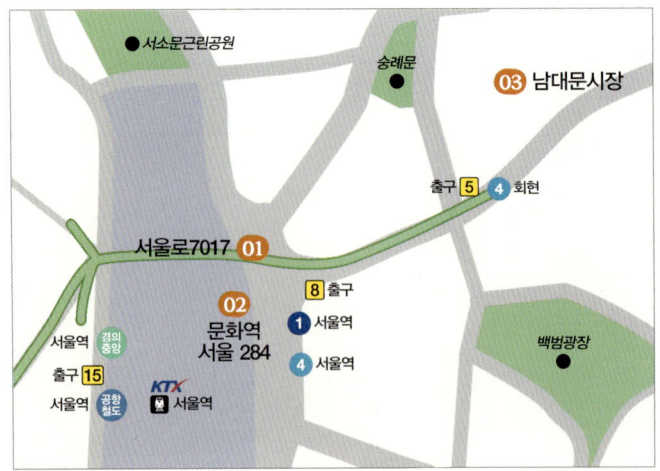

> **TIP** **주변 여행지** 서울로7017을 양 끝 출구, 만리동 광장쪽에서는 약현성당 등 만리동·중림동(74쪽) 골목여행을 할 수 있고, 반대편 출구는 남대문시장과 가깝다.

01 서울로 7017

서울특별시 중구 청파로 432
🚇 ❶ 만리동 방향 : 철도 서울역 3번 출구, 공항철도 15번 출구, 경의선 출구 이용
❷ 서울로7017 중앙 : 1·4호선 서울역 8번 출구 → 횡단보도 이용
❸ 남대문시장 방향 : 4호선 회현역과 바로 연결
🕐 연중무휴

126 PART 1 서울

1970년 지어져 오랜 기간 자동차에게만 허용되었던 서울역 고가도로가 '서울로7017'이란 이름으로 17개의 도보길로 연결되는 사람길이 되었다. 서울역 고가도로는 산업화 시대 지어져 기차를 타고 서울역에 내리면 서울역 광장에 바로 보이는 어떻게 보면 서울의 상징적인 구조물이었다. 그러나 오랜 세월이 지나면서 안전상의 문제가 생겼고, 철거냐 보존이냐 갈림길에서 보행자를 위한 보행길로 재탄생된 것이다. 서울로7017은 서울역 서편, 만리동 쪽에서부터 서울역 광장 위를 지나 남대문시장까지 약 1km 정도이다.

만리동 광장에 있는 공공미술작품 '윤슬'

서울로7017에서 바라본 서울역과 문화역서울 284

왼쪽 서울로7017에서 찾아볼 수 있는 옛 서울역 고가의 흔적
오른쪽 서울로7017에서는 바닥 아래가 투명 공간이어서 고가도로 아래를 볼 수 있다.

사람길로 바뀐 서울로7017은 곳곳에 다양한 나무와 식물이 심어져 있다. 화분마다 심어져 있는 식물에 대한 이름이 적혀 있고, QR코드를 이용하면 해당 식물에 대한 설명을 들을 수 있다. 고가도로의 난간이 그대로 보존된 구간에서는 서울역 광장과 서울역 앞을 지나는 도로 그리고 서울역 환승센터의 모습을 볼 수 있다. 고가도로의 높이가 약 17m 정도여서 이곳에서 바라보는 서울역 주변 풍경이 제법 시원하다. 일부 구간에 투명 바닥으로 처리하여 고가도로에서 아래로 지나는 자동차와 사람들을 볼 수 있는 구간도 있다. 트램펄린이 있는 방방놀이터는 어린 아이들에게 특히 인기 만점인 장소이다. 또 군데군데에 서울로7017과 그 주변을 볼 수 있는 전망대가 설치되어 있어 이곳에 오르면 서울역 주변의 모습을 360도 파노라마처럼 볼 수 있다.

서울로7017 야경

토스트와 커피를 판매하는 수국식빵

전통비빔밥을 판매하는 7017서울화반

서울로7017에서 바라본
서울역 주변 야경

　서울로7017에는 중간중간 먹거리와 음료를 판매하는 상점들이 있다. 만리동 광장에 있는 '7017서울화반'에는 전통비빔밥을 판매하고 있고, 꼬마김밥을 판매하는 '장미김밥', 풀빵과 주전부리를 판매하는 '도토리풀빵', 토스트와 커피를 판매하는 '수국식빵'과 전통차를 판매하는 '목련다방'이 있다. 회현역 방면으로는 다양한 기념품을 판매하는 '서울로 가게'도 있으며 서울로 여행자 카페도 마련되어 있다.

　서울로7017은 낮에는 푸른 식물과 함께 정원 산책로를, 밤에는 은하수 불빛과 같은 푸른색 야경을 구경할 수 있다. 가까운 곳의 문화역서울 284, 숭례문의 야경과 함께 서울로7017에서 로맨틱한 서울의 밤 풍경을 감상해볼 수 있다.

❷ 문화역서울 284

서울특별시 중구 통일로 1 ☎ 02-3407-3500
🕐 10:00-19:00, 매달 마지막 수요일(문화가 있는 날)은 21:00까지 운영
🚇 전철 서울역 2번 출구 이용, 철도 서울역 2번 출구 이용

2003년까지만 하더라도 철도 서울역으로 사용되던 구 역사는 지금은 '문화역서울 284'라는 이름의 복합문화공간으로 재단장되었다. 이 역사는 1925년 완공된 르네상스 형식의 역사로, 처음 지어졌을 당시만 하더라도 도쿄역 다음으로 동양에서 큰 역사였다. 부산역과 한국은행 본점을 설계한 츠카모토 야스시씨의 설계로 지어졌고, 스위스의 루체른역을 모델로 하여 지어졌다. 오랜 역사를 간직한 만큼 지금의 철도역에서는 보기 드문 구조를 보이는데, 중앙홀을 기준으로 1·2등 대합실과 3등 대합실, 그리고 부인대합실이 별도로 구분되어 있다. 문화역서울 284에서는 다양한 전시가 열리고 있으며, 구 서울역의 흔적을 살펴볼 수 있는 복원전시실도 있다.

③ 남대문시장

서울특별시 중구 남대문시장4길 21　☎ 02-753-2805
🚇 4호선 회현역 5번, 6번 출구 이용

남대문시장은 역사가 제법 오래된 시장인데 당연히 숭례문과 가까이 있다는 지리적 이점으로 오가는 사람들이 많아 조선시대부터 장이 들어서기 좋은 입지조건을 갖추고 있어 조선 초기에도 시장이 있었다는 기록이 있다. 본격적으로 남대문시장이 형성된 것은 임진왜란 이후이다. 의류뿐만 아니라 가전제품, 주방용품 등 다양한 물건들을 팔고 있는 남대문시장은 특히 다양한 수입과자를 판매하고 있는 것이 특징이다. 남대문시장의 대표 먹거리로는 갈치조림이 있다. 남대문시장 한곳에 갈치조림을 전문으로 하는 매장들이 하나의 골목을 이루고 있다.

공 원
16
서울의 중심, 남산에서 바라본 서울

서울의 한복판에 자리한 남산은 조선의 도읍이 한양으로 정해지면서 도성의 남쪽에 있는 산이라고 하여 남산이라고 불렀다. 높이 자체는 265m 정도이지만, N서울타워와 함께 오래전부터 서울의 상징으로 자리 잡았고 서울의 전체적인 모습을 카메라에 담기 위해 매년 많은 방문객이 방문하고 있는 장소이다. 또 밤에는 남산타워의 야경과 함께 서울의 밤하늘을 감상할 수 있으므로 아침에서부터 밤까지 방문객의 발길이 끊이지 않고 있는 곳이기도 하다.

서울특별시 중구 회현동1가 ☎ 02-3783-5900

🚇 ❶ 3호선 동대입구역 6번 출구에서 02, 03, 05번 환승하여 남산서울타워 하차
❷ 4호선 명동역 3번 출구 → 도보 약 10분 거리에서 남산케이블카 이용

주변 여행지 남산은 그 진입로가 다양한 만큼 갈 수 있는 여행지도 많이 있다. 동대입구역 쪽으로는 장충단공원(139쪽)이, 남산케이블카 입구에는 남대문시장과 명동(86쪽)이 가깝고, 남산야외식물원은 해방촌·경리단길(80쪽)과 가깝다.

서울의 중심, 서울을 한눈에 볼 수 있는 남산

남산타워를 올라가는 방법은 크게 세 가지이다. 먼저 직접 걸어서 올라가는 방법인데, 산책로가 잘 정비되어 있지만 등산하는 것이 조금 힘겹다고 생각이 든다면 이 방법보다는 시내버스를 타고 가는 방법을 추천한다. 남산 팔각정까지 올라가는 남산순환버스(02, 03, 05번)가 수시로 운행 중이어서 가장 편한 방법은 3호선 동대입구역에 내려 이용하는 것이다. 마지막으로 남산타워를 오르는 방법은 남산케이블카를 이용하

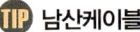 **남산케이블카**
- ☎ 주간) 02-753-2403, 야간) 02-757-1308
- 🚇 4호선 명동역 3번 출구에서 도보 10분 거리
- ⏰ 10:00-23:00
- **이용료** 성인 왕복 8,500원, 편도 6,000원, 어린이 왕복 5,500원, 편도 3,500원

N서울타워와 남산 팔각정

는 것이다. 가장 특별한 방법이지만 주말에는 관광객들이 몰려 이용하는데 시간이 걸릴 수 있으니 케이블카를 이용하고 싶다면 조금 서두르는 것이 좋다.

남산케이블카를 이용하면
더 특별하게 남산을 오를 수 있다.

N서울타워

서울특별시 용산구 남산공원길 105 N서울타워
☎ 02-3455-9277
⏰ 10:00-23:00(토요일 10:00-24:00), 연중무휴
관람료 성인 10,000원, 어린이 8,000원(만 65세 이상 동일)

서울성곽길과 N서울타워

조선왕조가 한양에 도읍을 정하면서 한양 주위의 북악산, 인왕산, 낙산 그리고 남산을 잇는 서울성곽이 놓여 이곳 남산에서도 성곽길을 따라 산책할 수 있다. 또 남산 정상에 오르면 옛날 긴급한 일이 생겼을 경우 불을 피워 알리던 봉수대의 모습도 구경할 수 있

왼쪽　남산 봉수대　　　　　　　　　　　　　　오른쪽　남산으로 이어지는 서울성곽길

다. 서울을 상징하는 남산타워 역시 정상부에 오르면 볼 수 있는데, T5층의 전망대는 바닥이 회전하는 전망대여서 앉아서 서울의 동서남북을 모두 구경할 수 있다는 특징이 있다.

남산에서 바라본 서울

남산에서는 서울의 중심부를 지나는 한강과 용산구, 성동구, 강남 일대의 모습을 모두 구경할 수 있다. 버스를 타고 지날 때에는 평범해 보였던 서울의 큰길도 남산에 올라 바라보면 이색적으로 다가온다. 또 우리나라에서 가장 높은 건물로 자

남산에 오르면 서울의 전체적인 모습이 한눈에 들어온다.

리매김한 롯데월드타워부터 상암동월드컵경기장의 모습까지 남산에서 모두 볼 수 있다. 날씨가 좋은 날에는 멀리 인천까지 보일 정도로 남산에서 볼 수 있는 곳은 생각보다 넓은 편이다.

벚꽃 명소, 남산

남산은 서울을 대표하는 벚꽃 명소이기도 하다. 이 시기만큼은 남산 순환버스가 올라갔던 그 길을 직접 걸어 내려가 보는 것을 추천한다. 수령이 제법 오래된 벚꽃나무가 산책길을 더 아름답게 해준다. 중간중간에는 전망대 겸 휴식장소가 마련되어 있어서 힘들지 않게 벚꽃 구경을 즐길 수 있다.

왼쪽 남산 벚꽃길을 따라 올라오는 시내버스   **오른쪽** 남산 곳곳에 활짝 핀 벚꽃들

백범광장

서울특별시 중구 회현동1가
4호선 회현역 4번 출구 → 도보 약 5분

독립운동가이자 정치가인 백범 김구의 동상이 세워져 있는 백범광장은 회현역에서 남산으로 올라가는 길목에 있다. 이곳에는 원래 이승만 대통령의 동상이 있었다고 하나 4·19 혁명 이후 이승만 대통령의 동상을 허물고, 1968년 백범광장의 조성과 함께 백범 김구의 동상이 세워졌다. 남산 근처에 '소월로'라는 도로는 일제가 숭례문에서 조선

신궁으로 향하는 길을 내기 위해 만든 곳이기도 하다. 조선신궁이 있던 곳에는 백범광장, 안중근의사기념관과 남산도서관이 들어섰고 서울성곽도 복원되어 있다.

백범광장과 서울성곽길

03 남산 야외식물원

서울특별시 용산구 소월로 323 ☎ 02-798-3771
🚇 402, 405번 버스 이용, 남산체육관 하차

남산에서 이태원동 방면으로 내려오다 보면 남산야외식물원을 찾을 수 있다. 남산야외식물원 앞으로는 소월로라는 도로가 지나고 있는데, 이 길을 따라서 한쪽으로는 남산이 그리고 다른 한쪽으로는 용산구 이태원동이 보인다. 남산야외식물원은 13개의 주제 주제정원으로 구성되어 있어 야생화부터 그 계절을 대표하는 꽃들까지 구경할 수 있다.

공원

17
대한제국의 슬픈 역사가 서려있는
장충단공원

3호선 동대입구역에 내려 남산 방면으로 향하다 보면 장충단공원을 볼 수 있다. 장충단은 1900년 대한제국 시기 고종이 을미사변과 임오군란, 갑신정변 등으로 순국한 충신과 열사들을 위해 제사를 지내던 사당이다. 그러나 일제강점기를 지나며 철저히 훼손되었는데 일본식 공원으로 바꾸어 벚꽃나무를 심고 위락시설을 설치하는가 하면, 상하이사변 때 죽은 일본군 육탄 3용사의 동상을 세우는 등의 아픔을 가지고 있다. 해방 이후 이런 일제의 흔적은 대부분 철거되었지만, 6·25 전쟁을 지나는 동안 장충단의 사당과 그 부속건물들은 모두 파괴되었고, 지금은 장충단 터만 구경할 수 있다.

장충단공원
- 장충단 터와 수표교

서울특별시 중구 동호로 261
3호선 동대입구역 6번 출구

동대입구역 6번 출구로 나오면 장충단공원이 나오고 장충단비를 볼 수 있다. 그리고 그 뒤편으로는 유형문화재 제 18호로 지정된 수표교를 볼 수 있다. 이 다리는 원래 청계천에 세워져 있던 다리였으나 1958년 청계천 복개공사와 함께 이곳으로 옮겨졌다. 홍수

왼쪽 장충단 터와 장충단 비 오른쪽 수표교

의 조절을 위해 하천 수위를 조절하던 수표교는 2005년 청계천 복원 공사 당시 원위치로 이전시킬 계획이었으나, 복원되는 청계천과 이 다리의 길이가 맞지 않아 결국 제자리를 찾아가지 못했다. 대신 청계천에는 이름만 수표교인 다리가 청계2가와 3가 사이에 놓여있다.

장충단공원 주변 더 가볼 만한 곳

02 국립극장

서울특별시 중구 장충단로 59 ☎ 02-2280-4114
🚇 3호선 동대입구역 6번 출구 → 도보 약 15분 거리, 혹은 02, 03, 05번 환승하여 국립극장 하차

장충단공원에서 남산방면으로 언덕을 오르면 국립극장을 볼 수 있다. 국립극장은 본래 명동1가의 명치좌에 있었다. 당시에는 서울시에서 운영하는 공연장과 같이 사용했었는데 공연장이 세종로에 별도의 시민회관(현 세종문화회관)으로 이전한 이후에 단독으로 사용을 하였다. 그러나 시설이 낡은 것은 물론, 교통이 불편하여 우리나라를 대표하는 공연시설이라고 하긴 부족하다 판단해 현재의 위치에 문을 열었다. 원래 국립극장이 있던 자리에 지금은 명동예술극장이 들어서 있다.

03 장충체육관

서울특별시 중구 동호로 241 ☎ 02-2128-2800
🚇 3호선 동대입구역 5번 출구

장충체육관은 우리나라 최초의 실내체육관이다. 1963년 개관하였는데 농구와 배구 등 다양한 체육경기는 물론 많은 행사가 열리고 있는 곳이기도 하다. 약 8천 명의 관람객을 수용할 수 있는 이곳은 돔 형식의 원형경기장 형태를 취하고 있다. 최근 전면적인 리모델링 공사가 이루어졌고, 3호선 동대입구역 5번 출구 방향과 바로 연결되어 있다.

04 장충동 족발골목

서울특별시 중구 장충단로 176
🚇 3호선 동대입구역 3번 출구

'장충동' 하면 가장 먼저 떠오르는 것은 바로 장충동 족발일 것이다. 장충체육관 길 건너에 장충동 족발 가게가 모여 있다. 원래는 빈대떡과 만두를 주메뉴로 팔던 식당에서 가격이 저렴하면서도 배불리 먹을 수 있는 안주로 족발을 내놓게 되면서 유명해졌다. 이후 족발가게가 하나둘 모여들면서 장충동 족발골목을 만들어냈다.

05 태극당

서울특별시 중구 동호로24길 7　☎ 02-2279-3152
🕗 08:30-22:00
🚇 3호선 동대입구역 2번 출구

서울에서 가장 오래된 빵집, 태극당은 동대입구역 바로 앞에 있다. 태극당이 문을 연 것은 1946년으로 서울에서는 가장 오래되었고, 전국적으로 보면 1945년 문을 연 군산 이성당에 이어 두 번째로 오래된 빵집이다. 장충동으로 본점이 옮겨온 것이 1973년의 일인데, 최근에 전면적인 리뉴얼 공사가 이뤄져 매장 내부는 넓어지고 카페도 마련되어 있다. 예전에는 점원에게 원하는 빵을 주문하는 형태였다고 하는데, 지금은 다른 빵집과 같이 원하는 빵을 직접 담아 계산하는 형태가 되었다. 샹들리에를 비롯하여 인테리어가 오래된 빵집의 역사를 말해주고 있는 것 같다.

공원

18

서울 시내 한복판을 지나는 물길 따라, 청계천 나들이

청계천은 조선시대에는 개천이라고 부르다가 일제강점기에 들어서 청계천이라는 이름을 갖게 되었는데 한때는 사람들의 놀이터이기도 했고, 마을 아낙이 빨래를 하는 빨래터이기도 했다. 한편으로는 홍수 때 집들이 떠내려가기도 하고 빈민촌이 형성되기도 하는 등 여러 문제도 있었다고 전해진다. 1970년대 청계천은 복개공사로 인하여 다리 아래 어둠의 공간으로 숨어 들어갔지만, 2000년대 들어 다시 청계천을 복원하는 공사가 진행되어 지금은 서울 한복판을 흐르는 공원으로 자리매김하고 있다.

> **TIP** 청계천은 청계광장에서부터 계속 이어지는데, 성동구 마장동 쪽에서도 청계천박물관과 청혼의 벽, 판잣집 테마존 등 구경거리가 많다.

01
청계광장부터 시작되는
청계천 나들이

🚇 5호선 광화문역 5번 출구 → 도보 3분

청계천 나들이의 시작점은 광화문광장과 가까이 있는 청계광장이다. 서울빛초롱축제 등 청계천에서 열리는 다양한 축제 역시 이곳 청계광장을 중심으로 시작된다. 청계광장은 5호선 광화문역 5번 출구와 가까운데 여기서부터 시작하여 종로와 을지로 중간 부근을 지나며 서울 도심의 주요 명소들을 이어준다. 청계광장에 상징물이나 다름없는 올덴버그의 '스프링'을 지나면 광통교, 광교 등 청계천을 가로지르는 다리들을 만날 수 있다.

청계천의 시작, 청계광장

청계천 산책길

 광통교

서울특별시 종로구 서린동
🚇 1호선 종각역 5번 출구 → 도보 약 5분

청계천 다리들에 붙은 이름은 옛 청계천에 있던 다리들의 이름으로 복원사업과 함께 다시 찾은 것이다. 광통교는 태조 때 처음 축조되었고, 큰비로 다리가 무너진 이후에 태조 이성계의 계비, 신덕왕후의 묘인 서울 정릉에 있던 12개의 석각신장(石刻神將)을 사용하여 석교로 다시 만든 다리였다. 청계천이 복개됨과 함께 사라진 광통교는 이후 원래의 위치보다 상류에 다시 복원되었다.

광통교

청계천 수표교

서울특별시 종로구 관수동
2·3호선 을지로3가역 2번 출구 → 도보 약 5분

광교와 삼일교를 지나면 수표교를 볼 수 있다. 수표교는 세종 2년에 만들어져 청계천에 흐르는 수량을 측정하는 다리였는데, 다리 돌기둥에 경(庚)·진(辰)·지(地)·평(平)이라는 표시를 해서 물의 깊이를 재는 용도로 사용하였다. 영조 때에는 수표교 동쪽에 준천사라는 관청을 세워 수량의 변화를 보고하여 홍수에 대비하기도 하였다. 수표교는 청계천의 복개와 함께 장충단공원으로 옮겨졌는데, 청계천 복원 당시 이 수표교를 다시 원위치로 옮기려는 계획도 있었으나 복원될 청계천과 이 다리의 길이가 맞지 않아 이전되지 않았고 현재의 청계천에는 새로운 수표교가 놓이게 되었다.

청계천 수표교

❶ 청혼의 벽 · ❷ 청계천 판잣집 테마존

- 2호선 상왕십리역 2번 출구 → 성동 08번 환승하여 청계천문화관 하차

❶ **청혼의 벽** 서울특별시 성동구 마장동 540
☎ 02-2290-7134
◐ 3~12월 매주 수~토요일 18:00-22:00, 일몰 후 운영

❷ **청계천 판잣집 테마존** 서울특별시 성동구 청계천로 530
☎ 02-2290-6114
◐ 10:00-19:00(월요일 휴무)

무학교를 지나 고산자교 사이에서 청계천과 정릉천이 합류하는 지점이 나온다. 두 개의 물줄기가 합쳐지는 지점이라고 하여 이곳에 놓인 인도교의 이름은 '두물다리'이다. 두물다리 바로 앞에는 청계천에서 찾아볼 수 있는 특별한 공간, '청혼의 벽'을 볼 수 있다. 청혼의 벽은 미리 사용자가 인터넷을 통해 예약하면 청혼의 벽을 통해 지정된 시간에 사용자가 제작한 영상과 메시지가 표현된다.

청혼의 벽에서 가까운 곳에 1960~70년대 청계천에 있었던 판자촌을 재현해 놓은 공간이 있다. 청계천이 흐르는 곳에 판잣집을 짓고 살았던 사람들의 삶과 애환을 느낄 수 있는 이 공간은 추억의 교실, 연탄가게, 공부방 등을 내부에 재현해 놓았다.

두물다리

오른쪽 위·아래 청계천 청혼의 벽

왼쪽 위·아래 청계천 판잣집 테마존

청계천 박물관

서울특별시 성동구 청계천로 530   ☎ 02-2286-3410
🚇 2호선 상왕십리역 2번 출구 → 성동08번 환승하여 청계천 문화관 하차
🕘 9:00-19:00(토·일·공휴일 18:00까지), 월요일, 1월 1일 휴관

관람료 무료

청계천 판자촌 맞은편에는 청계천의 과거와 복원사업이 진행되어 온 과정 그리고 앞으로의 미래에 대하여 살펴볼 수 있는 청계천 박물관이 있다. 청계천 박물관은 4층의 제1전시실, 조선시대 청계천의 모습에서부터 시작된다. 한양의 중심부를 가로질렀던 청계천의 옛 모습을 살펴본 후, 제2전시실에서는 광복과 한국전쟁 이후 청계천에 몰려든 판자촌을 볼 수 있고, 복개과정을 통해 물길 위로 청계고가도로가 생겨나 변화된 모습들을 모형과 다양한 시각자료를 통해 알아볼 수 있다. 제3전시실에는 복개된 청계천을 다

청계천이 역사를 살펴볼 수 있는 청계천 박물관

시 복원한 사업 과정을 살펴볼 수 있다. 청계고가도로가 만들어진 후 오랜 세월이 지나면서 다리는 노후화되어 전면 보수가 시급했는데 유지 보수보다는 이를 철거하여 사라진 청계천을 다시 되살리기로 한 과정들을 알아볼 수 있다. 제4전시실은 앞으로의 청계천의 미래상을 만나볼 수 있는 공간으로 마련되어 있다.

서울빛초롱축제

청계천은 밤이면 청계천의 야경과 주변 도시의 빌딩에서 뿜어져 나오는 빛으로 화려한 야경을 즐길 수 있다. 특히 청계천의 밤이 가장 아름다울 때는 11월 무렵으로, 청계천을 따라서 다양한 주제의 등이 서울의 가을밤을 더욱 인상적이게 한다. 2009년 '서울등축제'라는 이름으로 시작된 이 축제는 2014년부터 '서울빛초롱축제'라는 이름으로 변경되었는데, 늦가을 선선해진 밤공기를 만나며 청계천에 수놓은 다양한 주제등, 캐릭터등, 지자체 초청등을 만날 수 있다.

매년 가을 청계천에서 열리는 서울빛초롱축제

공원
19
성곽을 걸으며 떠나는 감성 서울 여행, 낙산공원

서울의 대표적인 조망명소이자 밤에는 야경 명소인 낙산공원은 조선왕조의 수도를 이루던 서울성곽이 지나던 곳이다. 조선시대에는 낙산공원이 있는 서울성곽을 경계로 동숭동은 도성 안, 창신동은 도성 밖에 속했다. 낙산공원에서 시작된 서울성곽길은 한쪽은 혜화문으로 그리고 다른 한쪽은 흥인지문까지 이어진다. 또 낙산공원에서는 이화벽화마을을 통해 대학로로 갈 수 있어 주변 여행지와 함께 둘러보는 것도 가능하다.

TIP 낙산공원을 여행하는 방법은 크게 두 가지이다. 하나는 낙산공원을 구경한 후 이화동벽화마을을 통해 대학로(93쪽)를 구경하는 것이고, 다른 하나는 낙산공원의 성곽길을 따라 동대문성곽공원 쪽으로 산책해보는 것이다.

01 낙산공원

서울특별시 종로구 낙산길 41　☎ 02-743-7985
🚇 6호선 창신역 3번 출구 → 종로 03번으로 환승하여 낙산공원(종점) 하차

일제강점기와 한국전쟁을 거치면서 한성의 안과 밖의 경계를 나누던 서울성곽은 크게 훼손되면서 낙산은 벌거벗은 민둥산이 되었고, 전쟁 통에 몰려든 피난민들이 몰려 낙산공원은 판자촌이 되었다. 서울성곽길은 근대화 과정을 거치면서 판자촌을 몰아내고 그

자리에는 시민아파트와 단독주택이 들어섰다. 그리고 2000년대 들어 복원공사가 진행된 끝에 흥인지문에서부터 혜화문에 이르는 성곽길이 만들어졌다. 수도를 방어하기 위한 시설이었던 이곳을 지금은 가족과 연인들이 서울을 내려다보고 사진을 찍으며 추억을 남기는 나들이 장소가 되었다. 서울성곽길은 단순한 산책길이 아니다. 조선시대에는 수도의 경계를 구분지어준 경계선이었고, 지금은 성곽 양옆으로 빼곡히 들어선 서울의 일면을 내려다볼 수 있는 조망명소이다. 한쪽은 서울에서 번화한 곳 중에 한곳인 대학로 주변이 보이고, 그 반대편으로는 창신동 주택가들의 모습이 눈에 들어온다.

오른쪽 위·아래 낙산공원의 성곽길
왼쪽 위·아래 낙산공원에는 서울 시내를 배경으로 감성적인 조형물들이 많이 있다.

이화벽화마을

🚇 4호선 혜화역 2번 출구 → 도보 10분 거리

몇 년 전까지만 하더라도 '여행 명소' 하면 자연풍경이 아름답거나 역사적인 가치가 있는 곳, 아니면 구경하고 먹을 곳이 많은 곳 정도로 여겼었다. 그러나 최근에는 우리에게 익숙한 풍경들, 소박한 볼거리도 관광 명소가 되고 있다. 이화벽화마을은 서울에 생겨난 벽화마을의 원조 격이라고 볼 수 있다. 예술가들이 모여 이루어진 마을 프로젝트와 함께 평범한 마을의 골목길도, 집의 창문도, 심지어는 건물에 붙어있는 시설들까지 모든 것이 예술 작품이 되었다. 이화벽화마을에 들어선 카페와 이색 박물관 그리고 갤러리도 방문해볼 수 있다.

다양한 벽화들을 구경할 수 있는 이화벽화마을

이화벽화마을에는 작은 박물관과 카페들이 많이 있다.

03 동대문 성곽공원

서울특별시 종로구 종로6가 70
1·4호선 동대문역 1번 출구

서울성곽길을 따라 내려오면 자연스레 흥인지문 앞까지 갈 수 있다. 건물이 들어서면서 사라진 성곽길을 복원하면서 흥인지문 맞은편에는 동대문성곽공원이 생겼고, 이와 함께 주변 분위기는 한층 더 밝아졌다. 성곽길 높은 곳에 서면 흥인지문과 동대문쇼핑타운의 모습들이 한눈에 들어와 복잡하면서도 활기가 넘치는 서울 도심의 풍경을 느낄 수 있다.

동대문성곽공원과 흥인지문 주변 모습

공원
20
서울의 과거와 미래를 한 번에, 동대문 디자인플라자

지금의 동대문디자인플라자와 동대문역사문화공원 있는 곳에 과거 동대문운동장이 있었다. 더는 활용 가치가 없어진 동대문운동장을 철거하는 과정에서 서울성곽의 흔적을 비롯하여 각종 유물이 발굴되었는데, 이 자리에는 동대문역사문화공원이 들어섰고 그 앞으로는 세계 최대 규모의 3차원 비정형 건축물인 동대문디자인플라자가 들어섰다. 길을 가면서도 자연스레 시선을 끄는 독특한 외관은 물론, 화려한 야경 덕에 어느덧 서울의 랜드마크로 자리매김하고 있다.

이곳에 동대문운동장이 만들어진 것은 1926년 일제강점기 때의 일로, 당시에는 경성종합운동장이라는 이름을 갖고 있었다. 광복 이후에 서울운동장으로 이름을 바꾸고 1966년에 대대적인 확장공사가 이뤄져 종합운동장의 면모를 갖추게 되어 체육행사를 비롯하여 큰 행사들이 이곳에서 열렸다. 1984년 잠실에 종합운동장이 세워진 이후에 동대문운동장이라는 이름으로 바뀌었다. 동대문운동장의 야구장은 2007년까지 계속 사용되었으나, 축구장은 2003년부터 사용되지 못하고 주차장 시설이나 풍물시장이 들어섰다. 동대문운동장의 철거가 결정된 이후 이곳에 있던 풍물시장은 신설동으로 옮겨졌고(서울풍물시장) 동대문운동장이 있던 자리에는 동대문디자인플라자와 동대문역사문화공원이 들어선 것이다.

동대문 디자인플라자

서울특별시 중구 을지로 281 ☎ 02-2153-0000
🚇 2·4·5호선 동대문역사문화공원역 1번 출구
🕐 **배움터** 화~목(일요일, 공휴일) : 10:00-19:00, 금~토 10:00-21:00(월요일 휴관)
살림터 평일 : 10:00-21:00, 주말, 공휴일 : 10:00-22:00(매달 셋째 주 월요일 휴관)
장미정원 점등 : 19:00, 소등 : 00:00
※ 알림터 프로그램에 따라 운영 시간 다름

왼쪽 동대문역사문화공원역 1번 출구로 나오면 DDP 건물을 볼 수 있다.
오른쪽 동대문 DDP 살림터

동대문디자인플라자는 동대문역사문화공원역 1번 출구와 바로 연결된다. 출구를 나오자마자 펼쳐지는 세련되면서도 독특한 건축물이 한눈에 들어온다. 곡선 형태의 건물 외관은 동대문 주변의 모습과 어우러져 역동성과 활기찬 분위기가 느껴진다. 동대문디자인플라자는 배움터, 살림터, 알림터로 구성되어 있다. 살림터는 디자인 제품을 판매하고 있고, 배움터에는 다양한 전시회와 문화시설이 있으며, 알림터에서는 신제품 발표회나 패션쇼 등이 열리고 있다.

왼쪽 동대문 DDP 야경
오른쪽 동대문 DDP LED 장미정원

동대문디자인플라자는 밤이 되면 더 아름다운 모습을 보여준다. 전철역으로 이어지는 입구에서부터 건물의 외관에 이르기까지 동대문디자인플라자의 밤은 낮보다 더 매력적이다. 특히 DDP 한쪽에 위치한 'LED 장미정원'도 놓치지 말아야 할 볼거리이다.

02 동대문 역사문화공원

서울특별시 중구 을지로 281   ☎ 02-2266-7188
2·4·5호선 동대문역사문화공원역 1번 출구 → 도보 10분

동대문역사문화공원 내 이간수문

동대문디자인플라자 뒤편에는 '동대문역사문화공원'이 있다. 1926년 일제에 의해 세워진 경성운동장이 서울운동장, 동대문운동장이 되었다가 철거되면서 이 자리에는 각종 유물이 발굴되었는데 이러한 시설물을 보존, 전시해 놓은 곳이 바로 동대문역사문화공원이다. 동대문역사문화공원에는 이 유물을 전시해 놓은 동대문역사관, 동대문유구전시장 등으로 구성되어 있으며 동대문운동장을 철거하면서 남겨놓은 조명탑도 그대로 볼 수 있다.

동대문역사문화공원

동대문운동장이 있던 자리의 일부는 서울성곽의 한 부분이었다고 하는데, 발굴 과정에서 조선시대 이간수문이 발견되어 그대로 복원되었다. 흥인지문에서 광희문 사이는 한양 도성 내에서도 지대가 낮은 지역이어서 도성 내 흘러들어오는 물을 도성 밖으로 흘러내리기 위하여 성벽 아래에 오간수문과 이간수문을 만들었다고 한다. 특히 동대문역사문화공원 내 복원된 이간수문은 남산에서 흘러내리는 물을 도성 밖으로 보내는 역할로 윗부분은 *홍예로 구성되어 있다. 성안으로 들어오는 적을 막기 위해 설치된 목책도 복원되어 있다.

동대문운동장을 철거하면서 남겨놓은 조명탑

***홍예** : 무지개 같이 휘어서 반원형의 꼴로 쌓은 구조물이다. 구름다리, 무지개 모양, 아치형의 형태이다.

박물관
21
풍성한 볼거리, 아름다운 풍경, 용산구 박물관 여행

4호선 삼각지역과 이촌역으로 이어지는 이 구간에는 우리나라의 대표적인 박물관이 모여 있다. 가장 대표적인 곳이 국립중앙박물관인데, 규모뿐만 아니라 이곳에서 만나볼 수 있는 유물들은 선사시대에서부터 시작하여 근대에 이르기까지 우리나라의 전반적인 역사를 볼 수 있는 곳이다. 바로 옆에는 한글의 역사와 가치를 알 수 있는 국립한글박물관이 있다. 한편 삼각지역에는 외국인들에게 특히 인기가 많은 전쟁기념관이 있다. 이들 박물관은 실내의 다양한 볼거리는 물론 외부에도 다양한 전시공간 혹은 조경시설이 꾸며져 있는 것도 특징이다.

01 전쟁기념관

서울특별시 용산구 이태원로 29 전쟁기념관
☎ 02-709-3139
🚇 4·6호선 삼각지역 12번 출구 이용
🕘 9:00-18:00(월요일 휴무, 매달 마지막 수요일은 20시까지 야간개장)

관람료 무료

전쟁기념관인 만큼 넓은 야외에도 6·25 전쟁과 관련된 조형물들과 여러 군사장비들이 전시되어 있다. 내부로 들어오면 총 3층에 거쳐서 전시실이 있는데 크게 6·25전쟁의 전개 과정과 그 속의 이야기들을 볼 수 있고 선사시대에서부터 조선시대, 일제강점기까지 우리나라의 전쟁사에 대해서 살펴볼 수 있는 전쟁역사실을 만나볼 수 있다.

6·25 전쟁실

그중 가장 큰 공간을 차지하고 있는 곳이 6·25전쟁실이다. 북한의 남침으로 시작된 6·25전쟁의 전개 과정과 그 결과를 실감 나게 느낄 수 있도록 다양한 전시 방법을 통해 보여주고 있는 것이 인상적이다. 전쟁 당시의 긴박하면서도 참혹한 모습, 피난민들의 고달픈 삶을 세밀하게 표현한 조형물들과 6·25전쟁과 관련한 생생한 영상 자료들은 전쟁의 아픈 역사를 되돌아보기에 충분하다.

전쟁역사실

전쟁역사실에서는 선사시대의 청동기 문화부터 삼국시대를 지나 고려, 조선, 대한제국에 이르기까지 우리나라에 있었던 많은 전쟁들 그리고 그 과정에서 조금씩 발전해가는 무기와 군사장비에 대해서 살펴볼 수 있는 곳이다. 김유신, 계백, 이순신 장군 등 우리에게 익숙한 역사 속 인물과 거북선 등 각 전쟁사를 대표하는 것들을 자세하게 소개하고 있다.

02 국립중앙박물관

서울특별시 용산구 서빙고로 137 ☎ 02-2077-9000
🚇 4호선·경의중앙선 이촌역에서 지하연결통로를 통해 국립중앙박물관까지 바로 연결
🕙 10:00-18:00(수·토요일 21:00까지, 일요일, 공휴일 19:00까지), 1월 1일, 설날, 추석 당일 휴관

석조물공원 · 미르폭포

국립중앙박물관은 여러 차례 그 자리를 옮기다가 현재의 위치에 자리를 잡은 것은 2005년의 일이다. 옛 용산미군기지 자리에 세워진 국립중앙박물관은 그 입구에서 청자정이라는 정자가 있는 거울연못과 통일신라시대부터 조선시대까지 만들어진 석탑과 석불들을 관람할 수 있는 석조물공원 그리고 우리나라 전통조경을 살펴볼 수 있도록 만들어진 미르폭포 등을 만나볼 수 있다.

왼쪽 위·아래 국립중앙박물관 앞 거울연못 오른쪽 위·아래 미르폭포

석조물정원

국립중앙박물관 내부 살펴보기

국립중앙박물관은 두 개의 건물이 하나로 연결되어 있는데, 한쪽으로는 상설전시관이 그리고 다른 한쪽은 기획전시실로 구성되어 있다. 상설전시관은 1층부터 3층까지 구성되어 있는데, 1층에는 한반도의 선사·고대관과 중·근세관을 만나볼 수 있다. 한반도에 사람이 살기 시작한 구석기시대에서부터 삼국시대를 지나 고려, 조선, 대한제국에 이르기까지 한반도에서 펼쳐진 역사를 살펴볼 수 있고, 각 시대, 각 국가를 대표하는 유명 유물도 볼 수 있다.

국립중앙박물관의 2층에는 서예, 회화 등을 관람할 수 있는 '서화관'과 '기증관'을 만나 볼 수 있으며, 3층에는 조각·공예관과 아시아관을 만나볼 수 있다. 이 중에서 3층에 있는 아시아관에는 중국, 일본, 중앙아시아, 동남아시아 등 아시아 각국의 유물들을 통하여 그곳의 문화를 살펴볼 수 있으며, 같은 아시아권에 속해 있지만 지역별로 각자의 개성이 숨어있어 문화의 차이점도 살펴볼 수 있다. 또 1323년 신안 앞바다에서 침몰하였다가 1975년 다시 세상에 드러난 국제 무역선에서 발견된 유물들을 볼 수 있는 신안해저문화재실이 있다.

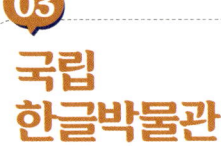

03 국립 한글박물관

서울특별시 용산구 서빙고로 139 ☎ 02-2124-6200
🚶 국립중앙박물관에서 도보 약 5분
🕐 10:00-18:00(토요일, 매달 마지막 수요일 10:00-21:00까지), 1월 1일, 설날, 추석 당일 휴관

관람료 무료

국립중앙박물관에서 용산가족공원으로 가는 길에 '훈민정음'을 주제로 한 국립한글박물관이 있다. 2014년 한글날 개관한 국립한글박물관은 한글의 창제원리에서부터 한글이 조선사회에 어떠한 변화를 불러 일으켰는지 알아볼 수 있는 공간으로 이어진다. 국립한글박물관은 상설전시실 외에도 기획전시실로 있고 6세~9세의 어린이들을 위한 놀이공간으로 한글을 보다 친숙하게 즐길 수 있는 체험공간인 '한글 놀이터', 또 외국인들이 한글을 더 쉽고 재미있게 배울 수 있는 공간인 '한글 배움터'까지 다양한 공간들이 마련되어 있다.

04 용산가족공원

서울특별시 용산구 용산동6가 68-87　☎ 02-792-5661
🚇 국립중앙박물관에서 도보 약 5분

국립중앙박물관 바로 옆에는 용산가족공원이 있다. 광복 이후 주한미군사령부의 골프장으로 사용하였던 부지였다. 1992년 시민을 위한 공원으로 재조성하여 '용산가족공원'이란 이름이 붙여졌는데, 국립중앙박물관은 용산가족공원의 부지 일부에 지어진 것이다. 용산가족공원에는 넓은 잔디밭이 인상적인데 골프장에 있었던 잔디와 숲, 연못을 그대로 활용하여 공원으로 만들었다. 연못과 공원을 한 바퀴 구경할 수 있는 산책로를 따라 편안한 산책을 즐길 수 있고 넓은 잔디밭에서 가족이나 친구들과 따뜻한 오후를 보내기도 좋다. 공원을 거닐면서 만나는 다양한 조형물들을 감상하는 것도 용산가족공원에서 즐길 수 있는 또 하나의 특징이다.

박물관
22
서울의 역사를 담다, 서울 역사박물관

덕수궁 돌담길에서부터 시작되는 정동길의 끝에는 서울의 역사를 살펴볼 수 있는 서울역사박물관이 있다. 바로 옆에는 경희궁이 있는데 서울역사박물관은 경희궁 터 중에서 경희궁 유적이 발견되지 않은 자리에 들어서 있다. 국립중앙박물관이 우리나라의 전체적인 역사를 두루 살펴볼 수 있는 박물관이었다면, 서울역사박물관은 그중에서도 서울지역의 역사와 문화를 보다 더 상세하게 살펴볼 수 있는 곳이라 하겠다.

TIP 서울역사박물관과 경희궁은 같이 붙어있으며, 행촌동길(59쪽), 정동길(66쪽)과 가깝다.

01 서울 역사박물관

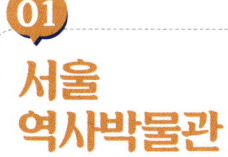

서울특별시 종로구 새문안로 55 ☎ 02-724-0274
🚇 5호선 서대문역 4번 출구 → 도보 10분, 5호선 광화문역 8번 출구 → 도보 10분
🕐 매주 월요일 휴관
　3월~10월 9:00-20:00(토·일·공휴일 9:00-19:00)
　11월~2월 9:00-20:00(토·일·공휴일 9:00-18:00)
관람료 무료

상설전시장

서울역사박물관 상설전시장의 시작은 한양에 도읍을 둔 조선시대에서부터 시작한다. 경복궁을 중심으로 광화문 바로 앞 대로변에 있었던 육조거리, 조선 제일의 번화가였던 운종가 그리고 한양 곳곳에 있었던 마을인 북촌, 남촌 등의 역사에 대하여 살펴볼 수 있

다. 조선시대 한양의 모습을 살펴본 후 개항과 대한제국시기의 서울의 모습도 구경할 수 있는데 개화의 물결에 따라 변화된 서울의 모습을 앞서 살펴본 조선시대의 모습과 비교하여 살펴볼 수 있다. 이후 일제강점기 일제에 저항하는 사람들의 삶에서부터 그리고 해방 이후 6·25전쟁을 거쳐 고도 성장기의 서울 사람들의 삶까지, 서울역사박물관의 상설전시관을 구경해보면 서울과 서울 사람들의 삶이 지금의 모습이 되기까지 어떻게 변화하게 되었는지 알 수 있다.

도시모형영상관

상설전시장을 구경한 후 마지막으로 구경할 수 있는 공간은 '도시모형영상관'이다. '서울, 오늘 그리고 내일'이라는 주제로 실제 서울의 크기를 1/1500으로 축소하여 서울의 전체적인 모습을 한눈에 볼 수 있다. 서울역사박물관이 위치한 종로구에서부터 서울의 가운데를 가로지르는 한강을 따라 펼쳐지는 서울 시내 곳곳의 모습을 작은 모형을 통해 구경할 수 있다.

02 야외전시장
(서울 전차 제381호)

서울역사관의 야외전시장에서도 다양한 구경거리가 있다. 이 중에서 가장 눈길을 끄는 것은 등록문화재 제467호로 지정되어 있는 전차 제381호이다. 서울 전차는 1899년부터 1968년까지 서울 시내 곳곳을 운행하던 시민의 발이었다. 첫 운행은 서대문~청량리 구간이었고 이후 조금씩 운행구간을 넓혀 영등포는 물론 돈암동, 왕십리까지도 운행하였다. 서울 전차는 도로의 일정 부분을 차지해야 하는 문제도 있었고 시설의 노후화와 버스, 자동차의 운행 등으로 인하여 1968년에 역사 속으로 사라졌는데, 서울역사박물관에 전시된 전차 381호는 서울에 남은 마지막 2대의 전차 중 하나이다.

03 경희궁

서울특별시 종로구 신문로2가 1 ☎ 02-724-0274
🚇 5호선 서대문역 4번 출구 → 도보 10분, 5호선 광화문역 8번 출구 → 도보 10분
🕘 9:00-18:00(월요일 휴무)

관람료 무료

서울역사박물관 바로 옆에 있는 경희궁은 광해군 15년(1623년)에 지어진 궁궐로 처음에는 경덕궁이라고 하였고 1760년에 경희궁으로 고쳐 불렀다. 일제에 의해 훼손되기 전까지만 하더라도 100여 동이 넘는 전각들이 모인 큰 궁궐이었다고 전해진다. 일제에 의해 훼손된 궁궐 중 그 피해가 가장 큰 궁궐로, 원래 크기는 남쪽으로는 교육청까지 북

쪽으로는 성곡미술관까지였는데, 지금은 경희궁의 정문이였던 흥화문과 숭정전 그리고 후원의 정자인 황학정 등만 복원되어 있다.

흥화문

숭정전

FOCUS 전통시장
23
역사가 깊은
전통시장
나들이

청계광장에서부터 청계천을 따라 걷기 시작하면 같은 서울 도심에 속해있더라도 조금씩 그 주변 분위기가 바뀌고 있다는 것을 느낄 수 있다. 청계광장에서부터 삼일교 부근까지는 고층빌딩과 직장인들의 발걸음이 이어진다면 세운교를 지나면서부터는 전통시장과 쇼핑거리가 이어진다. 서울 도심부의 오래된 역사를 가진 전통시장에서는 다양한 먹거리와 할인마트에서 보기 힘든 오래된 물건들 그리고 시장에서만 느낄 수 있는 정을 느낄 수 있다.

01 광장시장

서울특별시 종로구 창경궁로 88 ☎ 02-2267-0291
🚇 1호선 종로5가역 7, 8번 출구, 2·5호선 을지로4가역 4번 출구에서 도보 5분
🕘 9:00-18:00(일요일 휴무), 구제상가 10:00-19:00(일요일 휴무), 먹자골목 23:00까지(연중무휴)

왼쪽 먹거리가 가득한 광장시장   오른쪽 광장시장은 특히 육회가 유명하다.

광장시장은 종로4가와 종로5가 사이에 있으며 주변에는 인쇄·포장관련 업종이 모여 있는 방산시장 그리고 의류도매시장인 동대문시장이 있다. 광장시장은 우리나라 최초의 상설시장이라는 데에서 의미가 깊다. 1894년 갑오개혁과 함께 일본 상인들이 남대문시장 주변으로 우리나라 상권을 장악하기 시작했다. 이에 대항하기 위해 1905년에 조선 상인들이 뭉쳐 '광장주식회사'를 만들었고 배오개시장 근처 종로4가에 상권을 형성하기 시작한 것이 광장시장의 시작이었다. 광장시장이라는 이름은 시장이 광교에서 장교에 이른다고 하여 붙여졌다. 광장시장은 무엇보다 먹자골목으로 많이 알려져 있다. 시장을 들어서면 빈대떡, 마약김밥 등을 판매하는 가게들이 줄지어 있다. 특히 광장시장은 육회가 유명하여 '자매집'에서부터 여러 육회 집들도 많이 찾아볼 수 있다. 광장시장에는 이외에도 이불가게나 한복집들이 많고, 한층 올라가면 구제 상가들도 모여 있다.

동대문 생선구이골목

서울 종로구 종로40가길 5
종로신진시장에서부터 생선구이골목을 볼 수 있다.

광장시장을 지나 종로5가를 지나면 이곳부터 동대문시장을 만날 수 있다. 특히 동대문역을 중심으로 의류매장들이 밀집된 패션 쇼핑센터가 들어서면서 주변의 평화시장과 함께 동대문패션거리로 거듭나게 되었다. 이외에도 전태일다리를 지나 오간수교까지 청계천변으로는 청계천헌책방거리가 있다. 오래된 헌책들을 파는 가게들을 군데군데 찾아볼 수 있는데 고서적은 물론 잡지와 소설책 등 다양한 분야의 헌책들을 만나볼 수 있다. 종로신진시장과 동대문시장 사이를 지나가다 보면 생선구이냄새가 가득한 골목이 있다. 1970년대 문을 열어 약 40년이 넘는 전통이 이어지는 오래된 생선구이집들이 모여

동대문생선구이골목

있어 고등어, 삼치, 꽁치 등 노릇노릇 구워진 생선구이와 함께 푸짐한 밥 한 그릇을 곁들일 수 있다.

03 창신동 문구완구시장

서울특별시 종로구 종로52길 36
🚇 1·4호선 동대문역 4번 출구, 1·6호선 동묘앞역 6번 출구

동대문역 4번 출구에서부터 동묘앞역 6번 출구 사이에 있는 약 200여 미터의 골목길에는 문구점들이 모여 있는 창신동 문구완구시장을 만날 수 있다. 창신동 문구완구시장은 1960년대 동대문역 근처에서부터 시작되어 1970년대를 넘으며 본격적으로 시장이 형성되었는데, 거리를 걸으면서 가게 앞에 진열된 아기자기한 상품들을 구경하는 재미를 느낄 수 있다. 문구, 완구에서부터 다양한 학습재료, 등산용품 등을 저렴한 가격에 판매하는 가게들이 문구완구거리를 따라 계속해서 이어진다. 어린아이들에게 인기가 많은 캐릭터 관련 상품들도 눈에 보이고 최근에는 시중에서 구하기 힘든 다양한 상품들도 판매하고 있다.

04 서울풍물시장

서울특별시 동대문구 천호대로4길 21 ☎ 02-2232-3367
🚇 1호선·2호선·우이신설선 신설동역 6번, 10번 출구, 도보 5분
🕐 10:00-19:00, 식당가 22:00까지(매달 두 번째, 네 번째 화요일 휴무)

신설동역에 있는 서울풍물시장의 역사는 1950년대에서 1970년대까지 골동품을 판매하면서 규모가 커진 황학동시장에서부터 시작된다. 황학동시장은 한국전쟁 이후 피난민들이 주변으로 모여들어 이들이 집에서 쓰던 물건들을 사고팔게 되면서 형성되었다. 이후 경제 발전기를 거치면서 사람들의 생활상이 급격히 달라졌고 사람들이 쓸모없는 물건들을 내다 팔던 황학동시장은 추억이 서린 물건들이 가득한 벼룩시장으로 발전하게 되었다. 황학동시장은 청계천 복원공사와 함께 예전의 자리를 떠나 동대문운동장에 사용하지 않던 축구장으로 이전되었고, 2008년 이곳으로 옮겨지게 되었다.

서울풍물시장은 없는 게 없는 시장이다. 이제는 일상생활에서 그 모습이 보기 힘들어진 구형 텔레비전, 전화기, 오래된 카메라까지… 서울풍물시장에서 오래된 추억을 더듬어볼 수 있다. 특히 2층에는 '청춘 1번가'라는 이색적인 공간이 있어 1960년대 어느 상점가를 걷는 것 같은 기분을 불러일으킨다.

서울풍물시장 2층, 청춘1번가

동북권 (도봉/노원/강북/성북/중랑/동대문/성동/광진)

각 노선별 명소 모음

골목여행

01
문화와 예술이 숨어있는 조용한 동네, 성북동

북악산의 산세와 서울 도성이 감싸고 있는 성북동의 첫인상은 '조용함'이다. 성북동을 걷다 보면 오래된 가옥들이 숨어 있어 이를 찾아보는 재미가 있다. 만해 한용운 선생이 말년을 보낸 심우장을 거쳐 골목을 계속 걷다 보면 서울의 마지막 남은 달동네인 북정마을까지 구경할 수 있고 서울의 유명 빵집과 성북동의 대표 맛집까지 숨어 있어 맛 여행도 즐길 수 있다.

> **TIP** 성북동 여행은 한성대입구역에서 우리옛돌박물관 방면은 성북 02번으로, 북정마을과 심우장 방면은 성북 03번으로 환승하여 갈 수도 있다.

우리옛돌 박물관

서울특별시 성북구 대사관로13길 66 ☎ 02-986-1001
🚇 4호선 한성대입구역 6번 출구 → 성북 02번 환승하여 우리옛돌박물관 하차
🕐 10:00-18:00, 12월~1월 10:00-17:00(월요일 휴관)
입장료 성인 7,000원, 학생 5,000원, 어린이 3,000원

성북 02번 마을버스 종점에 있는 우리옛돌박물관은 우리나라에서는 드물게 석조유물을 전문으로 하는 박물관이다. 가장 처음으로 들어가면 보이는 환수유물박물관은 한국의 석조유물을 많이 소장하고 있던 일본인 수집가에게서 문인석과 장군석 등의 70점에 이르는 문화재를 우리나라로 가져와 만든 공간이다. 수많은 문인석이 질서정연하게 서 있는 것이 인상적이다. 다음 전시관으로 올라가면 동자관과 벅수관 그리고 자수관에서 다

동북권   **181**

양한 석조 유물을 만나볼 수 있다. 우리옛돌박물관의 야외 모습은 잘 꾸며진 돌의 정원과 조용한 성북동의 분위기가 조화를 이루고 있어 더욱 아름답다.

우리옛돌박물관에는 환수유물을 비롯하여 야외전시장에 이르기까지 석조유물을 구경할 수 있다.

02 길상사

서울특별시 성북구 선잠로5길 68　☎ 02-3672-5945
🚇 4호선 한성대입구역 6번 출구 → 성북 02번 환승하여 길상사 하차

역사는 오래되지 않았지만 길상사는 법정 스님의 이야기를 살펴볼 수 있는 분위기 좋은 사찰이다.

우리옛돌박물관을 구경한 후 10여 분 정도 내려오면 길상사라는 사찰을 볼 수 있다. 길상사는 생각보다 역사가 길지 않다. 원래 이곳은 '대원각'이 있던 곳이었으나 주인이었던 고 김영한이 법정 스님에게 대지와 건물을 시주하여 1997년 세운 것이 길상사이다. 경내에 들어와 보면 극락전과 설법전, 지장전 등의 전각들이 있으며, 극락전 뒤편에는 누구나 조용히 명상의 시간을 즐길 수 있는 침묵의 방이 있다. 길상사는 초가을 붉게 피어나는 상사화가 유명하며, 매년 초가을이 되면 상사화를 보기 위해 많은 사람이 길상사를 찾고 있다.

03 최순우옛집

- 서울특별시 성북구 성북로15길 9 ☎ 02-3675-3402
- 4호선 한성대입구역 6번 출구 → 성북 02번 환승하여 홍대부속중고등학교입구 하차
- 4월 1일~11월 31일(화~토) : 10:00-16:00, 동절기(12월~3월) 휴관

성북동에는 최순우옛집을 비롯하여 작지만 분위기 좋은 한옥들을 골목골목에서 찾아볼 수 있다.

길상사를 나와 선잠로를 따라 성북초등학교까지 10분 정도를 더 내려오면 골목 사이에 등록문화재 제 268호로 지정된 최순우옛집을 방문할 수 있다. 최순우옛집은 〈무량수전 배흘림기둥에 서서〉로도 유명한 혜곡 최순우 선생이 1984년 작고할 때까지 살던 집이다. 집으로 들어서면 'ㄱ'자형의 본체와 'ㄴ'자형의 바깥채가 마주 보고 있는 소박하지만 분위기 좋은 한옥의 모습과 정원을 구경할 수 있다.

간송미술관

서울특별시 성북구 성북로 102-11 ☎ 02-762-0442
🚇 4호선 한성대입구역 6번 출구 → 성북 03번 환승하여 성북초등학교 하차

간송미술관은 간송 전형필 선생이 1938년 보화각이라는 이름으로 개관, 1966년 간송미술관으로 이름을 바꾸어 지금에 이르고 있다. 우리나라 최초의 사립미술관인 간송미술관에는 국보 12점과 보물 10점 등 많은 문화재를 보유하고 있었다. 간송미술관은 보존공사를 위해 휴관중이며, 소장품은 동대문디자인플라자에서 볼 수 있다.

수연산방
(상허 이태준 가옥)

서울특별시 성북구 성북로26길 8 ☎ 02-764-1736
🚇 4호선 한성대입구역 6번 출구 → 성북 03번 환승하여 쌍다리 하차
🕐 11:30-22:00

서울특별시 민속문화재 제11호로 지정되어 있는 상허 이태준 가옥은 수연산방이라는 이름으로도 알려져 있는 한옥 찻집이다. 이곳은 소설가 이태준이 살던 가옥으로 1933

년 지어진 역사가 아주 깊은 한옥이다. 최순우옛집과 마찬가지로 한옥 특유의 정겨움이 묻어있는 이태준 가옥은 당시의 개량 한옥이 갖는 특징들을 가지고 있는 중요 민속자료이기도 하다. 소박한 소품들로 구성된 정원에서 전통 한방차를 즐길 수도 있다.

06 금왕돈가스

서울특별시 성북구 성북로 138 ☎ 02-763-9366
🚇 4호선 한성대입구역 6번 출구 → 성북 03번 환승하여 쌍다리 하차
🕘 09:30-21:30(월요일 휴무)

상허 이태준 가옥 바로 맞은편에 위치하고 있는 금왕돈가스는 처음에는 기사들이 자주 찾는 식당이었다. 오랜 세월동안 성북동에 자리하며 방송에 여러 차례 오르내린 이후 입소문을 타고 많은 사람들이 즐겨 찾는 맛집이 되었다. 주문하면 먼저 스프가 나오고, 두툼한 두께의 왕돈가스가 나온다. 금왕돈가스 특유의 소스가 인상적인 곳이다.

성북동의 맛집인 금왕돈가스의 안심돈가스

심우장

서울특별시 성북구 성북로29길 24
🚇 4호선 한성대입구역 6번 출구 → 성북 03번 환승하여 슈퍼앞 하차
🕘 9:00-18:00

〈님의 침묵〉, 〈나룻배와 행인〉 등으로 유명한 일제강점기 독립운동가이자 시인인 만해 한용운 선생이 말년을 보낸 곳이 바로 심우장이다. 대문으로 들어서면 만해 한용운이 직접 심었다고 전해지는 향나무가 있다. 심우장의 작은 가옥에는 한용운 선생에 대한 소개와 함께 작은 방과 부엌 내부 모습을 볼 수 있다. 일제강점기에 작고 검소한 이곳에서 말년을 보낸 만해 한용운의 삶에 대하여 생각해볼 수 있는 장소이다.

북정마을

서울특별시 성북구 성북로23길 132-3
🚇 4호선 한성대입구역 6번 출구 → 성북 03번 환승하여 노인정(종점)하차

심우장에서 골목을 따라 조금만 더 걸어 올라가면 서울 달동네 중에 한 곳인 북정마을로 갈 수 있다. 비둘기공원이라는 마을의 작은 공원이 보이고 그 뒤로 작은 마을 하나가 눈에 들어온다. 마을의 둘레에는 서울성곽이 둘러싸고 있고 마을의 중심부를 순환하는

마을버스 노선 하나가 있다. 마치 시간이 멈춘 것 같은 분위기이지만 어딘지 모르게 정겹고 낯설지 않은 풍경들이 인상적이다.

심우장과 연결된 골목길은 서울의 달동네인 북정마을까지 연결된다.

09 나폴레옹 제과점

서울특별시 성북구 성북로 7 ☎ 02-742-7421
🚇 4호선 한성대입구역 5번 출구
🕗 8:00-21:30(5월 1일 휴무)

서울의 대표적인 빵집으로 알려진 나폴레옹제과점은 지금은 서울 곳곳에 지점이 있는데 본점이 바로 성북동에 있다. 한성대입구역 5번 출구 바로 앞에 있는 나폴레옹제과점은 1968년 문을 연 역사가 깊은 빵집으로 넓은 매장에 다양한 메뉴의 빵들을 자랑하는 곳이다. 성북동길의 시작점이기도 한 한성대입구역 바로 앞에 있으므로, 성북동 나들이를 하기 전 혹은 후 방문하는 것이 좋다.

서울의 3대 빵집 중 하나인 나폴레옹과자점은 성북동길과 가장 가까운 전철역인 한성대입구역 바로 앞에 있다.

골목여행
02
수제화거리와 감성 카페, 이색 쇼핑공간까지, 성수동

성수동은 최근에 특히 주목을 받고 있는 곳이다. 불과 몇 년 전까지만 하더라도 성수동은 공장들이 모여 있는 곳 그 이상도 이하도 아니었으나, 수제화거리가 조성되고 오래된 공장에 분위기 좋은 카페들이 하나둘 들어서면서 개성 넘치고 활기 넘치는 거리가 되어가고 있다. 건대입구역 근처의 컨테이너 쇼핑몰인 커먼그라운드와 함께 성수동에서 이색여행을 즐겨볼 수 있다.

TIP 05커먼그라운드와 06일감호는 성수역에서 2호선 전철로 한 정거장 거리(건대입구역)에 있으므로 중간에 이동시에는 전철을 타고 가는 것이 편리하다.

01 성수동 수제화거리

🚇 2호선 성수역 1, 2번 출구

2호선 성수역에 내리면 승강장에서부터 수제화와 관련된 그림과 안내문을 곳곳에서 찾아볼 수 있다. 성수동에 수제화거리가 만들어지면서 성수역 역시 수제화와 관련된 테마역(슈스팟성수)으로 새롭게 조성되었기 때문이다. 성수동은 수제화와 관련된 제조업체들이 모여 있는 국내 최대 수제화 산업지역이다. 1970년대를 전후로 하여 주변 지역에 비해 상대적으로 땅값이 저렴한 이곳으로 수제화 공장이 하나둘 모여든 것이 성수동 수제화거리를 만들어냈다. 1, 2번 출구로 나와 보면 성수역 아래 수제화 가게들(From SS)이 모여 있는 것을 볼 수 있다.

동북권 189

우콘카레

서울특별시 성동구 성수이로10길 8　☎ 070-4124-8769
🚇 2호선 성수역 3번 출구 → 도보 약 8분
🕐 평일 11:00-21:30(Break Time 15:00-17:00),
　주말 11:00-20:30(Break Time 16:00-17:00)

조용해 보이는 성수동이지만 이곳에는 소규모 공장과 사무실들이 모여 있어 점심시간이 되면 한 끼 식사를 해결하기 위해 나온 직장인들을 찾아볼 수 있다. 우콘카레는 작은 음식점이지만 점심시간이면 사람들로 북적북적한 성수동의 맛집이다. 원하는 카레에 여러 가지 토핑을 추가로 주문할 수 있는데 카레 맛을 매운 정도에 따라 조절할 수 있다.

성수동 골목에 자리 잡은 우콘카레

대림창고

서울특별시 성동구 성수이로 78　☎ 02-499-9669
🚇 2호선 성수역 3번 출구 → 도보 약 4분
🕐 11:00-23:00(추석 당일 휴무)

성수동 골목에는 곳곳에 오래된 공장들을 찾아볼 수 있다. 여전히 기계 돌아가는 소리가 뿜어져 나오는 공장들도 있지만 이런 오래된 공장이 카페 겸 갤러리로 새롭게 재단장되어 입소문을 타고 있는 카페들도 있다. 그중 가장 유명한 곳이 바로 대림창고이다. 이름에서 느낄 수 있듯이 대림창고는 공장 부자재들을 보관하는 창고로 사용되었던 곳을 카페와 갤러리로 다시 활용한 것이다. 내부로 들어서면 높은 천장과 낡은 벽면 등 공장의 모습을 그대로 활용한 인테리어가 특히 눈에 들어온다. 대림창고 곳곳에는 다양한 예술작품도 만나볼 수 있어 카페와 허름한 공장 그리고 예술이 공존하는 독특한 분위기를 만들어낸다.

성수동에는 오래된 공장을 카페로 활용한 곳이 많다. 대림창고도 이 중 한 곳이다.

04 사진창고

서울특별시 성동구 성수이로7길 26　☎ 02-461-3070
🚇 2호선 성수역 4번 출구 → 도보 약 6분
🕘 9:30-22:00

사진창고 역시 대림창고와 마찬가지로 폐공장을 리모델링한 카페이다. 대림창고와는 다르게 골목 안쪽에 있는데 카페 입구에는 공장으로 사용되었던 흔적이 곳곳에 많다. 카페 이름인 '사진창고'에서 알 수 있듯이 카페의 벽면을 따라 분위기 있는 사진들을 감상할 수 있다. 오래된 레코드, 이제는 보기 힘든 오래된 TV는 물론 카페의 의자와 책상까지 빈티지한 매력이 이곳 사진창고가 가지고 있는 가장 큰 특징이다.

사진창고 역시 폐공장을 카페로 활용한 곳이다.

05 커먼그라운드

서울특별시 광진구 아차산로 200 ☎ 02-467-2747
🚇 2·7호선 건대입구역 6번 출구 → 도보 약 4분
🕐 11:00-22:00(3층 F&B 매장 일부는 24:00까지)

건대입구역에는 컨테이너로 구성되어 있는 독특한 이색 쇼핑몰, 커먼그라운드가 있다. 커먼그라운드는 세계 최대 규모의 컨테이너 쇼핑몰로 이곳에 컨테이너 개수만 200개에 이른다. 중앙광장에는 다양한 공연이 열리기도 하며 푸드트럭에서 간단하면서 다양한 메뉴의 음식도 먹을 수 있다. 커먼그라운드는 스트리트 마켓과 마켓 홀로 나누어져 있으며 스트리트 패션숍을 비롯한 다양한 패션브랜드가 있다. 3층으로 올라가면 쇼핑몰 전체가 한눈에 들어오는 테라스와 함께 맛집도 찾을 수 있다.

일감호
(건국대학교 내)

🚇 2·7호선 건대입구역 4번 출구 → 도보 약 6분

일감호는 건국대학교 내부에 있는 제법 큰 규모의 호수이다. 조선시대에는 이곳에 살곶이 목장이 있었는데 마장동이나 화양동, 살곶이 다리 등 이곳 주변의 동명과 지명은 대부분 이 살곶이 목장에서 유래된 것이 많다. 건국대학교 내 일감호는 과거 살곶이 목장의 습지였던 것을 인공호수로 재정비한 것으로 학교 내부에 있지만 산책하러 나온 시민들도 종종 찾아볼 수 있다.

도보여행 03
서울 동북부에 있는 걷기 좋은 산책길, 아차산

서울 광진구와 경기도 구리시에 걸쳐 있는 아차산은 높이 287m이다. 등산로 입구에서부터 아차산 정상에 오르기까지 천천히 걸어도 1시간 남짓이면 충분한 산인데, 조금만 올라가도 서울의 전체적인 모습이 한눈에 들어오고 반대편으로는 한강과 경기도 구리시의 모습의 시원한 전망을 볼 수 있는 곳이다.

백제가 삼국시대에 한강 지역에 도읍을 두었을 때 고구려의 침략을 막기 위해 아차산에 산성을 쌓기도 하였다. 전략적 요충지였던 아차산은 백제시대 유적 외에도 고구려 시대의 유적들도 많이 나왔는데 고구려의 장수이자 평강공주와의 이야기가 내려오는 온달장군이 전사한 곳도 아차산으로 알려져 있다. 산 곳곳에서 아차산성을 복원하는 현장을 볼 수 있고 아차산의 정상부에 오르면 아차산 보루군도 만나볼 수 있다.

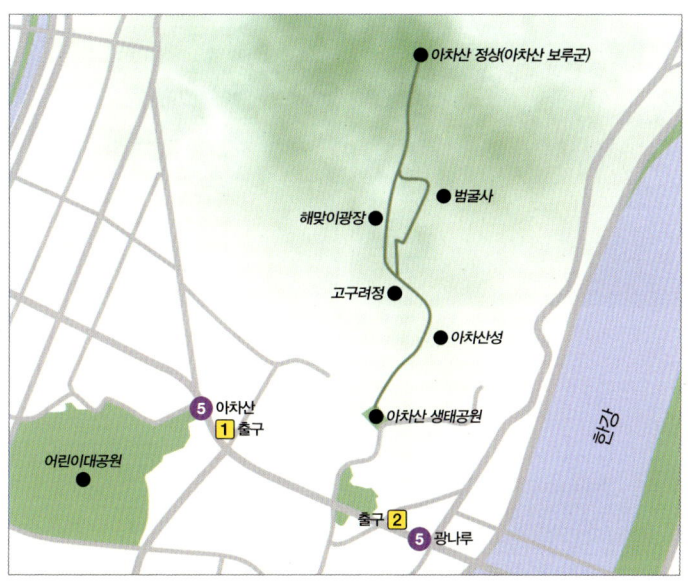

서울특별시 광진구 광장동 370 아차산 생태공원 ☎ 02-450-1192
🚇 5호선 광나루역 1번 출구에서 도보 15분 거리

TIP 광나루역에 내려 광장동 주민센터와 광장초등학교를 지나면 아차산 방면 서울 둘레길을 볼 수 있으며, 이 길을 따라가면 아차산 등산로 입구인 아차산 생태공원을 볼 수 있다. 아차산은 이웃한 용마산과도 연결된다.

아차산 생태공원

광나루역에 내려 주택가를 지나 10~15분 남짓 걸으면 아차산을 오르기 전에 입구에 잘 조성된 공원 하나가 눈에 띈다. 평강공주와 온달 장군상을 만나볼 수 있는 아차산 생태공원은 습지원과 우리나라에서 자라고 있는 나무와 꽃, 다양한 식물을 만나볼 수 있는 자생식물원 그리고 여러 가지 곤충들을 만나볼 수 있는 나비정원 등으로 구성되어 있다. 아차산 생태공원을 지나면 본격적인 아차산 등산이 시작된다.

아차산 등산로 입구의 아차산 생태공원

고구려정

아차산 생태공원을 지나 산책길을 따라 20~30분 정도 걸으면 낙타고개를 만날 수 있다. 산 언덕의 모습이 마치 낙타와 같다고 하여 붙여진 낙타고개를 지나 조금 더 오르면 언덕에 세워진 분위기 좋은 정자 하나를 볼 수 있는데 바로 '고구려정'이다. 고구려 전통양식이 적용된 것이 특징이다. 이곳에 오르면 남산에서부터 한강 건너 강남, 잠실에 이르기까지 한눈에 서울의 모습이 들어온다.

아차산 등산로를 따라 조금 오르면 서울의 전체적인 모습이 보이는 고구려정을 볼 수 있다.

고구려정을 지나 조금 더 걸으면 두 갈림길이 나오는데, 하나는 해맞이 광장을 통해 아차산 정상으로 바로 올라가는 길이고, 다른 하나는 범굴사을 거쳐서 정상으로 올라가는 길이다.

해맞이 광장 · 범굴사

아차산 해맞이 광장은 날씨가 좋은 날 하루를 시작하는 일출을 만날 수 있는 곳으로, 매년 새해 첫날은 해맞이축제가 열리고 있다. 고구려정에서 해맞이 광장으로 바로 올라가는 계단으로 가지 말고 옆으로 난 길을 걸으면 범굴사라는 작은 사찰을 만날 수 있다. 고구려정과는 반대편으로 서울 강동구와 구리시의 모습이 보이는 아차산 동쪽 기슭에 자리 잡은 범굴사는 신라 문무왕 시기인 670년 의상대사가 창건되었다는 이야기가 전해 내려온다. 해맞이 광장이나 범굴사 어디로 향하든 아차산 정상으로 올라갈 수 있는데, 범굴사을 통해 아차산 정상으로 올라가는 길이 조금 더 길고 가파른 편이다.

범굴사

해맞이 광장에서 바라본 잠실 주변

아차산 정상으로 오르기(아차산 보루군)

아차산 정상의 아차산 보루군

아차산을 오르다보면 서울뿐 아니라 경기도 구리시 주변의 모습도 보인다.

아차산 등산로에서 볼 수 있는 아차산성 복원현장

아차산 정상에는 총 여섯 개의 보루군을 볼 수 있다. 아차산의 정상에 있는 만큼 전망이 좋은 편이다. 그래서 곳곳에는 서울과 경기도의 주변 모습을 볼 수 있는 전망대가 설치되어 있다. 푸른 하늘과 함께 서울과 한강의 모습이 발아래로 펼쳐져 힘들게 산길을 걸어 올라온 보람이 느껴진다. 보루(堡壘)는 적의 침입을 대비하여 쌓은 구조물인데 고구려가 한강 일대를 점령한 후 쌓은 것으로 알려져 있다. 이 중 아차산 정상에 있는 것은 4보루인데, 여기에서는 저수조와 온돌, 배수로 등의 흔적이 발견되었다.

도보여행 04
낭만열차가 다니던 기찻길을 걷다, 경춘선 숲길

불과 2010년까지만 하더라도 춘천에서 출발한 기차가 서울로 들어오면 종점인 청량리역에 도착하기 전까지 공릉동 좁은 주택가 한복판을 굽이굽이 지나곤 했다. 추억과 낭만을 싣고 달리던 공릉동 경춘선 기찻길은 2010년 경춘선 복선전철화 공사가 끝나면서 사라졌지만, 그 자리는 옛 경춘선을 추억하고 기억을 되새기기 위하여 공원으로 재단장되어 경춘선 숲길이 되었다.

경춘선 숲길은 공원의 길이가 긴 만큼 찾아갈 수 있는 방법이 여러 가지가 있다. ❶ 경춘철교와 공릉동 구간은 7호선 하계역에서 10분 정도 거리이며, ❷ 구 경춘선 화랑대역은 6호선 화랑대역 4번 출구에서 경춘선 숲길을 따라 걸어서 15분 정도 거리이다.

경춘선 숲길 걷기

경춘선 숲길에는 기차가 다니던 선로가 그대로 남아있고 그 옆으로 산책로가 조성되어 있다. 경춘선 숲길 반대편, 경의선 숲길이 홍대 번화가와 더불어 시끌벅적한 분위기를 보인다면 경춘선 숲길은 산책하기 좋고 한적한 풍경 그리고 오래된 간이역 역시 그대로 남아있다. 또한 옛 경춘선 기차는 도로 한복판을 그대로 지나서 곳곳에 건널목이 존재했는데 비록 도로 한복판을 지나던 선로는 사라졌지만, 건널목의 흔적은 곳곳에서 살펴볼 수 있다.

경춘선 숲길은 옛 서울 시내를 지나던 경춘선 기찻길과 그 주변을 공원화한 곳이다.

경춘철교

🚇 7호선 하계역 4번 출구 → 도보 약 10분

옛 경춘선 기차는 청량리역을 출발하여 성북역(지금의 광운대역)을 지나 중랑천을 건너 공릉동으로 향했다. 중랑천을 건너던 경춘철교는 경춘선 숲길이 조성되면서 사람들이 지날 수 있는 인도교가 되었다. 사람들이 다니는 인도교가 되었지만 다리에는 기차가 다니던 흔적이 고스란히 남아있다. 수많은 세월 사람들을 서울과 춘천으로 싣고 나르는 통로가 되어주던 선로도 그대로 남아있고 다리의 난간 등에서도 기차가 다니던 시절의 시설물들의 흔적을 볼 수 있다.

중랑천을 건너던 경춘철교

02 공릉동 구간

🚇 7호선 하계역 4번 출구 → 도보 약 10분

공릉동 구간은 기찻길과 산책로, 자전거길이 잘 조성되어 있다.

2010년까지도 공릉동 주택가 한복판을 서울과 춘천을 오가는 기차가 지나가곤 했다. 소음과 안전을 위해 곳곳에 울타리가 쳐지고 사람들이 다니던 길과 단절되어 있었던 이 구간의 경춘선 기찻길은 더 이상 기차가 다니지 않으면서 기찻길과 사람길이 공존하는 공원이 되었다. 공원 중간 즈음에는 마지막까지 이곳을 다니던 무궁화호 객차를 만나볼 수 있다. 이 구간은 경춘선 숲길 공원 중에서도 비교적 최근에 조성되었는데, 사람들이 모이면서 주변 분위기 역시 조금씩 달라지고 있는 구간이다.

03 공릉동 도깨비시장 · 경춘선 숲길 카페거리

서울특별시 노원구 공릉동 564
6 · 7호선 태릉입구역 5번 출구 → 도보 약 10분

경춘선 숲길을 따라 화랑대역 방면으로 계속 걷다 보면 중간에 공릉동 도깨비시장을 볼 수 있다. 불과 몇 년 전까지만 하더라도 허름한 시장에 지나지 않았던 이 시장은 시장 현대화 사업이 진행되면서 쇼핑하기 편한 쾌적한 전통시장이 되었다. 한편, 공릉동 도깨비시장과 경춘선 숲길이 만나는 곳 주변으로 분위기 좋은 카페들이 하나둘 생기고 있다. 이곳 카페들은 경춘선 숲길이 있는 곳으로 아담한 마당이 있어 날씨 좋은 날에는 경춘선 숲길을 따라 산책도 즐기고 카페의 마당에서 커피 한 잔을 즐기며 달콤한 휴식의 시간을 보낼 수도 있다.

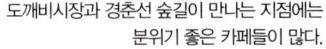

도깨비시장과 경춘선 숲길이 만나는 지점에는 분위기 좋은 카페들이 많다.

공릉동 도깨비시장

04
구 경춘선 화랑대역

서울특별시 노원구 공릉2동 29-51
6호선 화랑대역 4번 출구 → 경춘선 숲길 따라 도보 약 15분

공릉동을 지난 경춘선 숲길을 계속 걸으면 서울 시내 끄트머리에 자리 잡은 구 경춘선 화랑대역으로 갈 수 있다. 경춘선 화랑대역은 1939년 지어진 역으로, 개통 초기에는 태릉역이라는 이름이었지만 이곳 앞으로 육군사관학교가 이전해 온 뒤에는 화랑대역으로 이름을 바꾸었다. 플랫폼은 기차가 멈추기 직전 그 모습 그대로여서 금방이라도 춘천으로 향하는 기차가 들어올 것만 같다. 봄이면 플랫폼에 봄꽃들이 피어나면서 간이역 특유의 정취를 느낄 수도 있다.

6호선 화랑대역 4번 출구로 나오면 경춘선 숲길 공원을 바로 볼 수 있다.

2010년까지만 해도 기차가 정차했었던 구 경춘선 화랑대역

근대문화유산으로 지정된 구 경춘선 화랑대역

화랑대역 구 역사는 근대문화유산으로 지정되어 있어 그때 그 모습 그대로 보존되어 있고 좁은 공간이었지만, 기차를 기다리고 내렸던 사람들, 표를 팔던 직원들이 있었을 대합실과 역무실의 모습이 그대로 남아있어 서울의 마지막 남은 간이역이었던 그 당시의 분위기를 어렴풋이나마 느낄 수 있다.

도보여행
05
우이신설선 타고 떠나는 북한산 둘레길 나들이, 북한산 흰구름길

북한산은 서울 종로, 은평, 성북, 강북구 그리고 경기도에 걸쳐 있는 높이 837m의 높은 산이다. 규모가 큰 산인만큼 북한산을 오르는 방법도 상당히 많다. 강북구 지역에서는 우이동이나 수유동에서 올라가는 방법이 있는데 주로 4호선을 이용한 후 버스로 환승하여 북한산 입구까지 가는 것이 일반적이다. 2017년 9월에 개통한 서울의 첫 번째 경전철인 우이신설선은 북한산과 더 가까이, 정릉동을 지나 삼양동, 우이동을 잇기 때문에 우이신설선의 개통과 함께 북한산 등산이 더 편리해졌다. 이 중에서 북한산 흰구름길(3구간)은 화계사와 같이 역사가 깊은 사찰과 조금만 걸으면 서울 시내 모습이 한눈에 들어오는 구름전망대를 볼 수 있는 곳이다.

🚇 화계사는 우이신설선 화계역에서 걸어서 10분 정도, 빨래골은 우이신설선 삼양역에서 걸어서 15분 정도 거리이다.

주변 여행지 우이신설선을 이용하면 북한산 둘레길 1~4구간(북한산우이역, 솔밭공원, 4·19 민주묘지, 북한산보국문역 하차)과 우이동 등산로를 이용할 수 있고(북한산우이역 하차), 4·19 민주묘지(4·19 민주묘지역 하차), 서울풍물시장(신설동역 하차, 177쪽)도 갈 수 있다.

화계사

서울특별시 강북구 화계사길 117 ☎ 02-902-2663
🚇 우이신설선 화계역 2번 출구 이용 시 도보 10분

북한산 흰구름길(3구간)에는 제법 오랜 세월을 간직한 강북구의 대표적인 사찰, 화계사가 있다. 신월대사가 창건하였다고 알려진 화계사의 원래 이름은 보덕암이었다. 1618년 화재로 한차례 소실된 적이 있고 이후 도월스님에 의해 중건되었다. 뒤로는 북한산의 산세가 그리고 화계사 주위로는 강북구의 주택가가 펼쳐져 화계사는 복잡함과 한적함 그리고 산과 사람 사는 동네의 경계를 이루고 있다. 화계사는 특히 흥선대원군과 관련된 이야기가 내려오고 있는데, 흥선대원군이 화계사 근처 골짜기에 있는 오탁천약수로 피부병을 고치기 위해 이 절에 머물렀던 적이 있었다고 한다.

흰구름길
(구름전망대)

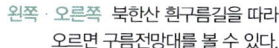
왼쪽·오른쪽 북한산 흰구름길을 따라 오르면 구름전망대를 볼 수 있다.

화계사와 바로 연결되는 북한산 흰구름길은 북한산과 도봉산을 따라 이어지는 총 21개의 북한산 둘레길 구간 중 일부이다. 3구간은 이준 열사 묘역 입구에서부터 시작하여 정릉동에 북한산 생태숲까지 이르는 구간으로, 전체 구간을 걷는데 약 2시간 정도가 걸린다. 화계사에서부터 빨래골까지 이어지는 이 구간에는 서울 강북 지역의 전체적인 모습을 볼 수 있는 특별한 전망대가 있다. 바로 '구름전망대'로 전망대의 중간중간에는 시원한 바람을 맞으며 쉴 수 있는 휴식공간이 있고, 가장 꼭대기에는 전망대가 설치되어 있다. 한쪽으로는 북한산의 능선이 이어지고 반대방향으로 고개를 돌리면 수락산과 노원구의 모습, 서울 도심의 높은 빌딩의 모습이 눈에 들어온다. 화계사에서 이곳 전망대까지는 천천히 걸어도 30분이면 충분하므로 부담 없이 올라갈 수 있다.

구름전망대에서는 서울 강북지역과 북한산 산세가 한눈에 들어온다.

빨래골

🚇 우이신설선 삼양역 2번 출구 이용 시 도보 15분

구름전망대를 보고 계속해서 흰구름길을 따라 내려오면 빨래골을 볼 수 있다. 지금은 작은 물길이 흐르고 주변으로는 작은 마을뿐인 이곳은 조선시대에는 북한산 골짜기에서 흘러내려오는 물의 양이 많아 '무너미'라고 불렀다. 무너미란 저수지 물을 저장하기 위하여 둑을 쌓고 한쪽의 둑을 조금 낮춰서 물이 넘쳐흐르게 하는 것을 말하는데, 이 지역은 이 무너미로 인하여 맑고 깨끗한 물이 넘쳤고 그래서 자연스레 마을이 형성되었다고 한다. 한편 빨래골이란 이름은 이곳에 대궐의 무수리들이 와서 빨래터와 휴식처로 사용하게 되었다고 하여 붙여졌다. 당시 무수리는 주로 청계천에서 빨래를 하였는데, 그중에서 은밀한 빨랫감은 궁궐에서 멀리 떨어진 이곳으로 와서 했다고 전해진다.

공원

06

어린이부터 어른까지, 모두에게 열린 행복한 공간, 어린이대공원

오래전부터 가족 단위 여행객들에게 많은 사랑을 받고 있는 서울어린이대공원은 정문으로는 7호선 어린이대공원역이 그리고 후문으로는 5호선 아차산역이 지나고 있어 전철을 이용해서 찾아가기 쉬운 곳이다. 어린이대공원이 있는 곳은 능동인데 순종황제의 부인 순명황후 민 씨의 묘역인 유강원이 있던 곳이었다. 유강원은 1926년 순종황제 승하 이후 유릉으로 합장되면서 이곳에 골프장이 들어서는데, 1973년에 어린이대공원으로 새롭게 재단장되어 50여 년이 지난 지금까지 서울 한복판에 자리 잡은 테마파크로 많은 사람들에게 사랑을 받고 있다. 어린이대공원은 크게 동물원과 식물원 그리고 놀이동산으로 이루어져 있다.

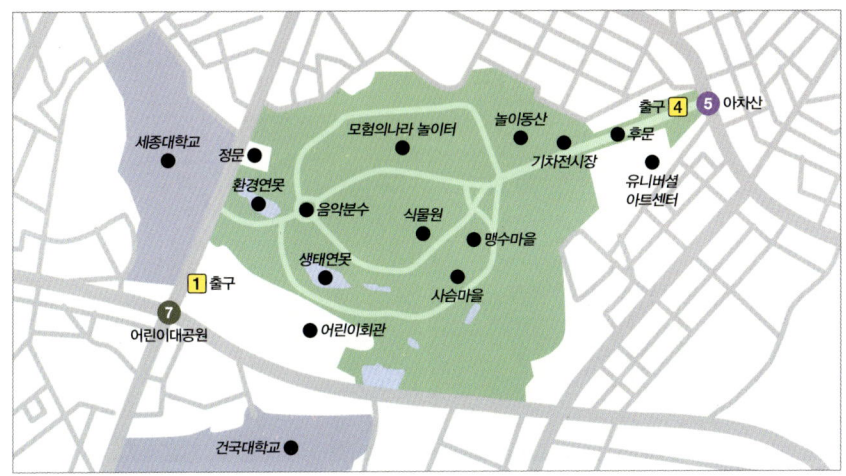

서울특별시 광진구 능동로 216 어린이대공원 ☎ 02-450-9311
🚇 정문은 7호선 어린이대공원역 1번 출구, 후문은 5호선 아차산역 4번 출구 이용
🕐 5:00-22:00(동물원은 10:00-17:00, 식물원 10:00-17:00→월요일은 13:00-17:00, 놀이동산 10:00-19:00 ※방역상황, 날씨 등에 따라 일부 변동될 수 있음)

입장료 무료(단, 놀이동산 등 일부 시설은 유료 운영)
주변볼거리 어린이대공원 후문에서 걸어서 20분 정도 거리에 아차산 생태공원(196쪽)이 있다.

방문자센터

7호선 어린이대공원역을 통해 정문으로 들어오면 '꿈마루'라는 이름을 하고 있는 방문자센터를 볼 수 있다. 어린이대공원이 들어서기 전 이곳은 서울컨트리클럽이라는 골프장으로 활용이 되었는데, 꿈마루는 골프장 클럽하우스로 활용되던 건물의 구조물을 그대로 두고 방문자센터로 다시 개관한 곳이다. 내부에는 북카페와 휴식공간이 있다. 이 건물은 건축가 고 나상진 씨가 설계를 한 건물로 수평과 수직을 강조한 명료한 구조와 전통건축양식을 적용한 조형적 세련미로 인해 1999년 '한국건축 100년'에 선정된 바 있다.

왼쪽 · 오른쪽 위 어린이대공원 정문과 후문. 각각 어린이대공원역과 아차산역으로 연결된다.
왼쪽 아래 어린이대공원 방문자 센터, 꿈마루
오른쪽 아래 어린이대공원 내 환경연못

동물원 & 식물원

방문자센터를 지나면 동물원과 식물원을 만나볼 수 있다. 어린이대공원 내 동물원은 약 109종, 3500여 마리의 동물들을 구경할 수 있어 방문객에게 크게 인기를 끌고 있는 장소이다. 역사가 오래된 곳이지만 끊임없이 리모델링을 해서 관람객에게 지장을 주는 불필요한 시설들을 철거하여 보다 동물들을 가까이에서 구경할 수 있고, 자연 친화적인 공간으로 꾸며져 있다. 한편 식물원에는 286종의 온실식물과 66종의 야

어린이대공원 내 식물원

생화가 전시되어 있어 다육식물에서부터 관엽식물, 야생화에 이르기까지 다양한 식물들을 관찰할 수 있다.

놀이동산

어린이대공원 후문 쪽에 위치한 놀이동산 역시 놓치지 말아야 할 구경거리이자 어린이들에게 가장 인기가 있는 장소이다. 1970년대 당시만 하더라도 우리나라에는 이러한 시설들을 구경하기 힘들었고 당시의 놀이기구는 일본에서 제작하여 들어왔다고 한다. 이후에도 끊임없는 시설 개선이 이루어졌고 최근 2014년에 대대적인 정비가 이루어졌다.

공원 07
서울을 대표하는 녹색 숲길, 서울숲

서울숲 자리에 공원이 들어서기까지 많은 우여곡절이 있었다. 본래 서울숲이 있는 뚝섬에 경마공원이 있었는데 1989년 현재의 위치인 과천으로 옮겨진 이후 이곳은 서울시청사 부지, 월드컵 돔구장 건설, 기차역 부지 등 많은 활용 계획이 있었으나 제대로 추진이 되지 못하였다. 2000년대 들어 시민들을 위한 초대형 공원으로 활용된다는 계획이 확정되어, 마침내 서울숲이라는 시민들을 위한 녹지공간이 들어서게 된 것이다. 서울에서 세 번째로 큰 공원인 서울숲은 가족들과의 나들이도 좋고 산책하기에도 좋은 서울의 대표적인 녹색 숲길이다.

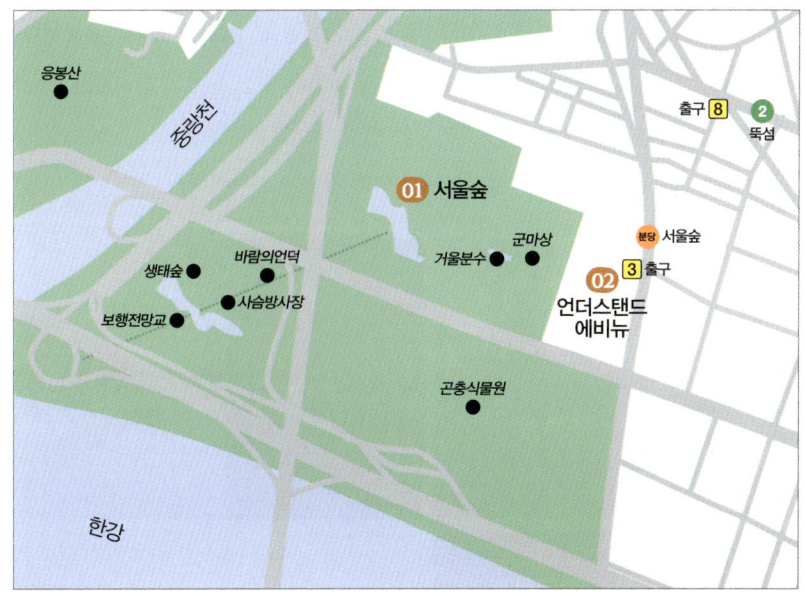

주변 여행지 서울숲 9번, 10번 출입구로 나와 용비교를 지나면 응봉산(222쪽)으로 올라갈 수 있다. 응봉산은 매년 3월 말~4월 경 개나리 축제가 열린다.

서울숲

서울특별시 성동구 뚝섬로 273 ☎ 02-460-2905
🚇 분당선 서울숲역 3번 출구 이용, 2호선 뚝섬역 8번 출구 이용 시 도보 5분

서울숲 구경하기

경마장이 있었던 곳이었다는 사실을 환기시키기라도 하듯 서울숲으로 들어오면 가장 먼저 눈에 들어오는 것은 바로 군마상이다. 이 군마상의 이름은 START라고 하는데 서울의 중심부에 새롭게 자리 잡은 서울숲공원의 새로운 도약을 의미하는 것 같다. 한

동북권　215

쪽으로는 물길이 잔잔히 흐르는 거울연못이 눈에 들어오는데, 거울연못에는 바로 옆으로 우뚝 솟은 푸른 숲과 서울숲 주위로 들어선 고층 빌딩이 비치는 것이 특이하다. 그리고 서울숲 중앙부에는 넓은 잔디마당이 펼쳐져 있다. 아이들이 뛰놀기에도 좋고, 따뜻한 날 돗자리를 깔아놓고 피크닉을 즐기기에도 더없이 좋은 공간이다.

왼쪽 위 서울숲 입구에서 볼 수 있는 군마상
오른쪽 위 서울숲의 거울연못
왼쪽·오른쪽 아래 서울숲 곳곳에는 다양한 조형물과 넓은 잔디밭을 만날 수 있다.

보행교와 곤충식물원

서울숲 공원을 조금 더 들어가 보면 서울숲의 전체적인 풍경이 들어오는 보행교를 볼 수 있다. 서울숲이 있는 곳은 중랑천이 한강으로 흘러들어가는 곳에 있어서 한강을 통해 바람이 항상 불어와 이곳을 바람의 언덕이라고도 불린다. 다리 아래로는 고라니와 꽃사슴들을 구경할 수 있는 곳이 보이며 언제나 어린아이들이 뛰놀고 신기해하는 공간으로 활기차다. 사슴 먹이 1,000원만 보태면 직접 꽃사슴에게 먹이를 주는 체험도 즐길

왼쪽 서울숲의 전체적인 모습을 볼 수 있는 보행교   **오른쪽** 서울숲 꽃사슴들을 볼 수 있는 사슴 방사장

수 있다. 또 서울숲에는 곤충식물원도 있어서 관엽식물이나 열대식물 등 서울 시내에서는 구경하기 힘든 다양한 식물들을 구경할 수 있다.

언더스탠드 에비뉴

서울특별시 성동구 왕십리로 63 ☎ 02-725-5526
🚇 분당선 서울숲역 3번 출구 이용

분당선 서울숲역에 내려 서울숲으로 가는 길목에 알록달록한 컨테이너로 만들어진 복합문화공간, 언더스탠드 에비뉴를 만나볼 수 있다. 아래를 뜻하는 'under'와 일어서다는 'stand'가 결합하여 붙여진 언더스탠드 에비뉴는 특이한 겉모습만큼 구성되어 있는 가게들도 독특하다. 취약계층 스스로 자립할 수 있다는 의미로 사회적 기업과 청년 사업가들을 위한 공간인 '오픈스탠드', 다양한 문화예술을 만나볼 수 있는 '아트스탠드', 다문화·경력단절 여성들이 운영하는 '맘스탠드' 등 총 7개의 스탠드 공간으로 이루어져 있다.

공원 08
야경이 아름다운
뚝섬 한강공원

'뚝섬'은 성수동에 있던 들판으로 조선시대 임금이 이곳에서 군사를 열무할 때 임금의 깃발인 독기를 세워 놓았는데, 지형이 한강과 중랑천이 만나면서 물로 둘러져 있는 것처럼 보인다고 하여 붙여진 지명이다. 뚝섬유원지는 1980년대 초반 한강종합개발이 이뤄지면서 지금과 같은 반달모양의 형태를 하게 되었다.

서울특별시 광진구 강변북로 139　☎ 02-3780-0521
🚇 7호선 뚝섬유원지역 2번, 3번 출구와 바로 연결

한강공원은 서울 시민들에게는 휴식처와 같은 공간이다. 밤이면 한강의 야경을 볼 수 있고, 수영장이나 카페 등 휴식시설이 곳곳에 설치되어 따뜻한 날이면 한강으로 피크닉을 오는 사람들을 자주 볼 수 있다. 7호선 뚝섬유원지역이 뚝섬 한강공원과 바로 연결되기 때문에 여의도 한강공원과 함께 전철을 타고 가기 쉬운 한강공원 중의 한 곳이다.

자벌레 전망대

뚝섬 한강공원에서만 볼 수 있는 이곳만의 특별한 시설물이 있는데 바로 '자벌레 전망콤플렉스'이다. 건물의 모양이 마치 자벌레를 닮았다고 하여 붙여진 이름인데 길이 240m, 면적 1,931㎡ 규모의 긴 통로를 따라서 전시공간과 카페 그리고 뚝섬 한강

공원의 전체적인 모습을 구경할 수 있는 전망공간들로 꾸며져 있다. 7호선 뚝섬유원지역과도 바로 연결되며 자벌레 전망대 입구를 통해 뚝섬 한강공원과도 바로 연결된다.

청담대교와 뚝섬 한강공원 야경

뚝섬 한강공원에서는 지하철 7호선이 오가는 청담대교가 바로 위를 지나고 있다. 전철을 타고 다닐 때에는 느낄 수 없었던 다리의 외관이 눈에 들어온다. 청담대교는 아래로는 전철이 그리고 위로는 자동차가 지나는 복층대교라는 특징을 가지고 있다. 덕분에 다리의 규모가 다른 한강다리와는 달리 조금 큰 편인데, 밤이면 청담대교의 야경이 특히 아름다워 한강공원에서 서울의 밤을 보내는 시민들의 눈을 더 즐겁게 해준다.

위·아래 전철역과 접근성이 좋은 뚝섬 한강공원

왼쪽 강 건너에서 바라본 뚝섬 한강공원
오른쪽 청담대교는 아래로는 전철이, 위로는 자동차가 지나는 복층대교이다.

청담대교 야경

공원

09
중랑천과 서울 풍경이 한눈에 들어오는 **응봉산**

이른 봄철, 경의중앙선 전철을 타고 가다 보면 옥수역을 지나 응봉역으로 이어지는 중랑천의 한가로운 풍경이 펼쳐진다. 마치 교외에 나온 듯한 풍경이 잠시나마 전철을 타고 오가는 사람들의 눈을 즐겁게 해준다. 이 구간에 있는 응봉산은 매년 봄 노란색 개나리로 물들어 봄이 왔음을 다른 곳보다 더 빨리 그리고 더 특별하게 보여준다. 또 서울의 전체적인 모습을 구경할 수 있는 조망명소이기도 해서 밤이면 한강 다리의 개성 넘치는 야경과 함께 서울 야경을 구경하기에도 좋은 곳이다.

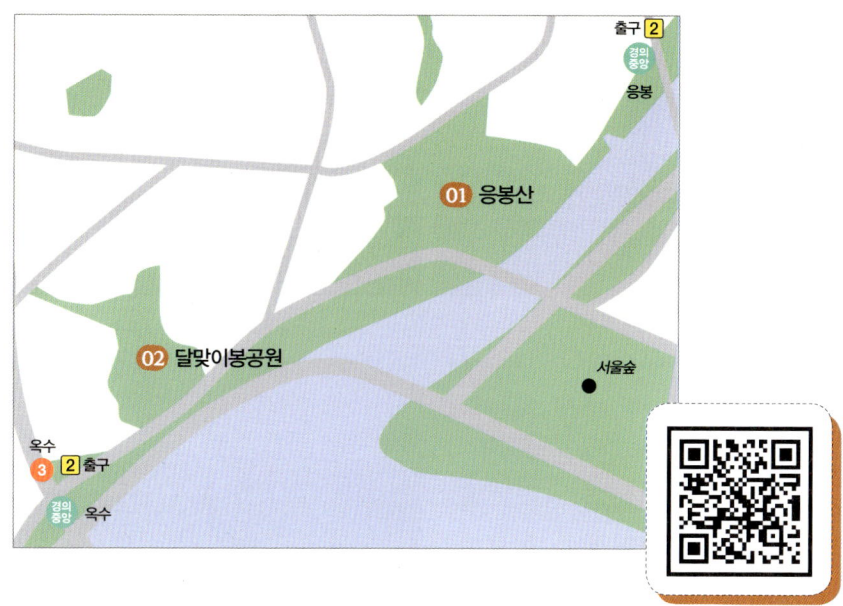

 응봉산

서울특별시 성동구 응봉동 271번지 ☎ 02-2286-6061

➊ 응봉역 : 응봉역 1번 출구로 나와 응봉초등학교 앞 골목길을 지나가면 응봉산 등산로 입구를 찾을 수 있다.

➋ 왕십리역 : 110A, 421, 2016, 4211, 성동 08번 이용, 응봉현대아파트에 내리면 육교와 연결된 응봉산 등산로를 찾을 수 있다.

➌ 서울숲 : 서울숲 9, 10, 11번 출구로 나와 용비교를 건너면 응봉산 등산로 입구로 연결된다.

응봉산 팔각정

응봉산은 등산로 전체가 개나리꽃이어서 3월 말~4월 초에는 등산로 입구에서부터 아름다운 개나리꽃이 등산객을 반기고 있다. 천천히 걸어도 20분이 채 걸리지 않는 짧은 등산로를 걸어가다 보면 곧 팔각정이 있는 응봉산의 정상에 도착한다. 응봉산은 해발고도가 100m가 채 되지 않는데

응봉산 정상의 팔각정

여기서 보이는 풍경이 제법 시원하다. 이곳에 오르면 가까이는 성수대교에서부터 멀리 동호대교에 이르기까지 한강과 그 주변풍경이 눈에 들어온다. 중랑천 건너로 서울 시내에 시멘트 공장이 있는 것도 이색적이다. 시멘트 공장과 성수대교 사이에 있는 푸른 녹지가 바로 서울숲(214쪽)이다.

응봉산 정상에서 바라본 모습

응봉산으로 오르는 곳곳에도 개나리가 만발한 모습을 볼 수 있다.

용비교

응봉산 정상에서 바라보는 풍경도 멋있지만 사진가들이 찾는 특별한 포인트가 하나 더 있는데, 응봉동과 성수동을 잇는 용비교 다리 위이다. 이곳은 경의중앙선 전철과 함께 중랑천 변을 따라 산책하는 시민들 그리고 응봉산의 개나리까지 모두 한꺼번에 사진 속에 담을 수 있는 장소이다. 15분 정도에 한 대씩 문산과 용문을 오가는 전철과 춘천으로 가는 ITX-청춘 열차 등 제법 많은 열차가 이곳을 지나간다. 용비교를 건너면 서울숲으로 갈 수 있어 응봉산과 서울숲을 한번에 구경할 수 있다.

용비교에서 바라본 응봉산과 경의중앙선을 지나는 열차들

02 달맞이봉공원

서울특별시 성동구 금호동4가
🚇 3호선 · 경의중앙선 옥수역 2번 출구 → 도보 10분

응봉산과 가까운 곳에 또 하나의 조망명소가 있다. 바로 달맞이봉공원으로 옥수역에서 걸어 10분 정도면 달맞이봉공원 입구를 찾을 수 있다. 계단을 따라 조금만 걸어 올라가면 옥수역과 한강 풍경이 펼쳐진다. 달맞이봉공원은 여러 가지로 응봉산과 비슷한 점이 있는데, 우선 응봉산과 마찬가지로 이곳 역시 등산로 곳곳에 노란 개나리꽃이 활짝 핀다는 점 그리고 조금만 걸어 올라도 한강의 모습이 보인다는 점이 비슷하다. 옥수역과 가까이 있어 한강다리 중 하나인 동호대교의 야경을 더 가까이에서 담아볼 수 있다. 주황색과 푸른색 불빛의 조화가 인상적이다.

FOCUS 공원
10
서울에서 찾는 이색 공원

서울 동북부 지역은 경기도 의정부, 남양주, 구리시 등과 접하고 있다. 서울로 나가기 직전인 이곳에는 독특한 공원과 캠핑장이 많다. 의정부로 넘어가기 전 도봉산역 근처에는 붓꽃을 테마로 한 식물원인 서울창포원이 있고, 청량리동에는 주말에만 일반인에게 개방되는 홍릉수목원이 있다. 서울에서 구리시로 나가기 직전 양원역 근처에는 2010년 개원한 중랑캠핑숲이 있다. 또 용마산 자락에는 높이 50m 정도의 웅장한 폭포가 인상적인 용마폭포공원이 있다.

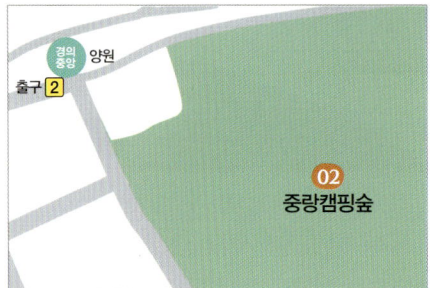

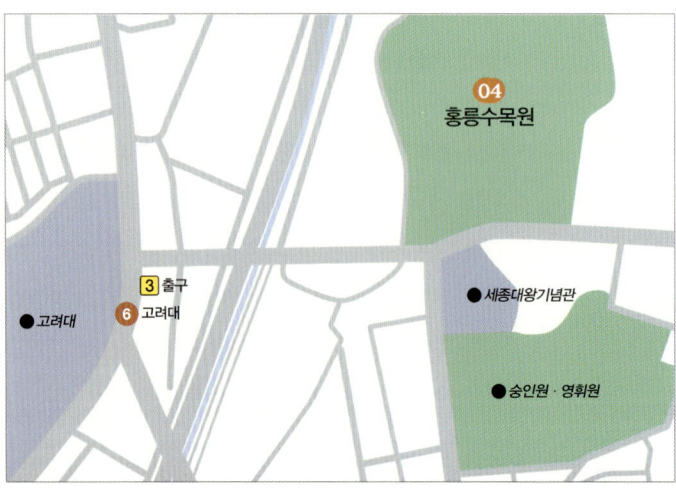

01 서울창포원

서울특별시 도봉구 마들로 916　☎ 02-954-0031
🚇 1·7호선 도봉산역 2번 출구 → 도보 약 3분
🕒 5:00-22:00

서울에서 의정부로 넘어가는 길목에 자리 잡은 역은 도봉산역이다. 역 이름만큼 밖으로 나오면 도봉산자락이 한눈에 펼쳐지고, 주말이면 도봉산으로 등산하는 사람들로 인산인해를 보이는 곳이다. 도봉산역 뒤편으로 가면 이런 시끌벅적한 분위기와는 정반대 분위기의 공원이 자리 잡고 있다. 바로 특수식물원인 '서울창포원'이다. 이곳에서는 부처붓꽃을 비롯하여 130여 종의 다양한 붓꽃을 구경할 수 있다.

서울창포원은 우리나라에서 생산되는 약용식물을 구경할 수 있으며, 습지생물을 관찰할 수 있는 전망데크도 설치되어 있고 계절별로 다양한 꽃구경도 더할 수 있다. 도봉산 등산과 함께 혹은 전철역을 오가기 전 잠시나마 도봉산역 뒤편의 서울창포원에서 꽃향기를 맡으며 여유로움을 즐기는 것을 추천한다.

중랑캠핑숲

서울특별시 중랑구 송림길 160　☎ 02-434-4371
경의중앙선 양원역 2번 출구 → 도보 약 5분

양원역 2번 출구를 나와 조금만 걸어가면 중랑캠핑숲이 나온다. 2010년 개원한 중랑캠핑숲은 본래 개발제한구역이였던 곳을 가족 단위의 피크닉을 주제로 하여 조성한 체험형 공원이다. 캠핑장 하면 텐트를 치고 가족들과 친구들과 하룻밤을 보내는 장소로 생각되지만, 중랑캠핑숲은 캠핑장 주변으로 푸른 산책로, 주변 전망을 한눈에 볼 수 있는 전망데크, 테라스 연못 그리고 넓은 잔디광장이 있어 캠핑장과 공원의 특징을 모두 갖추고 있다. 캠핑시설로는 47면의 캠핑장과 생태학습, 청소년 문화존, 야외무대가 설치되어 있다.

03 용마폭포공원

서울특별시 중랑구 용마산로 250-12　☎ 02-2094-2965
🚇 7호선 용마산역 1번 출구 → 도보 약 5분

용마산역에서 조금 걸어가면 볼 수 있는 용마폭포공원은 원래 채석장이 있었다. 돌을 채석하여 생긴 지형에다가 인공폭포를 설치하여 시민들을 위한 휴식공간으로 재단장한 것이다. 공원으로 들어오면 용마산자락이 뒤로 병풍처럼 보이고, 그 중심에 시원한 폭포가 흐르고 있다. 중앙의 가장 높은 50m 정도의 폭포 그리고 양쪽에는 청룡폭포, 백마폭포라고 이름 붙인 20m 정도의 폭포로 구성되어 있다. 5월에서 8월까지 약 4개월 동안만 가동되는데 하루 3차례(주말은 하루 4차례) 가동 중이다.

04 홍릉수목원

서울특별시 동대문구 회기로 57 국립산림과학원
☎ 02-961-2551
🚇 6호선 고려대역 3번 출구 → 10분 거리
🕙 10:00-17:00 토요일, 일요일, 공휴일만 관람 가능(평일 단체예약 시 가능)

관람료 무료

홍릉수목원이 있던 자리는 명성황후의 능인 홍릉이 있던 곳이다. 을미사변 당시 일본인 자객에 의해 시해당한 명성황후는 홍릉에 묻혀 있다가 고종황제가 죽으면서 1919년 남양주로 이장하였는데, 홍릉수목원을 걷다 보면 이곳이 홍릉이 있던 자리임을 알려주는 표지석을 볼 수 있다. 홍릉수목원의 시초는 일제강점기인 1922년 이곳에 임업시험장이 세워지면서부터이며 지금은 연구 중심의 수목원으로 가꾸고 있는 곳이다.

홍릉수목원 내부로 들어오면 산책로를 따라 천천히 구경할 수 있다. 수생식물과 약용식물 등을 구경할 수 있는 간편한 산책코스(문배나무길)도 있는 반면, 수목원 깊숙이 울창한 숲속의 여유를 즐길 수 있는 숲속 여행길도 있다. 임금에게 올릴 물을 긷는 우물인 어정과 홍릉터를 살펴볼 수 있는 황후의 길과 천년의 숲길, 천장마루길까지 총 5개의 주제로 이루어져 숲의 맑은 공기와 함께 간편한 산책을 즐길 수 있다.

왼쪽 홍릉수목원 내 어정
오른쪽 잘 정돈된 산책로가 인상적인 홍릉수목원

서남권 (강서/양천/영등포/구로/금천/동작)

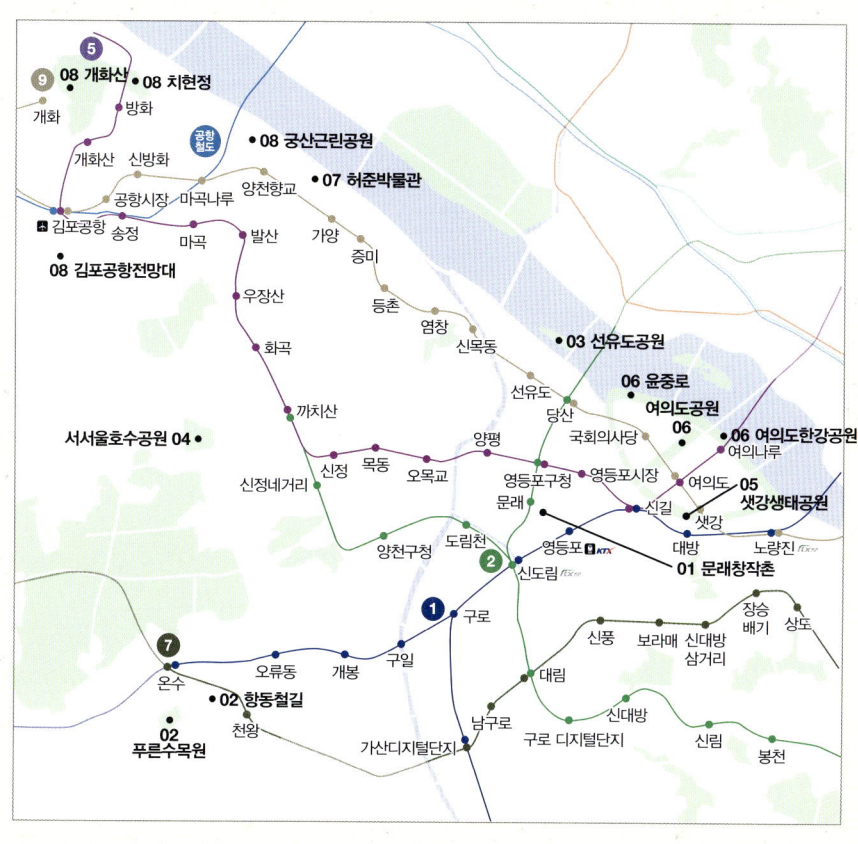

각 노선별 명소 모음

1호선
- 노량진 **05** 노량진 수산시장
- 신길 **05** 샛강 생태공원
- 온수 **02** 푸른수목원

2호선
- 문래 **01** 문래창작촌
- 당산 **03** 선유도공원

5호선
- 방화 **08** 치현정
- 개화산 **08** 개화산
- 김포공항 **08** 김포공항 전망대
- 까치산 **04** 서서울 호수공원
- 신길 **05** 샛강생태공원
- 여의도 **06** 여의도공원
- 여의나루 **06** 여의도 한강공원·윤중로벚꽃길

7호선
- 천왕 **02** 항동철길
- 온수 **02** 푸른수목원

9호선
- 개화 **08** 개화산
- 김포공항 **08** 김포공항 전망대
- 양천향교 **08** 궁산근린공원
- 가양 **07** 허준박물관
- 선유도 **03** 선유도공원
- 국회의사당 **06** 윤중로벚꽃길
- 여의도 **06** 여의도공원
- 샛강 **05** 샛강생태공원
- 노량진 **05** 노량진 수산시장

공항철도
- 김포공항 **08** 김포공항 전망대

골목여행

철공소와 예술의 만남, 문래창작촌

영등포구 문래동은 일제강점기 동양방직을 비롯한 방직공장이 있던 곳이다. 지금은 대부분의 공장지역이 재개발이 이뤄졌지만 문래역 근처에는 아직까지 철공소를 비롯한 작은 공장들이 많이 모여 있다. 문래역 7번 출구로 나와 조금만 걸어 내려오면 철공소의 분주한 모습이 펼쳐지는데, 겉으로 보기엔 평범해 보이는 공장 골목이지만 곳곳에는 예술작품이 숨어 있어 공장과 예술이 공존하는 곳이다.

서남권 235

TIP 문래창작촌은 철공소 공장 속에서 독특한 조형물과 벽화를 만나볼 수 있는 공간이다. 문래공원사거리를 중심으로 예술촌 골목골목마다 맛집과 카페들이 많다.

01 문래창작촌

🚇 2호선 문래역 7번 출구 → 도보 약 5분

철강소들이 모여 있던 문래동이 예술로 옷을 갈아입고 있다.

1980년대 이후에 문래동 지역은 대기오염문제를 해결하기 위해 공장들을 외곽으로 옮기는 정책이 추진되었고, 이로 인하여 이곳에는 곳곳에 빈 공장들이 생겨나게 되었다. 대신 저렴한 작업실을 찾던 예술가들이 이곳에 들어와 오늘날 문래창작촌이라는 독특한 공간이 만들어졌다. 평일 낮에 방문하면 곳곳에서 기계 돌아가는 소리, 철 갈리는 소리가 가득하지만 자

자세히 들여다보면 이런 공장밀집지역 곳곳에 독특한 예술작품들이 보인다. 세련되지도 않지만 녹이 슨 조형물들은 문래동예술촌의 분위기와 묘하게 어울린다. 문래창작촌 곳곳에는 200여 명의 예술가들이 자리 잡은 작업공간이 숨어 있으며, 최근 사람들의 발길이 이어지면서 골목마다 분위기 좋은 카페들이 자리 잡고 있다.

문래창작촌 길마다
다양한 조형물들이 하나둘 생기고 있다.

철강소들이 모여 있던 골목에
카페와 음식점들이 하나둘 생기고 있다.

문래예술공장

서울특별시 영등포구 경인로88길 5-4 ☎ 02-2676-4300

문래예술공장은 문래창작촌을 나와 경인로를 건너 구로세무소 건너에 있다. 이곳은 과거에 철재상가가 있던 곳으로 2010년 전문창작공간으로 문래예술공장이 들어섰다. 문래예술공장은 지하 1층에서부터 지하 4층까지 이루어져 있는데 문래창작촌을 비롯한 국내외 다양한 예술가들을 위한 창작지원을 위한 시설들이 있다. 창작 및 발표활동을 위한 스튜디오 M30, 박스씨어터, 녹음실 등 다양한 시설을 갖추고 있다.

치포리

서울특별시 영등포구 도림로 428-1 ☎ 02-2068-1667
평일 10:00-23:00, 주말 11:00-23:00

문래창작촌 골목을 나와 도림로 길가 쪽에 자리 잡은 카페이다. 예비사회적기업에서 운영하고 있는 마을 북카페 겸 갤러리로 카페 내부로 들어오면 작은 갤러리와 벽면에는 수많은 책이 눈에 띈다. 문래동 풍경이 한눈에 들어오는 창가에서 책과 함께 여유로운 시간을 보내기 좋은 카페이다. 2층에 있어 길가에서는 눈에 잘 띄지 않을 수 있는데 문래우체국 버스 정류장 바로 앞에 위치하고 있다.

문래창작촌에 자리 잡은 조용한 카페인 '치포리'

04 양키스버거

서울특별시 영등포구 도림로 434-1　☎ 070-7758-6263
🕒 12:00-22:00(Break Time 15:30-17:00),
　　매주 화요일 휴무

양키스버거의 문래버거

문래공원 사거리에서부터 도림로를 따라 골목골목을 살펴보면 분위기 좋은 카페와 음식점들이 자리 잡고 있다. 사람들의 입소문을 타고 문래창작촌을 찾는 사람들이 많아지면서 이곳의 분위기도 조금씩 달라지고 있다. 양키스버거 역시 이곳에 자리 잡고 있는데 최근에는 양키스피자집으로 이전하여 영업하고 있다. 클래식치즈버거, 쉬림프칠리버거와 같은 일반적인 메뉴도 있지만 문래버거라는 메뉴가 특히 눈에 띈다. 버섯과 치즈 그리고 소고기 패티와 각종 야채가 조화를 이루고 있는데 두툼한 두께가 특히 인상적이다. 햄버거뿐만 아니라 피자도 즐길 수 있으며 콜라와 같은 음료수 외에 맥주도 곁들 수 있다.

05 문래돼지불백

서울특별시 영등포구 당산로 2-1　☎ 02-2677-2509
🕒 9:30-21:40

문래돼지불백은 문래동예술촌 입구 큰길가에 있는 백반집이다. 365일 연중무휴로 운영하는 이곳의 메뉴는 가게 이름 그대로 돼지불백 단일 메뉴이다. 가게 입구에서는 한창 고기 굽는 냄새가 솔솔 풍긴다. 음식을 주문하니 금방 구

운 돼지고기와 상추쌈 그리고 된장국과 반찬을 곁들인 푸짐한 한상이 나온다. 저렴한 가격으로 고기와 쌈을 곁들인 백반을 먹고 싶다면 추천하고 싶은 곳이다.

카페 수다

서울특별시 영등포구 당산로 4-1 ☎ 02-2631-3315
🕐 10:00-23:00(주말 12:00-23:00)

카페 수다는 문래창작촌 골목 입구에 있는 아담한 카페이다. 문래창작촌 곳곳에서는 철공소와 관련된 조형물들을 볼 수 있는데 카페 입구에서도 망치 조형물이 눈에 띈다. 바로 그 앞에 카페 수다라는 간판이 보인다. 카페 수다는 크기는 작지만 전체적인 분위기는 철공소와 예술의 만남을 표방하고 있는 문래창작촌과 어울린다. 가게 한쪽에서는 책장이 있고 천장에 달린 아기자기하고 신기한 인테리어 소품이 인상적이다. 가게는 복층형 구조로 되어 있어서 2층으로 올라오면 마치 다락방에 온 것 같은 아늑한 공간이 나온다.

공원
02
한적한 풍경 따라 걷는 기찻길, 항동철길 & 푸른수목원

전국 곳곳에 기찻길이 옮겨짐에 따라 공원이나 레일바이크 등으로 활용하고 있는 관광지가 많이 있다. 서울도 예외는 아닌데 용산선이 다니던 기찻길은 지하화 되면서 지상의 버려진 철길은 '경의선숲길'이 되었고, 주택가 한복판을 지나던 경춘선 기찻길은 이후 '경춘선숲길'로 변신하여 산책로와 공원으로 활용되고 있다. 이 두 곳과는 다르게 기찻길과 공원이 공존하며 서울답지 않은 서울의 모습을 간직하고 있는 풍경이 있으니 바로 항동철길이다.

01 항동철길

서울특별시 구로구 오리로 1189
🚇 7호선 천왕역 2번 출구 → 도보 약 5분

사색과 공감의 항동철길

항동철길은 여전히 가끔 기차가 다니고 있는 곳으로 오류동역에서 분기되어 부천까지 이어지는 화물선로이다. 이중 천왕역 부근에서부터 시작하여 푸른수목원에 이르는 구간의 조용한 풍경이 사람들의 입소문을 타면서 하나둘 찾게 되었고, 몇 년 전까지만 하더라도 '서울의 숨은 명소' 정도로 오르내리던 항동철길은 어느덧 관광명소로 자리매김하였다.

항동철길에 사람들의 발걸음이 많아지면서 곳곳에 아기자기한 조형물들이 많아지고 있다.

한 가닥 놓인 기찻길을 따라서 다채로운 사진 포인트도 만들어졌는데 주택가 한편에 놓인 기찻길과 조금만 걸어 나오면 펼쳐지는 여유로운 풍경이 매력적으로 다가오는 곳이다. 특히 천왕역 부근 주택가를 지나 완만한 오르막 선로가 보이는 곳이 항동철길에서 가장 매력적인 길이 아닐까 하는 생각이 든다. 항동철길을 걷다 보면 선로에는 감성적인 글귀들도 보이고 주변에 설치된 조형물들이 자칫 단순해질 수 있는 기찻길을 더 특별하게 꾸며주고 있다.

02 푸른수목원

서울특별시 구로구 연동로 240 ☎ 02-2686-3200
🕔 5:00-22:00 연중무휴
🚇 1·7호선 온수역 → 구로 07번 환승하여 푸른수목원 하차

항동철길은 서울을 지나 경기도로 계속 이어지지만 일반적으로 항동철길 나들이는 천왕역 부근에서부터 시작하여 푸른수목원 앞에 이르기까지 약 1.2km 정도의 구간이다. 푸른수목원은 구로구 항동에 있는데 이곳은 서울특별시와 경기도 부천시의 경계와 가까운 곳이다. 푸른수목원은 논밭에 물을 대주기 위해 만들어진 항동저수지를 그대로 살려 조성한 수목원이다. 2,100여 종의 다양한 식물과 25개 테마원으로 구성되어 푸른

항동철길을 따라 20분 정도 걷다 보면 푸른수목원으로 갈 수 있다.

푸른수목원은 항동저수지를 가운데 두고 조성된 수목원이다.

수목원은 항동철길과 연결된 출구를 통해 들어오면 미로원과 프랑스 정원의 소담들, 잎 새누리라는 이름의 영국 정원을 만나고, 조금 더 들어오면 항동저수지의 모습이 눈에 들어온다. 항동철길 옆에 있는 친환경 수목원을 거닐며 서울이지만 서울답지 않는 조용한 휴식을 취해볼 수 있다.

공 원
03
정수장 시설과 친환경공원의 조화, 선유도공원

영등포에서 합정동으로 향하는 양화대교를 지나다 보면 한강 중간에 있는 '선유도'를 지난다. 섬의 경치가 아름다워 신선이 놀았다는 의미로 선유도라는 이름이 붙었다. 선유도공원은 단순한 한강에 있는 공원이라고 생각할지 모르겠지만 예전에 이곳에 있었던 정수장 시설을 그대로 활용하여 만든 친환경공원이라는 독특한 특징이 있어 인공적인 공간과 자연이 함께해 묘하게 조화를 이루고 있다.

서울특별시 영등포구 선유로 343 ☎ 02-2631-9368
🚇 ❶ 9호선 선유도역 2번 출구 → 도보 10분 → 선유교 이용
   ❷ 당산역(2호선 1번 출구, 9호선 13번 출구) → 603, 760, 5714번 환승하여 선유도공원 하차
🕕 06:00-24:00

정수시설에서 친환경 공원에 이르기까지

원래 선유도는 해발고도 40m 남짓의 작은 산이었다고 한다. 그러다가 1925년 대홍수를 겪은 후 한강의 제방을 쌓고 길을 만들기 위해 이곳을 채석장으로 사용하게 되면서 지금의 작은 섬이 된 것이다. 이러한 훼손이 있었던 선유도는 1970년대에는 서남부 지역에 수돗물을 제공하는 정수장이 들어서 약 20년간 한강의 자연환경과는 어울리지 않

선유도공원과 연결되는 선유교

는 정수시설이 자리하고 있었다. 2000년대 들어서 정수시설이 이전되고 선유도는 친환경공원으로 시민들에게 개방되는데 기존에 있었던 정수장의 시설을 그대로 활용하여 물을 주제로 공원을 만들었기 때문에 1970년대의 정수시설의 흔적을 공원 곳곳에서 그대로 찾아볼 수 있다.

선유도공원은 강 건너 풍경들이 한눈에 펼쳐지는 서울의 조망명소이기도 하다.

왼쪽 해가 진 후 선유교에서 바라본 여의도 야경

오른쪽 성산대교 야경

선유도공원은 양화대교를 거쳐 들어오는 방법과 9호선 선유도역에 내려 선유교라는 다리를 건너는 방법이 있다. 선유교 다리를 건너는 동안 한쪽으로는 여의도 국회의사당의 모습과 다른 한쪽으로는 성산대교의 모습이 눈에 들어온다. 특히 밤에 이곳을 지날 때면 여의도와 성산대교의 야경 그리고 선유교의 야경이 어우러져 황홀한 느낌도 받는다.

정수시설 그대로를 활용하여 공원으로 만든 만큼
공원 구석구석에는 낯선 풍경들이 이어진다.

선유교를 건너면 본격적으로 선유도공원 여행이 시작된다. 선유도는 한강과 그 주변의 모습을 볼 수 있는 조망명소이기도 한데 건너편 합정동의 모습은 물론, 날씨가 맑은 날에는 멀리 북한산과 남산의 모습까지도 이곳에서 볼 수 있다. 본격적으로 공원 내부로 들어오면 정수시설이 있었을 당시의 시설을 그대로 활용한 다양한 형태의 정원을 구경할 수 있다. 건물의 기둥을 그대로 활용한 '녹색기둥의 정원'을 비롯하여 수생식물원, 수질정화원, 시간의 정원 등 정원에 붙은 이름과 형태도 다양하다.

공원
04
서울과 부천의 경계에 있는 호수공원, 서서울 호수공원

영등포 선유도공원과 마찬가지로 정수시설을 정비하여 공원으로 활용한 곳이 양천구에 있다. 서서울호수공원이 있는 이곳은 1959년에 김포 정수장이라는 이름으로 문을 열었고 이후 신월정수장으로 이름을 바꾸고 서울시에 수돗물을 공급하는 시설이 있었던 곳이다. 2003년에 가동이 중단된 이후 서남권을 대표하는 공원으로 만드는 공사에 착수해 2009년 '서서울호수공원'이라는 이름으로 시민들에게 개방되었다. 서울시에 있지만 공원 뒤편으로는 바로 부천시로 이어지기 때문에 서울시민뿐 아니라 부천시민들도 애용하는 곳이다.

서울특별시 양천구 남부순환로64길 20 ☎ 02-2604-3004
🚇 5호선 화곡역 7번 출구에서 6627, 652번 이용 혹은 5번 출구에서 6625, 653번 이용 → 서서울호수공원 하차

몬드리안 정원

정수장을 공원화하였다는 점 외에도 서서울호수공원은 선유도공원과 비슷한 점이 있다. 바로 정수장의 시설을 철거하지 않고 공원의 한 시설로 활용하였다는 점이다. 서서울호수공원 중앙에 '몬드리안 정원'은 정수장에 있었던 침전조를 재활용하여 수생식물원과 하늘정원으로 꾸민 것이다. 마치 미로처럼 만들어진 몬드리안 정원을 걷다 보면 꽃밭으로 가득한 정원의 모습도 눈에 들어오고 공원의 중심부에 자리 잡은 호수도 보인다.

정수장 시설을 그대로 활용한 몬드리안 정원

중앙호수

서서울호수공원의 중앙호수는 신월정수장으로 사용되던 시절에도 그곳에 그대로 있었다. 정수장 시설은 일반 시민의 출입이 엄격히 금지되는 곳이어서 그 모습을 볼 수 없었으나, 공원으로 다시 꾸며짐에 따라 중앙호수도 시민들을 위한 공간으로 재탄생하였다. 호수의 가장자리를 따라 산책로가 잘 조성되어 있어 날씨가 좋은 날이면 산책 나온 시민들, 가족들과 같이 나들이 나온 시민들로 북적인다. 서서울호수공원이 자리 잡은 신월동은 김포공항과 가까워 공항을 오가는 비행기들이 상당히 낮은 높이로 지나가는 것을 볼 수 있다. 그래서 항공기 소음 역시 다소 심한 편인데 중앙호수에 있는 분수시설은 항공기 소음을 감지하여 작동된다.

서서울호수공원 중앙에 자리 잡은 호수는 봄이면 벚꽃으로 특히 아름답다.

재생정원과 넓은 잔디밭

서서울호수공원의 또 다른 특징은 신월정수장에서 사용되던 수도관 등의 시설로 이루어진 재생정원이라는 점이다. 정수장에서 사용되던 시설과 그 주변으로 자라나는 자연의 조화가 이색적이다. 그리고 서서울호수공원의 중앙분수를 지나면 넓은 잔디밭이 나오고 그 뒤편으로 넘어가면 서울을 지나 부천시로 접어든다. 서서울호수공원은 이처럼 서울 끄트머리에 자리 잡고 있고 비교적 최근에 생긴 공원이지만 '친환경'과 '재생'을 주제로 많은 시민들이 찾고 있는 곳이다.

정수장의 수도관 시설들을 그대로 활용한 재생정원

공원 뒤편 길로 가면 부천시로 접어든다.

공원 05
여의도 가는 길에 있는 푸른 공원, 샛강생태공원

'샛강'이란 큰 강의 줄기에서 한 줄기가 따로 나와 중간에 섬을 하나 만들었다가 하류에서 다시 본래의 큰 강과 합쳐지는 강을 말한다. 서울에는 여의도에서 올림픽대로변을 따라 이어지는 이곳이 샛강인데 여기에 샛강생태공원이 조성되어 있다. 샛강을 건너는 여러 개의 다리로 여의도를 오가는 차량들로 언제나 복잡한 곳이어서 이런 곳에 생태공원이 자리 잡고 있다는 것이 독특하다. 샛강생태공원은 1997년 조성되었으며 국내에서는 최초로 조성된 생태공원이다.

서울특별시 영등포구 여의동로 48 ☎ 02-3780-0570
❶ 1·5호선 신길역 2번 출구로 나와 샛강다리 이용
❷ 9호선 샛강역 4번 출구 → 도보 약 3분

01 샛강생태공원 거닐기

샛강생태공원은 한강 자전거길과 연결되어 있다.

샛강생태공원의 진입로로 들어가면 작은 강을 사이에 두고 울창하게 자란 나무들이 하나의 숲을 이루고 있다. 샛강 곳곳에 이곳의 생태를 구경하기 위한 전망데크가 마련되어 있는데 갈대와 억새, 야생화를 찾아볼 수 있다. 샛강생태공원 한편으로는 자전거길이 있어 자전거를 타고 여의도를 지나는 길에 잠시 샛강생태공원을 구경해도 좋다.

샛강공원은 전망데크를 따라 갈대와 억새
그리고 맑은 생태계를 볼 수 있다.

샛강생태공원은 자연 그대로의 모습을 유지하기 위해 가로등이나 매점이 없다. 그래서 공원의 내부로 들어오면 깊은 숲속에 왔다는 느낌이 더 강하게 든다. 이곳에서는 희귀 동식물도 여럿 관찰되고 특히 뱀이 출몰할 위험도 있다고 하니, 샛강생태공원을 구경할 때에는 반드시 지정된 탐방로만 이용하는 것이 좋다.

02 샛강다리

샛강다리와 여의도의 야경

샛강생태공원은 주변에 샛강역, 여의도역, 신길역 등 갈 수 있는 전철역들이 많은데, 특히 신길역에서는 샛강생태공원을 거쳐 여의도로 갈 수 있는 '샛강다리'라는 보행교가 설치되어 있다. 연보라색의 다리와 S자 형태의 자리 형태가 인상적인데 다리의 전체적인 모습은 샛강에 한 쌍의 학이 날아오르는 모습을 형상화한 것이다. 샛강다리에서는 여의도의 전체적인 모습과 여의도의 경계를 구분 짓는 샛강생태공원의 전체적인 모습도 내려다볼 수 있다.

신길역과 여의도를 잇는 샛강다리를 이용해서 샛강생태공원을 갈 수 있다.

샛강생태공원 주변 더 가볼 만한 곳

03 자매근린공원(앙카라공원)

서울특별시 영등포구 의사당대로 166　☎ 02-2670-3758

🚇 9호선 샛강역 3번 출구 → 도보 약 5분

관람료 무료

여의도에서 만나는 터키, 앙카라공원

샛강역 3번 출구 쪽에는 자매근린공원이라는 공원이 있고 길을 건너면 바로 샛강생태공원으로 이어진다. 자매근린공원은 1971년 서울시와 터키 앙카라 시가 자매결연한 것을 기념하기 위하여 터키의 풍물이 담긴 테마공원을 조성, 1977년 개원한 곳이다. 1992년 지어진 앙카라하우스는 앙카라 시에서 볼 수 있는 전통 포도농장 주택 모양으로 내부에는 전통생활기구와 농기구 등을 전시하여 터키의 전통생활상을 소개하고 있다.

04 노량진수산시장

서울특별시 동작구 노들로 674 　☎ 02-2254-8000
🚇 1 · 9호선 노량진역 7번 출구 → 도보 약 5분

샛강역에서 9호선으로 한 정거장 옆인 노량진역에는 노량진수산시장이 있다. 서울지역 최대 수산시장인 노량진수산시장은 서울역 인근에 1927년 경성수산(주)라는 이름으로 개장한 것이 그 시작이었다. 1970년대에 지금의 위치로 이전하였고, 최근에는 노량진수산시장 현대화 사업이 이루어졌다. 최대 규모를 자랑하듯 수많은 가게와 다양한 수산물을 구경할 수 있다. 새로 건축된 신관은 1층과 2층의 가게에서 회를 비롯한 수산물을 구매할 수 있고, 2층에는 식당가가 있어 포장한 회를 이곳에서 먹을 수 있다.

서울 최대 수산시장, 노량진수산시장은 샛강역에서 한 정거장 거리이다.

공원
06
여의도에서 한강구경·공원산책·봄꽃구경

여의도는 우리나라의 대표적인 금융 중심가로 많은 증권회사와 함께 방송시설, 국회의사당 등이 모여 있는 곳이다. 아침에는 여의도 각지의 회사로 출근하는 사람들을 그리고 저녁에는 집으로 퇴근하는 사람들을 볼 수 있다. 우리나라의 대표적인 업무지구인 여의도는 주말이면 직장인들 대신 나들이 나온 시민들을 볼 수 있는 곳이다. 여의도 한복판에 자리 잡은 여의도공원과 여의도 한강공원을 만나볼 수 있으며 국회의사당 뒤편으로는 울창한 벚꽃나무가 심어져 있어 매년 봄, 봄의 경치를 즐기러 나온 사람들로 가득하다.

01 여의도 한강공원

서울특별시 영등포구 여의동로 330　☎ 02-3780-0561
🚇 5호선 여의나루역 2번 출구

서울을 가로지르는 한강에는 곳곳에 한강공원이 있는데 이 중에서 전철역과 접근성이 뛰어난 두 곳으로 여의도 한강공원(여의나루역)과 뚝섬 한강공원(뚝섬유원지역)을 꼽을 수 있다. 여의나루역 2번 출구로 나오면 탁 트인 한강과 한강 건너 마포구의 모습, 남산타워의 모습까지도 눈에 들어온다. 여의도 한강공원에는 물빛광장과 플로팅스테이지(수상무대) 그리고 마포대교 하부에 꾸며진 서울색공원이 있으며, 국회의사당역 방면으로는 수상 레저공간인 요트마리나가 있다. 매년 가을에는 서울불꽃축제가 열리고 있다.

왼쪽 · 오른쪽 위 여의도 한강공원. 전철역을 나오면 바로 한강공원이 보인다.
왼쪽 아래 여의도 물빛광장
오른쪽 아래 여의도 한강공원에서 바라본 원효대교 야경

서울밤도깨비야시장

옛날 서울 황학동에는 '도깨비시장'이라는 곳이 있었다. 도깨비시장은 도떼기시장에서 유래되었다는 설도 있고, 시장 내부가 어두침침하여 도깨비가 나올 것 같은 분위기라고 하여 붙여졌다는 설도 있다. 서울에도 금요일과 토요일 밤이면 또 하나의 도깨비시장, 서울밤도깨비야시장이 열리고 있다. 서울밤도깨비야시장은 밤이면 열렸다가 아침이 되면 사라지는 도깨비 같은 시장이라고 하여 붙여진 이름이다. 전국적으로 야시장이 곳곳에 생기고 있고 하나의 관광자원으로 자

리매김하고 있는데, 서울밤도깨비야시장은 서울의 대표 공원에서 다양한 먹거리를 판매하는 푸드트럭, 핸드메이드 제품을 판매하는 공간, 다채로운 문화행사 그리고 서울의 아름다운 밤 풍경이 어우러진다. 따뜻한 봄바람이 불어오는 때부터 서늘한 가을이 찾아오기까지 열리는 밤도깨비야시장은 매년 열리는 장소와 시간이 달라질 수 있기 때문에 미리 확인을 하고 찾아가 보는 것이 좋다(서울밤도깨비야시장 홈페이지 www.bamdokkaebi.org).

02 여의도공원

서울특별시 영등포구 여의공원로 68　☎ 02-761-4079
🚇 5・9호선 여의도역 3번 출구 → 도보 약 5분

왼쪽　여의도공원의 대형 국기게양대　　　　　　　　오른쪽　여의도공원의 세종대왕상

여의도 한복판에 자리 잡은 여의도공원은 옛날에는 단순히 콘크리트로 뒤덮인 여의도광장이었다고 한다. 11만 평 규모의 광장이었던 이곳이 지금과 같이 친환경 공원으로 재탄생한 것은 1990년의 일이다. 지금은 점심시간에 잠시 휴식 나온 직장인들과 주말의 여가를 보내는 시민들이 찾고 있는 여의도의 대표 명소로 자리 잡았다.

한국 전통의 울창한 숲과 하천이 인상적이다.

여의도공원은 크게 4가지 테마로 이루어져 있다. 자연생태의 숲에서부터 시작하여 높이가 50m에 이르는 국기계양대가 인상적인 문화의 마당, 세종대왕 동상이 있는 잔디마당과 한국 전통의 숲으로 구성되어 있는데, 이 중에서도 여의도 한강공원과 가까이 있는 한국 전통의 숲으로 들어오면 빌딩숲 한복판에 있는 공원이라는 느낌이 들지 않을 정도로 울창한 숲과 수경시설, 생태연못을 만날 수 있다.

4가지 테마로 이뤄진 여의도공원

윤중로벚꽃길

🚇 ① 5호선 여의나루역 2번 출구 → 도보 약 15분.
② 9호선 국회의사당역 1번 출구 → 도보 약 10분

여의도 국회의사당 뒤편의 윤중로(여의서로)는 서울에서 대표적인 벚꽃 명소이다. 이곳에 울창한 벚꽃나무가 심어진 것은 1971년 한 재일교포가 서울시에 2,400주의 벚꽃 묘목을 기증한 것이 계기가 되었다고 하는데, 이후 40년이 넘는 세월을 거쳐 울창한 벚꽃 터널을 만들어내고 있다. 윤중로뿐만 아니라 여의도 둘레를 따라 벚꽃나무가 심어져 있어 여의도의 다른 명소인 여의도 한강공원, 여의도공원, 샛강생태공원과 같이 산책을 즐기기에 좋다.

여의도 윤중로에서는 매년 봄 벚꽃축제가 열리고 있다.

박물관
07
가양동으로 떠나는 한의학 박물관 탐방, 허준박물관

우리에게 〈동의보감〉으로 유명한 허준은 조선시대 역사에 큰 획을 남긴 명의로 소설뿐 아니라 드라마 등으로 우리에게 많이 알려진 인물이기도 하다. 허준이 태어나 우리나라 한의학의 큰 발전에 공헌한 〈동의보감〉을 집필하고, 세상을 떠나기 전까지 지냈던 곳이 조선시대 양천현, 지금의 서울 강서구 등촌동 일대로 알려져 있다. 가양동에는 허준의 업적을 널리 알리기 위해 세워진 한의학 전문박물관인 '허준박물관'이 있다.

허준박물관

서울특별시 강서구 허준로 87　☎ 02-3661-8686
🚇 9호선 가양역 1번 출구, 도보 10분, 5호선 발산역 3번 출구, 6657, 6630, 1002번 이용 공진중학교 하차
🕐 평일 10:00-18:00(토요일, 일요일, 공휴일 10:00-17:00), 11월~2월 10:00-17:00(월요일, 1월 1일, 설날, 추석 당일 휴관)
관람료 성인 1,000원, 학생 500원

허준박물관 둘러보기

허준박물관은 박물관 내부의 허준 기념실, 약조약재실, 의약기실 그리고 어린이체험실로 구성되어 있으며, 외부의 전망대와 약초원으로 구성되어 있다. 가장 먼저 눈에 들어오는 것은 내의원과 한의원의 모습을 재현해 놓은 모형이다. 궁궐 내에 있는 병원으로 왕과 왕실 가족들을 진료하던 기관인 내의원과 일반 백성들을 진료하던 민간의료기관인 한의원의 모습을 구경하고 나면 본격적으로 허준과 동의보감에 대하여 알 수 있는 공간을 만난다. 이곳에서는 유네스코 세계기록유산에 등재되어 있는 동의보감이 집필되어가는 과정과 허준의 생애에 대하여 살펴볼 수 있으며, 동의보감에 나오는 약초와 탕약에 대하여 알아볼 수 있는 공간과 한의학과 관련된 의약기들을 구경할 수 있다.

가양동 허준박물관은 허준의 생애와 조선시대 의학의 역사에 대하여도 살펴볼 수 있다.

약초원

허준박물관의 내부를 구경하고 난 뒤, 3층 밖으로 나와 보면 한강과 그 주변을 구경할 수 있는 작은 전망대를 만날 수 있다. 허준박물관이 있는 서울 가양동과 유유히 흐르는 한강의 모습 그리고 가양대교를 비롯한 한강다리도 눈에 들어온다. 전망대를 뒤로하고 연결통로를 지나면 허준박물관에서 가장 특별한 공간인 약초원을 만날 수 있다. 이곳에는 약 120여종의 약초가 심어져 있는데 금계국이나 쑥부쟁이와 같이 우리에게 익숙한 이름도 눈에 들어온다.

위 허준박물관 정원에서 바라본 한강
아래 허준박물관 야외에는 120여 종의 약초들이 심어진 약초원을 볼 수 있다.

02 구암공원

허가바위

허준박물관을 나오면 바로 옆 구암공원도 구경하고 구암공원 길목에 서울특별시 기념물로 지정되어 있는 허가바위도 볼 수 있다. 어른 남자 스무 명 정도가 들어갈 정도로 큰 동굴이 있는 것이 특징인데, 임진왜란이나 병자호란 등 큰 난리가 있을 때마다 사람들의 피난처로 쓰이기도 했으며 양천 허씨의 발상지로도 알려져 있다. 구암공원에는 허준 동상과 함께 작은 호수가 하나 놓여 있다. 호수 한복판에 큰 바위 하나가 있는데 옛날에 큰 홍수 때 경기도 광주에서부터 이곳까지 떠내려왔다고 전해져 광주바위라는 이름이 붙여졌다.

구암공원 내 허준동상

FOCUS 조망명소

08

서남권에서 찾는 조망명소 모음

서울 강서구 일대는 서울의 서쪽 끄트머리라서 그런지 서울 여행으로 찾아가기가 쉽지는 않은 곳이다. 그러나 김포공항을 중심으로 그 주변에는 서울의 다양한 면모를 구경할 수 있는 조망명소가 곳곳에 숨어 있어 잠시 구경해볼 만한 곳이 많다. 개화산이나 궁산 등 강서구에 숨은 작은 산을 오르면 한강과 그 주변의 분위기가 한눈에 펼쳐진다.

01 치현정

 5호선 방화역 1번 출구 → 도보 약 10분

5호선 시종착역인 방화역에 내려 10분 정도를 걸으면 방화근린공원이 나온다. 공원은 치현산이라는 작은 산과 연결되는데 이 산책길은 강서둘레길에 해당하는 구간이다. 치현산 등산로를 따라 조금 걸어 올라가면 치현정이라는 작은 정자를 볼 수 있다. 바로 아

래로는 인천국제공항고속도로와 올림픽대로가 지나고, 인천국제공항고속도로와 연결되는 붉은색 아치형 다리와 방화대교와 한강의 모습 그리고 강 건너 고양시 주변의 모습도 치현정에서 볼 수 있다.

개화산

🚇 5호선 개화산역 2번 출구에서 개화초등학교를 지나면 개화산 등산로를 찾을 수 있다.

개화산의 높이는 132m 정도로 가볍게 산책할 수 있는 산이다. 김포공항과 개화동 주변의 모습을 볼 수 있는 하늘길 전망대는 산 중턱 즈음에 있는데 개화산역 쪽에서 등산로를 이용한다면 10분, 개화역 쪽에서 등산로를 이용한다면 5분이면 충분하다. 이곳에서는 김포공항과 그 주변의 모습을 볼 수 있는데 공항 주변에는 서울과 인천 끄트머리의 논이 펼쳐져 있어 개화산 하늘길 전망대는 높지 않지만 전망대에서 보이는 모습이 제법 시원하다. 공항에 수시로 이·착륙하는 비행기들과 개화역을 오가는 9호선 전철의 모습이 보이는 것이 특징이다.

개화산 전망대에서 바라본 김포공항과 개화동 일대

03 김포공항 전망대

서울특별시 강서구 하늘길 78 한국공항공사
🚇 5호선·9호선·공항철도 김포공항역 하차, 1번 출구 이용
🕙 10:00-17:00(월요일, 설날, 추석 당일 휴무)

입장료 무료

김포공항의 모습을 더 잘 구경해보고 싶다면 김포공항역 근처에 있는 김포공항 전망대를 찾아가 보는 것을 추천한다. 인천국제공항의 개항 이후 한동안 국내선만 운행하던 김포공항은 2003년을 시작으로 다시 국제선 노선이 취항되었고 최근에는 쇼핑몰이 들어서 많은 사람들이 찾고 있다. 김포공항 한편에 있는 전망대에 오르면 국내선 청사와 국제선 청사의 비행기들의 모습을 보다 더 가까이에서 구경해 볼 수 있고, 내부로 들어가면 공항에 대한 간략한 소개와 항공기 모형 등도 전시되어 있다.

04 궁산근린공원

🚇 9호선 양천향교역 2번 출구 이용. 걸어서 10분 거리
※ **양천향교** 서울특별시 강서구 양천로47나길 53
☎ 02-2659-0076
🕙 10:00-16:00(월요일 휴관)

마지막으로 소개할 강서구의 조망명소는 9호선 양천향교역 근처에 있는 궁산근린공원이다. 그리고 궁산근린공원에 가기 전 양천향교를 잠시 구경해볼 수 있다. 조선시대 지방 교육기관인 양천향교는 1411년 세워졌으며, 서울에서 유일하게 볼 수 있는 향교이다. 양천향교를 지나 산책로를 따라 조금 걸어 올라가면 금방 궁산근린공원의 정상에 오를 수 있다. 앞서 소개한 개화산과 마찬가지로 높이가 높지 않은 산이지만 이곳에 오르면 한강과 그 주변의 모습이 시원하게 펼쳐지는 곳이다. 가까이에는 공항철도가 지나는 마곡철교에서부터 방화대교 그리고 멀리 상암동의 모습이 한눈에 펼쳐진다.

궁산근린공원에 올라가면 한강이 눈에 들어온다.

궁산공원 입구의 양천향교

서북권 (은평/마포/서대문)

각 노선별 명소 모음

2호선 — 홍대입구
01 연남동

3호선 — 연신내 / 독립문
04 진관동
05 안산 자락길
07 서대문 독립공원

5호선 — 공덕
02 공덕동

6호선 — 연신내 / 월드컵경기장 / 망원 / 공덕 / 효창공원앞
04 진관동
06 하늘공원
03 망원동
02 공덕동
02 효창공원

공항철도 — 홍대입구 / 공덕
01 연남동
02 공덕동

경의중앙선 — 홍대입구 / 공덕 / 효창공원앞
01 연남동
02 공덕동
02 효창공원

골목여행

01

산책하고 먹고 즐기는 나들이, 연남동

서울에는 많은 산책길이 있지만 최근에 특히 많은 사람들이 찾고 있는 산책길이 있다. 바로 경의선숲길이다. 불과 10여 년 전까지만 하더라도 도심 속에 남아 있던 용산선 기찻길이 지하화되면서 기존의 기찻길 부지는 시민들을 위한 공원으로 재단장된 곳이다. 경의선숲길은 가좌동, 연남동, 공덕동을 지나 효창공원 앞까지 이어진다. 여기서 사람들이 가장 많이 찾는 구간은 대학교와 번화가가 많은 홍대입구역 주변인데 그래서 연남동과 센트럴파크 두 단어가 섞여 '연트럴파크'라는 별칭도 생겨났다.

> **TIP** 연남동은 홍대입구역 3번 출구로 나오면 보이는 경의선숲길을 중심으로 많은 카페와 식당들이 생기고 있는 곳이다. 큰길 쪽뿐 아니라 골목 안으로 들어와도 맛집들이 많이 있다.

01 동진시장

서울특별시 마포구 성미산로 198 ☎ 02-325-9559
🚇 2호선 · 경의중앙선 · 공항철도 홍대입구역 3번 출구 → 도보 10분

대형마트의 성장으로 인하여 재래시장은 그 경쟁력을 조금씩 잃어가 사람들의 발길이 점점 드물어졌다. 최근에는 전통시장을 활성화시키기 위해 다양한 노력을 하고 있는데 동진시장 역시 새로운 변신에 성공한 케이스이다. 시장 내부는 1960~70년

동진시장 플리마켓

대에 온 것 같은 허름한 공간이지만 매주 플리마켓이 진행되어 개성 있는 물건들을 파는 공간으로 바뀌었고 그 결과 입소문을 타고 많은 사람들이 방문하는 장소가 되었다.

코리아식당

서울특별시 마포구 연희로 35　☎ 02-332-3595
🚇 2호선 · 경의중앙선 · 공항철도 홍대입구역 3번 출구 → 도보 약 10분
🕙 10:00-24:00

동진시장을 중심으로 골목길 곳곳에는 산뜻한 인테리어가 돋보이는 식당과 카페들이 많이 있다. 연남동 골목길에서 다양한 맛집과 카페를 즐기고 가까운 경의선숲길 산책을 즐기면 더욱 알찬 연남동 나들이가 될 것이다. 동진시장으로 들어가는 길에 자리 잡은 코리아식당은 깔끔한 외관과 인테리어가 돋보인다. 볶음 · 구이 메뉴에서부터 찌개 · 비빔밥까지, 다양한 메뉴를 즐길 수 있어 든든한 한 상을 먹을 수 있다.

동진시장 주변으로는
산뜻한 분위기의 가게들이 많다.

코리아식당

북카페산책
(경의선숲길점)

서울특별시 마포구 연희로1길 43 ☎ 070-4911-4302
🚇 2호선 · 경의중앙선 · 공항철도 홍대입구역 3번 출구 → 도보 10분
🕐 11:00-20:00(월요일 휴무)

북카페산책은 큰길에서 조금 떨어져 있어서 조용하고 여유로운 분위기가 인상적이다. 가게 내부로 들어와 보니 아기자기한 인테리어와 곳곳에 꽂혀진 다양한 종류의 책들도 만날 수 있다. 야외에 아담한 마당이 있는 것도 이 카페가 가지고 있는 매력인데 날씨가 따뜻한 날이면 책 한 권과 함께 마당에서 커피 한 잔의 여유를 즐겨도 좋을 것 같다.

토키야

서울특별시 마포구 동교로34길 21 ☎ 02-6465-0715
🚇 2호선 · 경의중앙선 · 공항철도 홍대입구역 3번 출구 → 도보 10분
🕐 11:30-22:00

연남동에서는 경의선숲길과 동진시장 사이 골목골목마다 숨은 식당과 카페를 찾는 재미가 있다. 토키야 역시 큰길에서 안쪽으로 들어와 작은 골목을 걷다 보면 만날 수 있는 가게로 입구에 노란색 자전거가 눈에 띄는 일본 가정식 돈가스 전문점이다. 고기의 신

선도를 유지하기 위해 주문 즉시 빵가루를 갈아 튀김옷을 입히는데 바삭함과 함께 부드럽고 두툼한 고기가 특히 인상적이다.

05 VERS GARDEN

서울특별시 마포구 동교로41길 10　☎ 02-3144-1888
🚇 2호선 · 경의중앙선 · 공항철도 홍대입구역 3번 출구 → 도보 12분
🕛 12:00-22:00

VERSGARDEN은 연남동에 있는 플라워 카페이다. 입구에서부터 식물로 둘러싸인 가게 외관이 시선을 끄는데, 카페 내부로 들어가면 개성 넘치는 소품과 가게 내부를 가득 메운 식물과 꽃들로 가득 차 있다. 자연 친화적인 분위기도 흐르고 작은 식물원에 온 것 같은 느낌도 든다. 이런 인테리어 덕에 꽃향기 가득한 카페 내부 곳곳은 포토존이 된다. 주문한 음료에는 종류에 따라서 단맛이 나는 허브 잎을 꽂아주거나 꽃잎을 음료에 띄워주는 것도 독특하다.

경의선숲길
(연트럴파크)

🚇 2호선 · 경의중앙선 · 공항철도 3번 출구

경의선숲길 중에서도 홍대입구역 3번 출구에서 가좌동 방향으로 가는 이곳을 연트럴파크라고 부른다. 경의중앙선과 공항철도가 지나는 이 구간은 용산선이라는 기찻길이 지나던 곳이다. 지금의 경의선은 1921년에 개통되어 서울역에서 지상 신촌역을 지나 문산으로 향하는 노선이고, 1905년부터 1921년까지는 용산선, 즉 용산역에서부터 공덕을 지나 가좌역으로 합류하는 노선이 경의선의 본선으로 활용되기도 하였다. 이러한 역사성을 살려 용산선 부지에 만들어진 공원의 이름은 '경의선숲길'이 되었다. 다른 경의선 숲길 구간은 산책하러 나온 사람들, 혹은 잠시 쉬러 나온 직장인들의 모습을 볼 수 있다. 홍대 번화가와 가까운 연트럴파크는 돗자리를 깔고 소풍 나온 사람들을 많이 볼 수 있다.

경의선 책거리

서울특별시 마포구 와우산로35길 50-4 ☎ 02-324-6200
2호선 · 경의중앙선 · 공항철도 6번 출구
11:00-20:00(월요일 휴무)

왼쪽 위 경의선 책거리   오른쪽 위 경의선 책거리 옛 서강역사를 재현해놓은 작은 플랫폼

경의선 책거리는 옌트럴파크에서 길을 건너 홍대입구역 6번 출구 쪽에 있다. 이곳에서부터 와우고가차도를 지나 땡땡거리에 이르기까지 공원을 따라 작은 가게들이 옹기종기 모여 있는 것을 볼 수 있다. 각 가게에는 예술산책, 인문산책, 여행산책 등의 이름을 가지고 있으며 주제별 책들을 판매하고 있다. 산책을 즐기며 관심있는 책 가게에 방문해서 잠시나마 독서의 시간을 즐기고 원하는 책을 구매할 수도 있다. 와우고가차도 아래에는 이곳 근처에 있었던 옛 서강역사를 재현해놓은 작은 플랫폼을 볼 수 있다. 이곳은 과거에는 '땡땡거리'라는 이름이 붙어있는데 기찻길에 기차가 지날 무렵이 되면 차단기가 내려오고, 땡땡 소리가 울린다고 하여 생긴 별칭이다. 기찻길이 사라지고 공원이 생겼지만, 옛 건널목의 모습이 그대로 남아 땡땡거리의 추억을 불러일으키고 있다.

땡땡거리

서교 365

홍대입구역 근처에는 옛날에 기찻길이 다녔던 흔적이 희미하게 남아있는 곳이 있다. 지금은 홍대 번화가로 수많은 가게가 있고 길거리 공연이 열리기도 하는 '어울마당로'는 원래 당인리선이라는 기차가 다니던 기찻길이었다. 당인리선은 용산선에서 분리되어 당인리 발전소까지 가는 기찻길로, 당인리 발전소에서 나오는 무연탄을 수송하는 역할을 했었다. 1975년에 여객취급이 중단되고 1982년에 당인리선이 폐지되면서 그 공간은 가게와 주차장들이 들어섰다.

당인리선이 없어진지 수많은 세월이 지났지만 독특한 건물 형태가 기찻길의 흔적을 보여주고 있다. 바로 '서교 365'라고도 불리는 곳인데 서교동 365번지 일대에 가늘고 길게 늘어진 건물을 일컫는 말이다. 당인리선이 있던 시절에는 굳이 철도가 있던 곳으로는 출구를 내지 않았으나 당인리선이 있던 곳이 주차장으로 활용되면서 넓은 길이 생기자 하나둘 주차장길 쪽으로도 출구를 내게 되어 지금과 같은 건물 모습이 되었다.

골목여행
02

맛과 여유로움 가득한 곳, 공덕동

연남동을 지난 경의선숲길은 대흥동을 지나 공덕동으로 이어진다. 공덕오거리는 마포대로와 백범로 그리고 만리재로가 만나는 곳이다. 특히 마포대로 쪽으로는 고층 빌딩들이 즐비한 곳인데, 마포도로는 과거에는 김포공항으로 입국한 귀빈들이 서울 시내로 들어오면서 여의도를 지나 이곳을 지났다고 하여 '귀빈로'라는 별칭이 붙었던 곳이다. 공덕동은 족발골목과 전골목이 유명하다.

01 경의선숲길
(공덕동 구간)

 경의선숲길은 대흥역(3, 4번 출구), 공덕역(1, 8, 9, 10번 출구), 효창공원앞역(3~6번 출구)로 나오면 찾아갈 수 있다.

경의선숲길은 그 길이가 상당히 긴 편이기 때문에 갈 수 있는 전철역들이 많다. 공덕역 사거리에는 10여 년 전까지만 하더라도 넓은 마포대로를 가로지르는 용산선 철교가 하나 놓여있었다. 지금은 그 흔적이 사라졌고 그 자리에 산책길이 하나 놓여 기차 대신 사람들이 그 자리를 대신하고 있다. 경의선숲길은 가좌동에서부터 효창공원 앞까지 계속 길게 이어진다. 홍대입구역 주변의 연트럴파크에 비해 이곳은 여유롭고 조용한 산책을

즐기기 좋은 공간이다. 산책로를 걸으며 그 주변 여행지를 같이 곁들여 방문하면 더 좋다.

02 공덕동 족발골목

🚇 5호선 · 6호선 · 공항철도 · 경의중앙선 공덕역 5번 출구, 도보 5분

공덕동 족발골목은 공덕역 5번 출구, 공덕시장 쪽에 있다. 공덕시장 한쪽에서 조그맣게 시작된 식당들이 커져 지금처럼 하나의 족발골목을 만들어냈다. 공덕동 족발골목은 족발과 함께 순대, 순대국이 제공되는데, 특히 족발과 함께 제공되는 순대와 순대국은 원한다면 계속해서 먹을 수 있다. 오랜 역사를 간직하고 있는 골목답게 단골손님들로 보이는 나이 드신 사람들도 많이 보이고 저녁시간이 되면 주변 직장인들이 모여들어 족발골목 내 가게들은 사람들로 문전성시를 이룬다.

마포 전골목

🚇 5호선 · 6호선 · 공항철도 · 경의중앙선 공덕역 5번 출구, 도보 5분

공덕동 족발골목 바로 옆에는 마포 전골목이 있다. 이곳이 특히 유명해진 것은 한 오락프로그램에 방영되면서부터였는데, 족발골목만큼 많은 전집들이 골목을 가득 채우고 있다. 골목으로 들어서면 김말이를 비롯하여 흔히 알고 있는 튀김류에서부터 다양한 전, 부침개들을 볼 수 있다. 종류도 다양하고 이름도 다양한 마포 전골목은 마치 뷔페처럼 내가 원하는 튀김이나 전들을 담고 한꺼번에 계산을 하는 방식으로 특이하다.

프린츠
(도화점)

서울특별시 마포구 새창로2길 17 ☎ 02-3275-2045
🚇 5호선 · 6호선 · 공항철도 · 경의중앙선 공덕역 8, 9번 출구, 도보 7분
🕐 평일 08:00-23:00(주말 10:00-23:00)

고층 빌딩들이 많고 회사가 많은 공덕동의 전체적인 분위기와 상반된 빈티지한 매력이 흐르는 카페가 하나 있다. 카페 프릳츠 안으로 들어오면 아늑한 분위기의 작은 정원이 보인다. 카페 내부에는 세월의 흔적이 느껴지는 복고풍의 분위기가 곳곳에 고스란히 남아있다. 2층으로 올라오면 야외 테라스에서도 커피를 즐길 수 있다. 프릳츠는 카페와 함께 빵과 커피원두, 티백커피 등도 판매하고 있다.

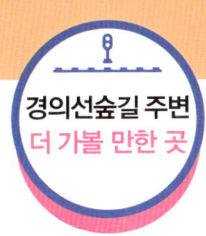

경의선숲길 주변 더 가볼 만한 곳

05 효창공원

서울특별시 용산구 효창원로 177-18
🚇 6호선 · 경의중앙선 효창공원앞역 1번 출구, 도보 10분
🕐 연중무휴

효창공원은 정조의 첫째 아들과 그의 어머니인 의빈 성씨의 능이 있던 곳으로, 과거의 명칭은 효창원이었지만 일제시대 두 무덤은 강제 이장당하고 이름도 효창공원으로 변경되어 지금에 이르렀다. 효창공원에는 김구를 비롯하여 임시정부 요인의 묘지가 있으며, 백범기념관과 효창공원 의열사 등도 볼 수 있다. 효창공원 바로 옆에는 우리나라 최초의 축구전용 운동장인 효창운동장이 있다.

왼쪽 · 오른쪽 위 효창공원
아래 효창운동장

06 열정도
🚇 1호선 남영역 1번 출구, 도보 10분

열정도는 가좌동에서부터 시작한 경의선숲길의 끝으로 용산구 원효로 쪽에 자리 잡은 음식점 골목이다. 주상복합아파트들 사이에 섬처럼 시간이 멈춘 듯 허름한 골목이지만, 골목골목마다 들어선 상점들의 분위기가 예사롭지 않다. 이곳에 많은 먹거리 가게들이 들어선 것은 2014년의 일로, 폐업한 인쇄소 자리에 주변 분위기를 그대로 살리면서 개성 넘치는 간판과 인테리어로 꾸민 가게들이 하나둘 들어온 것이 시작이었다. 열정도고기집, 열정도쭈꾸미 등 다양한 종류의 음식점이 있는데 벼룩시장과 다양한 공연이 열리는 열정도 야시장도 빼놓을 수 없는 볼거리이다.

골목여행
03

주택가 속
핫 플레이스
찾기,
망원동

최근 망원역 2번 출구에서부터 망원시장 부근까지 망원동이 새로운 핫플레이스로 뜨고 있다. 용산의 '경리단길'을 빗대어 '망리단길'이라는 이름이 생겨났고 망원동 골목길에는 개성 넘치는 가게들이 하나둘 생기고 있다. 망원역 2번 출구로 나와 망원정 방면으로 향하는 길(월드컵로13길)을 따라 조금 들어가면 망원시장이 보이고, 조금 더 들어가면 포은로와 만나는 작은 사거리가 나온다. 망원동의 가게들은 망원역 2번 출구에서부터 포은로를 중심으로 그 주변의 골목 사이사이에 숨어있다.

 망원시장

🚇 6호선 망원역 2번 출구 나와 도보 5분 거리

망원시장

망원동 골목여행의 중심부에 자리 잡은 전통시장인 망원시장은 시설 개선이 이뤄져 깔끔한 아케이드와 시장거리가 인상적이다. 또 소액이라도 카드로 결제할 수 있어 전통시장의 불편한 점을 많이 개선하였다. 전통시장에서는 무엇보다 저렴한 가격으로 즐길 수 있는 먹거리가 정말 많다. 특히 방송을 통해서 소개된 '원당수제고로케'는 줄을 서서 먹을 정도로 인기가 높다. 약 200m 정도 되는 망원시장을 지나면 길을 건너 망원동 월드컵시장으로 이어진다.

카페부부

서울특별시 마포구 월드컵로15길 27 ☎ 070-4257-8080
🚇 6호선 망원역 2번 출구 → 도보 약 5분
🕒 11:30-22:00

'카페부부'는 가정집을 개조하여 카페로 만든 곳이다. 입구로 들어가니 주택이었던 시절에는 정원으로 사용되었던 공간을 그대로 활용하여 야외 테이블로 꾸몄다. 날씨가 좋은 날이면 야외에서 커피를 마셔도 좋을 것 같다. 예전에 거실이나 방으로 사용했던 곳은 각각 독특한 카페공간이 되었다. 특히 2층에서 카페 앞마당이 내려다보이는 공간은 창가에서 불어오는 바람이 제법 시원하다.

카페부부

서북권

03
ZAPANGI

서울특별시 마포구 망원동 월드컵로13길 83
☎ 02-325-8185
🕐 11:00-23:00

망원동 거리를 걷다 보니 자판기 하나가 세워져 있는 것이 눈에 띈다. 음료를 뽑아 마시는 자판기가 아니라 카페의 출입문이다. 카페의 이름도 그래서 ZAPANGI. 이런 독특한 특징 덕에 외관부터 사람들의 시선을 끈다. 출입문이기도 한 자판기를 열고 가게 내부로 들어가면 흔히 카페에서 보던 테이블이 없는 것도 독특하다. 자판기라는 카페 이름답게 메뉴 역시 블랙커피, 밀크커피 등으로 구성되어 있다.

04 주오일식당

서울특별시 마포구 포은로 89 ☎ 070-8690-0511
🕐 11:30-20:30(Break Time 14:00-17:50, 일요일, 월요일 휴무)

이름 그대로 이곳은 주 5일만 운영을 하는 식당이다. 일요일과 월요일은 영업을 하지 않고, 화요일에서부터 토요일까지 이렇게 단 5일만 문을 연다. 방송을 통해 알려지면서 작은 공간이지만 많은 사람들이 찾아와 줄을 서서 기다릴 정도로 인기가 좋은 맛집이다. 메뉴는 버터치킨커리, 소고기가지덮밥, 미트볼카레그라탕 등이 있으며, 점심 메뉴와 저녁 메뉴는 약간의 차이가 있다.

주오일식당 소고기가지덮밥

05 817 Workshop

서울특별시 마포구 포은로 83 ☎ 02-702-1733
🕐 12:00-22:30

817Workshop은 망원시장을 지나 포은로에 있는 카페이다. 1층은 주문 공간 겸 테라스로 사용되고 있고, 2층에는 실내공간이 있다. 이 카페의 가장 큰 특징은 6층에 야외 테라스가 있다는 점이다. 중간 층은 가정집으로 사용하고 있어서 조심스레 계단을 통해 6층으로 올라가면 아담하게 잘 꾸며진 외부 공간이 나오는데 망원동 주택가의 모습이 한눈에 들어올 정도로 전망이 좋다.

06 스뭇스

서울특별시 마포구 희우정로16길 23 ☎ 02-338-8297
🚇 6호선 망원역 2번 출구 → 도보 약 10분
🕐 11:00-21:00 (Break Time 15:00-17:00), 월요일 휴무

가정집을 개조하여 만든 스뭇스

망원동의 맛집과 카페들은 가정집을 개조하여 만든 곳들이 많다. '스뭇스'는 가정집을 개조하면서 담장을 헌 넓은 마당이 있으며 아늑한 느낌의 내부가 특징인 죽집이다. 죽집 하면 전복죽이나 호박죽 등의 메뉴가 생각나는데 이곳의 메뉴는 노랑죽, 연두죽, 미트볼죽처럼 낯선 이름의 메뉴가 돋보인다. 독특한 메뉴만큼 다양한 재료가 들어가 다른 죽집에서는 느낄 수 없는 다양한 맛을 느낄 수 있는 것이다.

망원정

서울특별시 마포구 동교로8안길 23   ☎ 02-3153-8350
🚇 6호선 망원역 2번 출구 나와 도보 15분 거리

망원동의 끝은 한강과 바로 연결되어 있다. 이곳에 망원정이라는 정자가 세워져 있다. 망원정은 임금이 매년 봄가을에 농사일을 살피고 수전을 관람하기 위하여 행차했을 때 사용했던 곳이라고 하는데, 세종의 형인 효령대군이 이 정자를 지었다고 전해진다. 1425년(세종 7)에 임금이 농사 형편을 살피기 위해 왔을 때 때마침 내린 소나기로 들판이 촉촉이 젖은 것을 보고 임금은 '기쁜 비를 만난 정자'라는 뜻의 '희우정'이라는 이름을 지었는데, 그 후 성종의 형인 월산대군이 이 정자를 물려받아 고쳐 짓고 이름을 망원정으로 바꾸었다. 건물의 바깥쪽에는 망원정이라고 쓴 현판을 달았고 그 안쪽에는 희우정이라는 현판이 달려 있다. 망원정에서 바라보면 강변북로가 앞으로 위치하고 있고 그 뒤로 한강이 유유히 흐르고 있다.

골목여행
04
청정 자연과 한옥의 만남, 진관동

은평구 진관동은 경기도 고양시와 경계를 접하고 있으며 서울에서 경기도로 넘어가기 직전에 있는 곳이다. 최근 이 지역은 대단위 아파트 단지가 들어서 그 모습이 몇 년 사이 크게 바뀐 곳이기도 하다. 연신내역에서 진관동으로 향하는 버스를 타면 대단위 아파트 단지를 지나 북한산 자락 아래 한옥들이 모여 있는 정감 가는 동네를 만난다. 바로 진관사로 가는 길에 자리 잡은 은평한옥마을이다.

주변 여행지 진관동 은평한옥마을을 지나면 북한산 산책로(둘레길 9구간)과 이어진다.

01 은평 한옥마을

🚇 3 · 6호선 연신내역 3번 출구 → 701, 7211번 환승하여 하나고 · 삼천사 · 진관사입구 하차

은평한옥마을은 지금도 곳곳에 한옥들이 들어서고 있는 현재진행형의 한옥마을이다. 전통한옥의 장점과 현대건축의 장점을 섞은 일종의 퓨전 한옥마을이라 볼 수 있다. 그러나 한옥이 가지는 정겨움을 여전히 느낄 수 있고 북한산 자락에 있어 때 묻지 않은 맑은 자연과도 가깝다. 은평한옥마을에는 한옥마을의 전경을 볼 수 있는 카페와 식당 그리고 은평구의 역사에 대하여 알아볼 수 있는 은평역사한옥박물관, 셋이서문학관 등이

있으며, 한옥마을에서 걸어서 10분 거리에 진관사가 있다.

02 셋이서문학관

서울특별시 은평구 진관길 23   ☎ 02-355-5800
🕘 9:00-18:00(매주 월요일, 1월 1일, 설날, 추석 연휴 휴관)
관람료 무료

은평한옥마을에서 진관사로 향하는 길목에 '셋이서문학관'이라는 독특한 간판을 하고 있는 한옥건물이 눈에 띈다. 셋이서문학관은 은평한옥체험관으로 사용되던 건물을 리모델링하여 조성한 전시공간으로 천상병, 중광, 이외수 세 작가의 작품을 살펴볼 수 있는 문화체험의 공간이다. 총 2층으로 구성되어 있는데, 마당을 통하여 1층으로 들어오면 북카페가 있고, 2층으로 올라가면 천상병 시인의 방, 이외수 작가의 방, 중광스님의 방으로 구성되어 있다. 아담한 한옥에서 문학과 함께하는 산책과 편안한 휴식을 취하기 좋은 공간이다.

03 은평역사한옥박물관

서울시 은평구 연서로50길 8 ☎ 02-351-8523
🕘 9:00-18:00 (매주 월요일, 1월 1일, 설날, 추석 연휴 휴관)
관람료 성인 1,000원, 어린이 500원

은평역사한옥박물관은 은평구에 대하여 알아볼 수 있는 '은평역사실', 과학적인 우리 한옥에 대하여 살펴볼 수 있는 '한옥전시실'로 구성되어 있다. 은평역사한옥박물관의 '은평역사실'은 은평구의 역사를 살펴보고 은평뉴타운의 개발과 함께 발굴된 유물을 살펴볼 수 있는 공간이다. '한옥전시실'에서는 한옥이 지어지는 과정 그리고 자연과 조화를 이루고 있는 한옥에 대하여 살펴볼 수 있고, 아시아의 전통가옥과 우리나라 한옥의 비교를 통해 우리 한옥의 우수성에 대하여도 살펴볼 수 있다.

1인1잔

서울특별시 은평구 연서로 534 ☎ 02-355-1111
🕐 10:30-22:00(월요일 휴무)

은평역사한옥박물관 옆에는 카페 '1인1잔'과 식당 '1인1상'이 있다. 이 중에서 1층과 2층은 카페로 4층은 '1인1상'이라는 식당으로 사용되고 있다. 은평한옥마을의 전경이 한눈에 들어와 카페에서 바라보는 전망이 제법 시원하다. 특히 날씨가 좋은 날에는 푸른 하늘과 북한산의 산세가 이루어진 아름다운 서울의 풍경이 그림처럼 펼쳐진다. 한옥마을에 있는 카페답게 내부의 인테리어 역시 독특하다. 테이블마다 놓인 소반에 놓고 마시는 커피 한 잔은 더 특별하다.

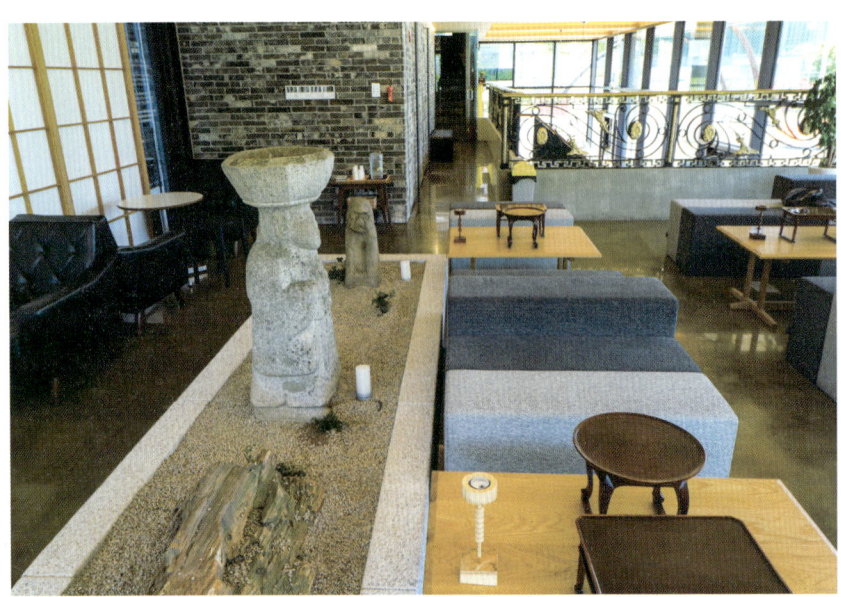

진관사

서울특별시 은평구 진관길 73 진관사 ☎ 02-359-8410
🚇 3·6호선 연신내역 3번 출구 → 701, 7211번 환승하여 하나고·삼천사·진관사입구 하차, 도보 15분

은평한옥마을에서 산책길을 따라서 10분 정도를 걸으면 진관사에 갈 수 있다. 진관사는 고려 제8대 현종 원년인 1010년에 현종이 진관대사를 위해 창건하였다고 전해진다. 조선시대로 넘어와 세종 때에는 집현전 학사들을 위한 독서당을 세우기도 하였다. 6·25 전쟁으로 많은 전각들이 소실되기도 하였지만, 이후 다시 복원하여 지금의 모습을 갖추고 있다. 진관사로 오르는 산책길에 적힌 '마음의 정원'이라는 글귀가 와 닿는다. 종교를 떠나 진관사는 산을 오르는 사람들 모두에게 편안한 쉼터와 같은 기분을 준다. 특히 진관사로 오르는 산책길은 맑고 때 묻지 않은 자연도 온전히 느낄 수 있어 산뜻하고 가벼운 발걸음으로 오르도록 자연스레 진관사로 이끈다.

도보여행
05
누구나 쉽게 걷는 푸른 산책길, **안산 자락길**

서울 안산은 무악재와 서대문구 연희동 사이에 위치한 해발고도 295.6m의 산이다. 높이는 높지 않지만 정상부인 봉수대에 오르면 서울 도심의 전체적인 모습이 눈에 들어온다. 정상으로 올라가지 않아도 안산 자락길을 따라 곳곳에 전망대가 설치되어 있어 멋진 풍경과 어우러진 산책을 즐길 수 있다. 또 봄에 서대문구청 뒤편의 산책로는 벚꽃이 흐드러지게 피기 때문에 봄 벚꽃 명소로도 유명세를 떨치고 있는 곳이기도 하다.

🚇 ❶ 3호선 독립문역 5번 출구 → 도보 10분 거리 서대문구의회 방면 산책길 이용
❷ 2호선 신촌역 6번 출구 → 110A 환승하여 서대문구청 하차

주변 여행지 안산 자락길 산책로는 서대문형무소역사관 뒤편으로 바로 이어져 서대문형무소역사관과 서대문독립공원(314쪽)을 같이 구경할 수 있다.

안산 자락길 무장애탐방로

안산 자락길을 올라가는 길이 많지만 3호선 독립문역에서 출발하는 방법이 일반적이다. 서대문 독립공원을 지나 본격적인 안산 자락길이 시작된다. 이곳을 출발하여 다시 출발점으로 되돌아오는데 거리가 약 7km 정도에 달한다. 계단이나 가파른 길이 없고 완만한 길로 이어지는 탐방로이기 때문에 남녀노소 누구나 쉽게 안산 자락길을 산책할 수 있다. 안산 자락길을 걷다 보면 곳곳에 전망대 겸 쉼터가 있다. 서대문구 홍제동, 무악동 등 주변의 모습이 한눈에 들어오고 서대문형무소 등 주변의 여행지들도 볼 수 있다.

안산 자락길을 걷다가 중간 즈음에 난 샛길을 따라 올라가면 울창한 메타세쿼이아 숲길을 볼 수 있다. 메타세쿼이아길은 보통 쭉 뻗은 도로를 따라 가로수길에서 많이 볼 수 있는데, 안산에서 볼 수 있는 메타세쿼이아 나무는 길고 곧게 뻗은 나무가 울창한 숲을 이루고 있어 색다른 느낌을 준다.

왼쪽 위 안산 자락길은 무장애 탐방로로 누구나 쉽게 산책할 수 있다.
오른쪽 위 안산 자락길은 화살표를 따라 7km 남짓의 순환하는 코스이다.
오른쪽 아래 안산 자락길의 메타세쿼이아숲

전망대에서는 안산을 중심으로 한 서울 시내의 모습이 한눈에 내려다보인다.

안산 벚꽃길

서울에서 벚꽃을 구경할 수 있는 대표적인 명소는 여의도, 석촌호수 등이 있는데 서대문구 안산 역시 서울에서 벚꽃 구경하기 좋은 숨은 명소이다. 벚꽃이 피어나는 4월 무렵이 되면 안산 자락길은 울창한 벚꽃이 봄이 오는 소식을 누구보다 더 빠르게, 더 풍성하게 알려준다. 안산에서 벚꽃이 흐드러지게 피는 곳은 서대문구청 뒤편으로 나 있는 산책로를 따라 조금만 올라가면 보인다.

서대문구청 뒤편에는 매년 봄 벚꽃이 흐드러지게 핀다.

공원
06
억새의 물결을 느낄 수 있는 하늘공원

상암동 월드컵경기장 주변의 '난지도'는 원래 한강변에 있던 평지였다고 한다. 이곳이 1978년 서울의 공식 쓰레기 매립지가 되어 1993년에 폐쇄될 때까지 해발 90여m에 이르는 거대한 쓰레기 산이었다. 지금과 같이 공원이 된 것은 상암동에 월드컵경기장을 건설하게 되면서 그 주변의 환경을 개선하기 위한 움직임 때문이다. 지금은 평화의 공원에서부터 난지한강공원까지 총 5개의 공원으로 이루어져 있다. 이 중에서도 하늘공원은 매년 가을 찾아가면 억새의 물결을 볼 수 있다.

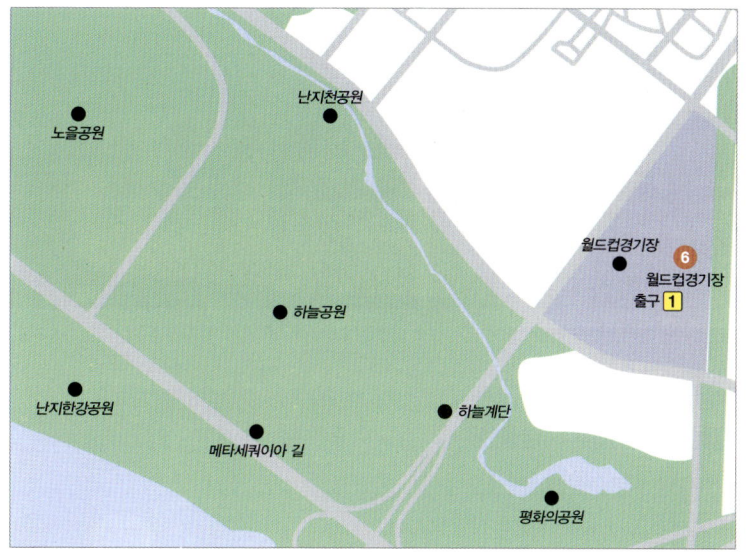

서울특별시 마포구 하늘공원로 95　☎ 02-300-5501
🚇 6호선 월드컵경기장역 1번 출구 → 도보 약 15분
🕐 일몰 시간을 고려하여 월별로 탄력 운영

하늘공원 정상까지 오르는 방법

하늘공원 정상으로 오르는 방법은 크게 2가지가 있다. 첫 번째는 약 300개의 계단을 올라가는 방법이다. 조금씩 계단을 오르면서 보이기 시작하는 월드컵경기장과 그 주변의 모습을 감상할 수 있다. 보다 편하게 올라가고 싶다면 맹꽁이 전기차를 이용해보는 것도 한 방법이다. 맹꽁이 전기차는 왕복 3,000원(편도 2,000원)의 가격으로 하늘공원 정상까지 바로 갈 수 있다.

하늘공원에서 바라본
월드컵경기장과 월드컵공원

왼쪽 맹꽁이 전기차

오른쪽 하늘공원까지 걸어 올라갈 수 있는 365개의 계단

억새의 물결을 볼 수 있는 하늘공원

하늘공원에 오르면 본격적인 억새들로 공원 전체가 뒤덮여 장관을 연출한다. 보통 9월 말에서부터 10월 이곳을 찾으면 절정에 이른 억새의 물결을 볼 수 있는데, 중간중간의 전망대에 올라 하늘공원의 전체적인 모습을 감상해보는 것도 좋다. 하늘공원 한복판에 공원의 상징과도 같은 전망대가 있다. 억새로 가득한 하늘공원의 정상부는 평지형태를 띠고 있기 때문에 여기에 올라가면 하늘공원의 전체적인 모습이 눈에 들어온다.

매년 10월경 하늘공원은 억새가 장관을 이룬다.

하늘공원에서 바라본 모습들

하늘공원의 가장자리를 따라 전망대가 마련되어 있어 이곳에서도 한강과 서울의 풍경을 구경할 수 있다. 성산대교에서부터 여의도 일대까지 그리고 반대편으로는 가양대교와 서울 강서, 양천구의 모습까지 눈에 들어온다. 또 상암동 디지털미디어시티의 건물들 그리고 서울 도심의 빌딩들도 볼 수 있다. 하늘공원은 공원 안정화 작업과 야간 동식물 보호 차원에서 일몰 이후에는 개방을 하지 않지만 억새축제가 열리는 기간에만 특별히 야간 개방을 하고 있다.

하늘공원에 오르면
성산대교 주변의 모습에서부터
가양대교까지 한강이 한눈에 들어온다.

하늘공원 메타세쿼이아길

하늘공원 메타세쿼이아길은 하늘공원 정상부로 올라가는 길 옆으로 난 길을 따라 10분 정도만 걸어가면 볼 수 있다. 하늘공원 메타세쿼이아길은 곧게 뻗은 울창한 나무 덕에 푸른 녹음이 우거져 편안히 산책을 즐길 수 있다. 봄에서부터 여름철까지는 이렇게 푸릇푸릇한 나뭇잎을 볼 수 있고, 가을 단풍철에 찾으면 붉게 물든 메타세쿼이아 나무를 볼 수 있다. 가을에 단풍이 들고 금세 떨어지는데, 그 시기를 잘 맞춰 하늘공원 메타세쿼이아길을 방문한다면 색다른 기분을 느낄 수 있다.

하늘공원 메타세쿼이아길

공원
07
일제강점기 아픈 역사가 있는 곳, 서대문 독립공원

연대 앞에서 서울 도심으로 향하는 성산로를 지나가다 보면 고가도로 옆으로 독립문과 그 주변 서대문 독립공원의 모습이 눈에 들어온다. 일제강점기를 지나 1945년 광복 전까지 수많은 애국지사가 수감되었던 서대문형무소를 비롯하여 사대주의의 상징이었던 영은문을 헐고 그 자리에 들어선 독립문까지 근대사의 아픈 역사를 들여다볼 수 있는 공간이다.

01 서대문 독립공원

서울특별시 서대문구 통일로 247 ☎ 02-364-4686
🚇 3호선 독립문역 4번 출구 이용

3호선 독립문역 4번 출구로 바로 나오면 바로 독립문을 볼 수 있다. '독립문'이라는 이름을 보면 일제강점기 일본에 대항하기 위하여 세워진 것이라 착각하기 쉬운데 사실은 청나라로부터의 독립을 의미하는 것이다. 독립문은 독립협회의 주관으로 지어졌으며 중국 명나라 사신을 맞이하는 모화관 앞에 세워진 영은문을 헐고, 1897년 그 자리에 세운 것이다. 독립문은 1970년에 성산로 길을 내기 위해 본래의 위치에서 북서쪽으로 이전되어 지금 위치로 옮겨졌고, 서대문독립공원은 독립문을 중심으로 조성되어 있다. 독립문 바로 앞에는 두 개의 돌기둥을 볼 수 있는데, 영은문을 받치고 있던 주춧돌을 남겨둔 모습이다. 독립문 주변에는 서재필동상, 3·1독립선언기념탑, 순국선열추념탑이 있다.

왼쪽 위 서대문독립공원에서 보이는 독립문
오른쪽 위 3·1독립선언기념탑
오른쪽 아래 서재필동상

02 서대문형무소 역사관

서울특별시 서대문구 통일로 251 ☎ 02-360-8590
3호선 독립문역 5번 출구 이용 → 도보 약 5분
3월~10월 9:30-18:00, 11월~2월 9:30-17:00(매주 월요일, 1월 1일, 설날, 추석 당일 휴관)

관람료 성인 3,000원, 학생 1,500원, 어린이 1,000원

일제강점기 아픈 역사를 간직하고 있는 서대문형무소역사관 입구

독립문을 지나면 서대문형무소역사관을 볼 수 있다. 서대문형무소는 1908년 경성감옥이라는 이름으로 을사조약 이후 대한제국 한성부에 설치한 관청인 한국통감부의 주도로 만들어졌다. 경성감옥의 건설 목적은 식민통치에 저항하는 조선인 애국지사나 조선인 범죄자를 투옥하기 위한 목적으로 지어졌는데, 3·1운동 당시 유관순과 민족대표 33인이 투옥된 것을 비롯하여 수많은 애국지사가 투옥된 곳이기도 하다.

경성감옥이 지금의 서대문 형무소라는 이름으로 바뀐 것은 1923년의 일이며 광복 이후부터 1987년까지도 서울형무소, 서울구치소 등으로 이름을 바꾸며 계속 사용되어오다가 지금은 의왕으로 옮긴 상태이다. 2009년 독립문에서부터 서대문형무소역사관까지 '서대문독립공원'으로 재단장되었으며 이와 함께 독립문이 본격적으로 시민들에게 개방되었다.

고문을 당하는 참혹한 모습이 어떠하였을지 생각하게 해주는 전시관

옥사 복도의 모습

붉은 벽돌로 쌓은 높은 벽 그리고 그 안으로 서대문형무소 내부 건물들이 눈에 들어온다. 높은 망루가 보이는 곳이 서대문형무소역사관의 정문이다. 입장권을 구매하고 내부로 들어서면 정면으로 보안과 청사로 사용되었던 전시관을 볼 수 있는데, 서대문형무소가 만들어진 과정과 애국지사를 고문하던 그 모습을 재현해 놓은 공간을 볼 수 있다. 일제강점기 때 사용한 잔혹했던 고문 도구와 그 장면을 보며 그 당시 이곳에서 벌어졌을 참혹한 장면을 생각해볼 수 있다. 전시관을 나오면 중앙사 건물이 보이고 중앙사 건물을 중심으로 옥사 건물이 부채꼴 모양으로 배치되어 있다. 서대문형무소 건물들에서 떨어진 곳에 이곳에 투옥된 애국지사들이 사형당한 사형장 그리고 통곡의 미루나무를 살펴볼 수 있다. 높은 담장에 갇혀 말할 수 없는 힘든 세월을 보내야만 했던 애국지사의 고통을 생각해볼 수 있는 공간이다.

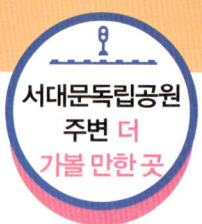

서대문독립공원 주변 더 가볼 만한 곳

03 달인꽈배기

서울특별시 서대문구 영천시장길 4 ☎ 02-313-5419
🕐 7:00-15:30(소진시 종료, 토요일 오전만 영업, 일요일 휴무)

영천시장 입구 달인꽈배기

서대문독립공원에서 길을 건너면 영천시장을 볼 수 있다. 현대적인 시설로 개선되어 깔끔한 영천시장은 독립문과 가까이 있어서 그런지 시장 입구도 독립문과 비슷한 인테리어로 꾸민 것이 독특하다. 영천시장 입구는 특히 유명한 맛집인 달인꽈배기가 있다. 가게 내부에는 꽈배기를 반죽하고 튀기는 분주한 움직임이 이어진다. 달인꽈배기의 메뉴는 꽈배기, 찹쌀도넛과 팥도넛 세 가지인데 저렴한 가격에 구매할 수 있는 것도 이 가게의 장점이다.

영천시장

동남권 (강동/송파/강남/서초)

각 노선별 명소 모음

2호선

- **잠실**
  - 08 석촌호수 · 서울스카이
- **삼성**
  - 04 코엑스
- **선릉**
  - 04 선릉과 정릉
- **서초**
  - 03 서리풀길

3호선

- **고속터미널**
  - 03 서리풀길
  - 07 반포한강공원
- **도곡**
  - 06 양재천

5호선

- **천호**
  - 01 광진교8번가 · 천호동 냉면거리
  - 02 풍납토성
- **강동**
  - 01 강풀만화거리 · 일자산 허브천문공원 · 길동생태공원
- **올림픽공원**
  - 05 올림픽공원
- **방이**
  - 02 방이동고분군

7호선

- **고속터미널**
  - 03 서리풀길
  - 07 반포한강공원

8호선

- **암사**
  - 02 암사동 선사유적지
- **천호**
  - 01 광진교8번가 · 천호동 냉면거리
  - 02 풍납토성
- **강동구청**
  - 02 풍납토성 경당지구 · 성밖우물지
- **몽촌토성**
  - 05 올림픽공원
- **잠실**
  - 08 석촌호수 · 서울스카이
- **석촌**
  - 02 석촌동고분군

9호선

- **고속터미널**
  - 03 서리풀길
  - 07 반포한강공원
- **봉은사**
  - 04 봉은사 · 코엑스

분당선

- **선정릉**
  - 04 선릉과 정릉
- **도곡**
  - 06 양재천

신분당선

- **양재시민의숲**
  - 06 양재시민의숲

골목여행
01
개성 넘치는 공간 찾기,
천호·성내동

서울에서 가장 동쪽에 자리 잡고 있는 강동구는 하남시와 접하고 있는 곳으로 평범해 보이는 풍경과는 달리 선사시대에서부터 백제시대까지의 유적이 많고, 강동구의 끄트머리에는 녹색 숲길도 자리 잡고 있다. 입장 인원을 제한하는 길동생태공원, 천문과 허브를 주제로 하고 있는 일자산 허브천문공원에서는 때 묻지 않은 자연과 조용한 분위기를 보여준다. 그 외 5호선 전철을 따라 웹툰을 주제로 한 특별한 벽화골목인 강풀만화거리, 한강다리 밑에 놓인 독특한 전망카페, 광진교 8번가 등 강동구에는 특별한 여행지들이 숨어있다.

> **TIP** 대부분의 여행지들이 천호역과 강동역 주변에 있으며, 길동생태공원과 일자산 허브천문공원은 강동역에서 버스로 환승하여 가는 것이 좋다.

01 길동 생태공원

서울특별시 강동구 천호대로 1291 ☎ 02-472-2770
🚇 5호선 강동역 4번 출구 → 342번 환승하여 길동자연생태공원 하차
🕐 3월~10월 10:00-17:00, 11월~2월 10:00-16:00(월요일 휴관, 인터넷, 모바일을 통해 사전 예약 필수)
관람료 무료

길동생태공원은 천호대로를 따라 강동구에서 하남시로 넘어가기 직전에 있는 싱그러운 녹색 공원이다. 이 공원은 자연생태를 보전하기 위해 한 번에 입장할 수 있는 인원이 제한되어 있어 미리 예약을 해야 한다. 공원을 통해서 들어오면 조용한 새소리와 물 흐르는 소리, 호젓한 산책길이 이어진다. 길동생태공원은 고라니, 족제비 등 다양한 야생동물이 서식할 정도로 건강한 자연생태를 엿볼 수 있다. 저수지지구 주변에 자리 잡은 조류 관찰대에서는 길동생태공원에 서식하고 있는 동

식물을 관찰할 수 있고, 조금 더 안쪽으로 들어가면 농촌지구가 나온다. 정겨운 원두막, 농촌에서만 볼 줄 알았던 작은 논도 볼 수 있다. 봄에는 모내기 체험이, 가을에는 벼베기 체험이 열리고 있다.

02 일자산 허브천문공원

서울특별시 강동구 둔촌동 산94
🚇 5호선 강동역 4번 출구 → 342번 환승하여 일자산 하차

길동생태공원을 나와 천호대로를 건너면 일자산이라는 강동구와 하남시에 걸쳐있는 산이 나온다. 서울에서도 동쪽에 있을 뿐 아니라 강동구에서 가장 높은 산이기에 새해 첫 일출을 보는 해맞이 축제가 일자산에서 열리고 있다. 일자산에는 캠핑장 그리고 '천문'과 '허브'를 주제로 하고 있는 일자산허브천문공원이라는 독특한 공원이 있다. 매년 이곳에는 '별의 별 축제'가 열리고 있는데, 낮에는 허브와 관련된 다양한 체험을 즐길 수 있고, 해가 지고 난 밤에는 천체망원경을 통해 달과 별자리 등을 관측할 수 있다.

03 강풀만화거리

🚇 5호선 강동역 4번 출구 → 도보 약 3분

강동역 4번 출구 주변 성내동의 평범해 보이는 주택가에는 구석구석 독특한 그림들을 볼 수 있다. 주택가 담벼락, 전봇대, 벽면 곳곳에 웹툰을 주제로 한 독특한 벽화골목, 바로 강풀만화거리이다. 성내동의 1km 남짓한 골목에는 만화가 강풀의 수십 개의 웹툰 장면을 찾아볼 수 있다. 전국적으로 많은 벽화골목이 있지만 이처럼 웹툰이라는 소재를 이용하여 골목을 꾸민 것은 독특한 사례이다. 강풀 작가의 작품들을 즐겨본 사람들이라면 친숙한 그림들을 볼 수 있고 비록 웹툰을 즐겨보지 않더라도 보기만 해도 기분이 좋아지는 벽화들을 찾아볼 수 있다.

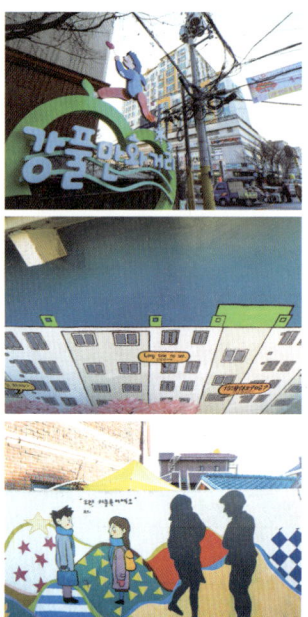

04 천호동 냉면거리

🚇 5·8호선 천호역 5번 출구 → 도보 약 10분

천호사거리에서 천호동로데오거리를 지나 천호시장 쪽으로 가면 천호동 냉면거리라는 안내표지를 찾을 수 있다. 골목 안쪽으로 들어서니 냉면집들이 모여 있는 골목(구천면로29길)이 나온다. 겉보기에는 허름해 보이지만 그만큼 오

래된 역사를 간직하고 있기 때문에 점심시간이 되면 이곳의 냉면집들은 더운 더위를 피해 냉면 한 그릇을 먹으러 모인 사람들로 북적인다. 송월냉면에서부터 시작하여 삼거리냉면, 꽃집냉면, 옛날집 등 많은 냉면집을 찾을 수 있으며, 가격은 5,000원에서 6,000원 정도이다.

05 광진교 8번가

서울특별시 강동구 천호2동 527-2 ☎ 02-476-0722
5 · 8호선 천호역 2번 출구 → 도보 약 15분
4월~10월 10:00-22:00(두 번째, 네 번째 월요일 휴무)

천호대교 옆에 놓인 다리 광진교는 한강에서 세 번째로 놓인 역사가 오래된 다리이다. 1936년에 지어졌는데 1997년에 2차로 확장하는 공사가 진행되었다. 광진교가 노후화되면서 바로 옆에는 더 큰 다리가 놓이게 되니 바로 1976년에 준공된 천호대교이다. 광진교는 2009년 '걷고 싶은 다리' 사업이 진행되며 또 다른 새로운 변화를 맞이하게 되었는데, 보행자 중심의 다리인 만큼 인도가 넓을 뿐 아니라 곳곳에 휴식공간도 자리 잡고 있다. 광진교에서 가장 특별한 공간은 중간 즈음에 놓인 '광진교 8번가'이다. 교각 하부에 전망대가 놓인 것인데 광진교의 여덟 번째 교각 아래에 있다고 하여 '광진교 8번가'라는 이름이 붙었다. 투명한 바닥을 통해 한강을 더 실감 나게 볼 수도 있고, 다양한 전시가 열리기도 한다.

위 걷고 싶은 다리로 재탄생한 광진교
아래 광진교 8번가

도보여행
02
한성백제의 발자취를 따라서, 한성백제 왕도길

서울에서 대부분의 문화유적은 조선 600년의 역사를 담은 종로구와 중구 일대에서 찾아볼 수 있다. 이곳보다 더 오래전 선사시대에서부터 한성백제까지의 흔적을 찾아볼 수 있는 지역이 있으니 바로 강동구와 송파구이다. 이 문화유적은 8호선 전철을 따라 이어지는데 풍납토성에서부터 시작하여 몽촌토성 그리고 백제고분군을 만나고 한성백제왕도길을 걸으며 백제시대 사람들의 삶을 더듬어볼 수 있다.

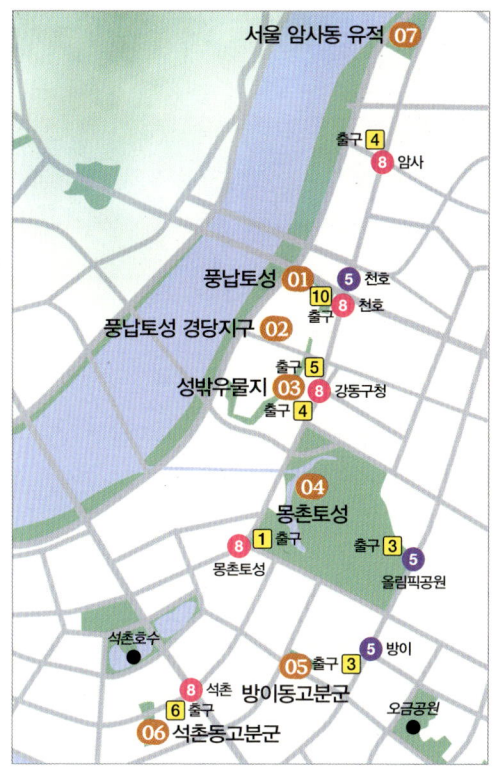

> **TIP** 한성백제왕도길은 풍납토성에서부터 석촌동고분군까지 약 10km 정도의 구간이다. 8호선 전철이 비슷한 경로를 지나고 있으니 핵심 명소만 구경하고 싶다면 8호선을 이용하며 구경하는 것도 좋다.

풍납토성

서울특별시 송파구 풍납동 72-1 ☎ 02-2147-2800
🚇 5 · 8호선 천호역 10번 출구

5호선과 8호선이 만나는 천호역 10번 출구에서 하남 위례성 혹은 방어성으로 추정되는 풍납토성을 볼 수 있다. 풍납토성은 남북으로 2km, 동서로 1km의 타원형 형태로 제법 큰 규모의 토성이었던 것으로 추정된다. 풍납토성이 발견된 계기는 1925년 대홍수 때

문이었다. 홍수로 인하여 풍납토성의 일부가 무너지면서 허리띠 장식 등 유물들이 발견되었고, 이로 인해 이 지역이 한성백제시대의 중요한 성이었다는 사실이 밝혀진 것이다. 1963년에 사적 제11호로 지정되었고 1997년 아파트 조성공사가 진행되면서 본격적으로 풍납토성이 발굴되기 시작하였다.

풍납토성 경당지구

🚇 5·8호선 천호역 10번 출구 → 도보 약 15분

풍납토성을 따라 10분 정도 걸어 주택가 안쪽으로 들어가면 '풍납토성 경당지구'를 볼 수 있다. 이곳은 왕궁 가까이 있으면서 신들에게 제사를 지내던 제사터로 알려져 있다. 즉, 경당지구가 발견됨으로 이곳 근처에 옛 백제의 왕궁이 있었던 증거가 될 것이다. 풍납토성 경당지구는 크게 4개의 구역으로 나누어져 있다. 백제시대 우물, 제사를 지내고 나서 사용한 그릇이나 희생된 동물들을 묻은 것으로 추정되는 구덩이 밀집지역, 지상건물 터와 창고 터로 구성되어 있는데, 이곳의 다양한 시설과 유물은 백제 초기 지배층의 삶의 모습을 엿볼 수 있는 중요한 문화유산이기도 하다.

성밖우물지

🚇 8호선 강동구청역 4번 출구 → 도보 약 10분

강동구청역 인근 아파트 앞(풍성로26길, 송파해모로아파트 뒤편)에는 '성밖우물지'가 있다. 풍납토성은 한강의 지류를 해자로 활용해서 만든 토성인데, 풍납토성의 발굴과 함께 5세기에 만들어진 목조 우물도 발견되어 위례성 외곽에도 사람들이 살았음을 추정할 수 있다. 한편 이 목조 우물은 보존처리가 완료되어 실제 우물은 풍납동영어체험마을 내 풍납토성 유물전시실에 전시되어 있다. 발굴 당시부터 우물 내부에 백제인들이 실생활에서 사용한 것으로 추정되는 토기류나 두레박 등의 유물도 출토되었다.

몽촌토성

서울특별시 송파구 올림픽로 424 올림픽공원
☎ 02-2147-2814
🚇 8호선 몽촌토성역 1번 출구 → 도보 약 5분

성밖우물지를 지나 성내천 유수지를 지나면 올림픽공원을 만날 수 있다. 올림픽공원에는 한성 위례성의 남성지(南城地)로 추정되는 몽촌토성이 있다. 몽촌토성은 발굴조사 결과 목책(木柵 : 나무로 만든 방어시설)과 해자(垓字 : 방어를 위해 성 밖에 못을 만든 곳) 구조임이 발견되었고, 몽촌토성의

해자로 인하여 경기장 구역과 토성 지역을 경계 지을 수 있었다. 올림픽공원에서는 들꽃마루, 나홀로나무 등 올림픽공원 9경 스탬프 투어를 할 수 있고, 공원에 있는 한성백제박물관에서는 백제의 역사에 대하여 다양한 자료들을 통하여 알아볼 수 있다(344쪽 올림픽공원).

방이동고분군

서울특별시 송파구 방이동 산47-4 ☎ 02-2147-2800
🚇 5호선 방이역 3번 출구 → 도보 약 15분

백제 초기의 무덤들로 여겨지는 방이동고분군은 1979년 사적 제270호로 지정되었다. 방이동고분군에는 총 8개의 무덤이 있는데 도시개발로 4호분과 5호분은 사라졌으며, 본격적인 발굴 조사가 이뤄지기 전에 도굴되어 유물이 많이 출토되지는 못했다. 6호분에서는 전형적인 신라 토기들이 출토되어 신라시대의 무덤으로 보는 시각도 있다.

석촌동고분군

서울특별시 송파구 석촌동 61-6
🚇 8호선 석촌역 6번 출구 → 도보 약 5분

방이동고분군과 함께 석촌동에도 백제시대 고분군이 있다. 석촌동고분군은 백제 한성시대의 왕과 왕족·귀족들의 무덤으로 여겨지는데, 1917년경에는 무려 290여 기나 있었다는 기록이 있다고 하나 대부분 도시개발로 인하여 훼손되고 현재 남아있는 무덤은 총 8기이다. 그 중 규모 면에서 압도하는 게 바로 3호분이다. 3호분의 무덤 양식을 돌무지무덤이라고 하는데 돌로 쌓아 만든 고구려식의 무덤으로 백제 고분군에서 고구려식 무덤이 발견되었다는 것은 백제의 건국집단이 고구려 지역에서 이동해왔음을 알려주는 그 근거가 된다.

돌무지무덤 양식의 3호분

이곳의 고분군은 지금으로 따지면 국립묘지와 비슷한 곳이었다고 여겨진다. 한성백제의 도성 이였다고 여겨지는 풍납토성과 몽촌토성에서 각각 2.8km, 2km 떨어져 있어 한성 백제시대 풍납동 근처는 거주지이고 죽으면 도성 남쪽인 이쪽 공동묘지에 묻혔음을 짐작할 수 있다.

위 4호분
아래 내원외방형 돌무지무덤

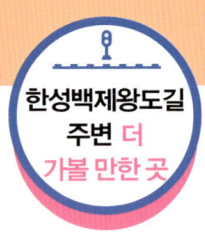

⓻ 암사동 유적

서울특별시 강동구 올림픽로 875 ☎ 02-3425-6520
🚇 8호선 암사역 1번 출구 → 강동 02번 환승하여 서울 암사동 유적 하차

암사동 유적은 1925년 대홍수로 처음 유적지가 발견되었으며, 1960년대 이후 빗살무늬토기 조각들이 다량으로 발견되면서 유적지로의 중요성이 부각되었다. 발굴 조사를 통하여 신석기 후기에서부터 청동기 시대를 대표하는 유적들이 발견되었는데, 이 지역은 한반도에서 신석기 시대의 주거지가 발견된 굉장히 드문 사례라고 알려져 있다. 서울 암사동 유적에서는 9개의 복원 움집과 체험 움집과 전시관을 구경하면서 당시의 생활상이 어떠하였을지 상상해볼 수 있으며, 매년 10월에는 강동선사문화축제가 열려 거리 퍼레이드부터 다양한 부대행사가 진행된다.

도보여행 03
방배동에서 고속터미널까지 이어지는 푸른 길, 서리풀길

방배역에서부터 시작하여 고속터미널에 이르기까지 서초구 반포동과 서초동을 아우르는 이곳에 푸른 숲길이 이어진다. 주택가와 아파트로 둘러싸인 이곳에 이런 산책길이 이어지는 것이 특이하다. 특히 몽마르뜨공원과 서리풀공원으로 이어지는 곳 '누에다리'에서는 예술의전당, 고속터미널과 남산까지도 볼 수 있다. 또 서리풀공원 산책길 주변으로는 효령대군묘와 서래마을이 있어 같이 구경할 수 있다.

효령대군묘
(청권사)

서울특별시 서초구 효령로 135 ☎ 02-584-3121
🚇 2호선 방배역 4번 출구 → 도보 약 4분
🕙 10:00-17:00(토 · 일 · 공휴일 휴관)

효령대군묘는 조선 제3대 왕인 태종의 둘째 아들이자 세종대왕의 형이기도 한 효령대군과 그의 부인 해주 정씨를 합장한 묘역이고, 청권사는 효령대군과 해주 정씨의 위패를 모신 사당이다. 효령대군은 독서를 즐기고 활쏘기에 능했으며 효성이 지극

하고 우애가 깊었다고 전해지는데, 특히 불교에 관심이 있어 1464년 옛 흥복사 터에 원각사를 짓는 일을 담당하였고 원각경을 우리말로 번역하여 간행하기도 하였다. '청권사'는 '처신한 것이 청도에 맞았고, 스스로 폐한 것은 권도함에 맞았다.'라는 논어의 한 구절에서 유래된 것이다. 서울시 유형문화재 제 12호로 지정되어 있다.

02 서리풀길
(서리풀공원 & 몽마르뜨공원)

서리풀공원

'서리풀'이란 상서로운 풀을 의미하는 '서초'를 순우리말로 풀어쓴 것이다. 청권사 입구에서부터 고속터미널까지 약 4km 정도의 구간이 '서리풀길'이란 이름으로 이어진다. 청권사 입구에서부터 완만한 산책로를 따라서 산책길을 걷다 보면 중간 즈음에 몽마르뜨공원이 나온다. 넓은 잔디밭으로 이뤄진 몽마르뜨공원은 이곳 근처에 프랑스인이 많이 거주하는 서래마을이 있고, 마을 진입로를 몽마르뜨길로 부르기 때문에 붙여진 이름이다. 몽마르뜨공원을 지나면 반포대로 위를 건너는 누에다리를 만나게 된다. 곧게 뻗은 반포대로를 중심으로 그 주변의 모습이 시원하게 들어온다. 아래로는 서초역 근처의 대법원·대검찰청의 모습에서부터 멀리 예술의전당 건물이 눈에 들어온다. 반대편으로는 강남고속터미널과 그 주변 모습을, 날씨가 맑은 날에는 남산까지도 볼 수 있다. 누에다리를 건너면 다시 서리풀공원의 산책로가 이어지며 조금만 더 걸어가면 고속터미널, 서리풀길의 종점에 다다른다.

왼쪽·오른쪽 위 누에다리에서 바라본
반포대로 주변 풍경
왼쪽 아래 누에다리
오른쪽 아래 몽마르뜨공원

03 서래마을

🚇 3·7·9호선 고속터미널역 5번 출구 → 도보 약 10분

서래마을은 마을 앞의 개울이 서리서리 굽이쳐 흐른다고 하여 붙여진 곳이다. 한국에 거주하고 있는 프랑스인의 절반 정도가 서래마을에 살고 있다고 하는데 서래마을 거리를 걷다 보면 프랑스 사람들을 심심치 않게 만날 수 있다. 서래마을 거리를 걷다 보면

프랑스 학교도 만날 수 있고, 프랑스식 레스토랑과 카페, 빵집을 많이 찾아볼 수 있다. 지금은 전국에 많은 지점이 있는 프랑스 베이커리 '곤트란쉐리에' 1호점 역시 서래마을에서 찾아볼 수 있다.

프랑스인이 많이 사는 서래마을. 표지판에도 프랑스어를 찾아볼 수 있다.

곤트란쉐리에 서래마을점

> **TIP 곤트란쉐리에(서래점)**
> 서울특별시 서초구 서래로 25
> ☎ 02-599-0225
> ⏱ 8:00-22:00

문화유적
04
강남에서 찾는 문화유적들, 선정릉·봉은사

서울 강남지역은 초고층 빌딩들이 많고 복잡한 곳이라 생각이 들지만 군데군데 역사적인 가치를 지닌 명소와 세계문화유산이 숨어있는 곳이기도 하다. 오래된 건축물 혹은 역사 유적과 그 주변으로 펼쳐지는 고층 빌딩들이 조화를 이루고 있으면서도, 내부로 들어오면 한적하면서도 조용한 풍경을 느낄 수 있다. 대표적인 장소가 선릉과 정릉 그리고 봉은사인데 잠시나마 휴식을 취하는 직장인들부터 관광객들까지 다양한 사람들을 구경할 수 있다.

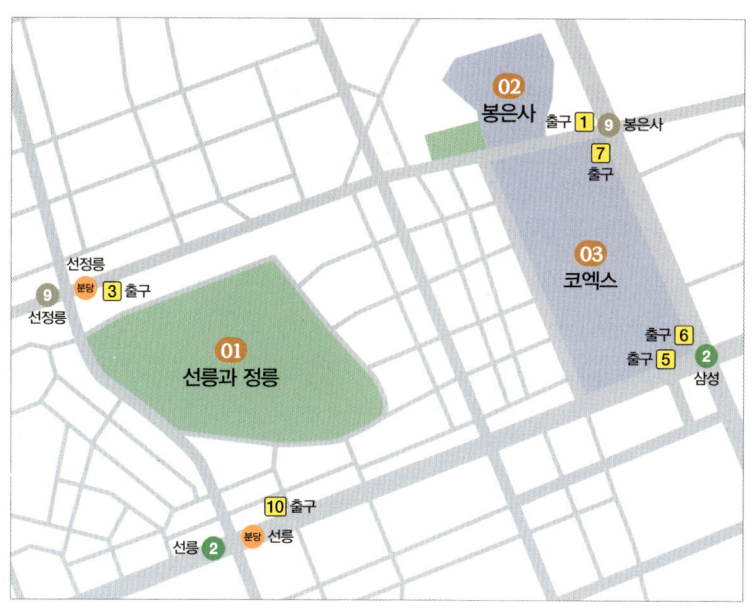

01 선릉과 정릉

서울특별시 강남구 선릉로100길 1　☎ 02-568-1291
🚇 2호선 · 분당선 선릉역 10번 출구, 도보 10분
🕐 2월~10월 6:00-21:00, 11월~1월 6:30-21:00, 월요일 휴무

관람료 성인 1,000원(만 24세 이하, 만 65세 이상 무료)

선릉

선릉은 조선 제9대왕인 성종과 계비 정현왕후의 능이며, 정릉은 조선 제11대 왕 중종의 능이다. 선릉은 동원이강 형식으로 구성되어 있는데, 이는 왕과 왕비의 능을 정자각 배후 좌우 두 언덕에 한 봉분씩 조성한 형태를 의미한다. 능선을 따라 오르면 제법 탁 트인 전망과 함께 선정릉을 둘러싸고 있는 삼성동 일대의 건물들이 눈에 들어온다. 현대적인 풍경과 과거가 묘한 조화를 이루고 있는 이 풍경이 선정릉에서 느낄 수 있는 가장 멋진 풍경이다.

선릉에서 정릉으로 향하는 길

선릉을 구경한 뒤 산책길을 따라 내려오면 정릉을 구경할 수 있다. 선릉에서 정릉으로 넘어가는 오솔길은 복잡한 곳을 벗어나 여유를 느끼고 사색을 즐길 수 있는 산책길이기도 하다. 약 10여 분 정도를 걸으면 정릉을 볼 수 있는데, 선릉이 숲속에 숨어있는 형태였다면 정릉은 상대적으로 주택가와 가까이 있다는 특징이 있다.

정릉

정릉은 성종과 정현왕후 사이에서 태어난 조선 제 11대 왕 중종의 능으로 중종은 재위 기간 중 조광조 등 신진사류를 등용하여 왕도정치를 펼치려 하였고, 향약을 실시하여 향촌 자치를 시도하였으며 삼포왜란 이후 비변사를 설치하여 국방체제를 정비하였다. 본래 정릉은 1545년 고양시에 예장하였으나, 1562년에 이곳으로 옮겨졌다.

봉은사

서울특별시 강남구 봉은사로 531 ☎ 02-3218-4800
🚇 9호선 봉은사역 1번 출구 → 도보 약 3분

봉은사는 천 년이 넘은 오래된 사찰로 강남이 본격적으로 개발되기 전부터 이곳의 터줏대감 역할을 한 곳이다. 창건 당시에는 견성사라는 이름을 갖고 있었는데 1498년 성종의 계비 정현왕후가 이 절을 크게 중창한 후 이름을 새로 지어 봉은사라는 이름을 갖게 되었다. 임진왜란과 병자호란, 6·25전쟁 등을 겪으며 이어져 온 봉은사는 여러 차례 불에 타고 건물들이 재건되었다.

이른 봄 봉은사를 찾으면 홍매화에서부터 시작하는 봄꽃 소식을 느낄 수 있다. 또 봉은사에는 1996년 세워진 미륵대불상이 인상적으로 다가오는데, 미륵대불상과 마주한 강남의 고층 빌딩들이 웅장함과 함께 묘한 조화를 느낄 수 있게 해준다. 특히 밤이면 또 다른 매력을 선보이는데 봉은사는 야경을 즐기려는 사람들을 위해 자정까지 개방하고 있어 밤의 봉은사의 매력도 자유롭게 느낄 수 있다.

서울에 또 다른 대표적인 절인 조계사와 종로, 청계천 그리고 봉은사는 매년 4월 말 연등회를 열고 있다. 화려하게 늘어선 연등의 질서 정연한 모습을 구경하고 싶다면 석가탄신일을 앞두고 열리는 연등회를 구경해보는 것도 좋다.

봉은사 미륵대불상

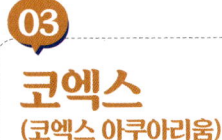

03 코엑스
(코엑스 아쿠아리움)

서울특별시 강남구 영동대로 513 ☎ 02-6000-0114
🚇 9호선 봉은사역 7번 출구, 2호선 삼성역 5번 출구 이용

코엑스

코엑스는 1979년에 개관한 우리나라 최대의 종합 전시관이다. 2000년 아시아유럽정상회의, 2010년 G20 정상회의 등 국제회의를 개최한 적도 있는 코엑스는 12개의 전문 전시실과 61개의 회의시설을 갖추고 있으며 언제나 다양한 전시회들이 코엑스에서 열리고 있다. 코엑스는 이와 함께 호텔, 도심공항터미널, 코엑스몰과 백화점까지 모여 있어 언제나 사람들로 북적거린다.

코엑스몰에서 가족들과 함께 가기 좋은 곳으로 코엑스 아쿠아리움이 있다. 입구에서 체크인을 하고 들어가면 무지개 라운지에서부터 펭귄들의 꿈동산 테마존까지 14개의 테마로 이루어진 수족관이 펼쳐진다. 우리나라에서 구경할 수 있는 친숙한 바다생물에서부터 시작하여 아마존 열대우림에서 볼 수 있는 생물들과 심해에 있는 바다생물까지,

우리가 쉽게 접하지 못하던 바닷속 세계에 대해서 구경할 수 있다. 특히 해저터널을 지날 때에는 머리 위로 다양한 바다생물이 지나가 직접 바닷속을 걷는 것 같은 착각을 불러일으킨다. 또 다양한 프로그램이 진행되고 있는데 먹이 주기, 상어극장 영화 상영 등이 열리고 있다.

> 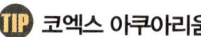 **코엑스 아쿠아리움**
>
> 서울특별시 강남구 영동대로 513 코엑스몰 B1
> ☎ 02-6002-6200
> ⏰ 10:00-20:00
>   (금, 토 21:00까지)
>
> <u>관람료</u> 성인 28,000원, 중·고생 25,000원, 어린이 22,000원, 경로 20,000원

코엑스 아쿠아리움

공원
05
백제시대 유적과 올림픽 경기장의 만남, 올림픽공원

서울 송파구에 있는 올림픽공원은 1986년 아시안게임과 88 서울올림픽을 위해 조성된 곳으로 백제시대 역사적인 유적인 몽촌토성과 올림픽경기장 그리고 올림픽공원이 공존하는 곳이다. 몽촌토성의 발굴조사 결과 밝혀진 몽촌토성의 해자가 토성과 경기장 지역을 구분 짓고, 성내천과 몽촌호를 연결하는 용도로 활용하게 되어 지금의 올림픽공원이 만들어졌다. 공원의 상징인 평화의 문을 넘어서 본격적인 올림픽공원 나들이를 시작해보자.

TIP 강동구와 송파구에는 백제시대 유적들이 많이 있다. 몽촌토성은 한성백제왕도 길(326쪽)의 일부구간이다.

서울특별시 송파구 올림픽로 424 ☎ 02-410-1114
🚇 5호선 올림픽공원역 3번 출구, 8호선 몽촌토성역 1번 출구 이용
🕐 공원 입장 시간 : 5:00-22:00

평화의 문 & 몽촌호

올림픽공원은 8호선 몽촌토성역 혹은 5호선 올림픽공원역에서 갈 수 있다. 이 중에서 몽촌토성역에 내리면 건축가 김중업 씨의 설계로 이루어진 높이 24m, 너비 62m의 평화의 문이 보이고, 평화의 문을 지나면 몽촌호를 볼 수 있다. 몽촌호를 지나 '곰말다리'라는 다리를 건너면 낮은 언덕이 보인다. 이곳을 따라서 공원

평화의문

을 한 바퀴 구경할 수 있는 산책길이 조성되어 있으며, 이 언덕을 넘어가면 올림픽공원 9경 중에 하나이자 올림픽공원의 명물과도 같은 왕따나무를 볼 수 있다.

몽촌호

올림픽공원 왕따나무

넓은 들판에 홀로 나무가 서 있는 모습이 특이하다고 하여 '왕따나무'라는 별칭이 붙은 이 나무는 올림픽공원에서 사람들이 많이 찾는 명소 중의 명소이다. 몽촌토성 복원 사업을 하면서 이곳에 있었던 민가를 허물게 되었는데 크고 모양이 괜찮은 나무들만 남기고 모두 베어버려 지금과 같이 들판에 홀로 선 왕따나무가 만들어졌다고 한다. 왕따나무가 있는 곳 주변에는 나무가 많이 심어져 있지 않아, 방향에 따라 사진을 찍으면 넓은 들판에 홀로 서 있는 왕따나무 사진을 연출할 수 있다.

올림픽공원 왕따나무

들꽃마루 & 장미광장

올림픽공원 남 1문에는 장미광장을 만날 수 있다. 장미의 계절이 다가오는 5월 말에서 6월 초가 되면 장미광장에는 빨간색, 노란색 등 다양한 색상의 장미와 주변 조형물과의 독특한 조화를 볼 수 있다. 꽃향기 가득한 장미광장을 지나 조금 더 안쪽으로 들어가면 들꽃마루를 만날 수 있다. 들꽃마루에서는 완만하게 경사진 언덕을 따라 계절별로 피어난 다양한 꽃들을 만나볼 수 있다. 장미광장에서 장미들이 피어나는 5월경 들꽃마루에서는 붉은 양귀비꽃들을 만나볼 수 있는데, 들꽃마루는 무더운 여름이 지나 선선한 바람이 조금씩 느껴지는 9월에는 황화 코스모스로 특히 유명하다.

왼쪽·오른쪽 위 매 계절 다양한 꽃들을 볼 수 있는 들꽃마루
왼쪽·오른쪽 아래 형형색색 장미들을 구경할 수 있는 장미광장

올림픽공원 9경

평화의 문, 왕따나무, 들꽃마루를 비롯하여 올림픽공원 곳곳에는 독특한 조형물과 풍경들을 담은 '올림픽공원 9경'을 만날 수 있다. 엄지손가락, 대화라는 이름을 갖고 있는 조형물을 비롯하여 88호수, 몽촌해자 음악분수 등이 9경으로 지정되어 있다. 정해진 코스를 따라가면 올림픽공원의 9경을 모두 찾아보는데 약 4km 정도이다. 그리고 9경 스탬프투어도 운영하고 있다. 9경을 모두 찾아 스탬프를 모두 찍으면 올림픽공원의 아름다운 풍경을 담은 엽서를 받아볼 수 있다.

올림픽공원 9경 중 하나인 엄지손가락

한성백제박물관

한성백제박물관은 남 2문 쪽에 있다. 한성백제박물관에서는 한강의 선사시대 모습은 어떠하였을지 상상해보는 공간에서부터 시작되고, 제2전시실에서 본격적인 한성백제에 대하여 알아볼 수 있는 공간이 있다. 이곳에서는 백제가 나라를 세우고, 한성에 도읍을 두면서 발전한 문화에 대하여 살펴볼 수 있다. 제3전시실에서는 고구려에 한강유역을 빼앗긴 뒤 웅진(공주)과 사비(부여)에 도읍을 둔 이후의 백제시대 문화에 대하여 살펴볼 수 있다.

> **TIP 한성백제박물관**
>
> 서울특별시 송파구 위례성대로 71 한성백제박물관
> ☎ 02-2152-5800
> ⓘ 9:00-21:00(토·일·공휴일 9:00-19:00, 단 11월~2월 9:00-18:00), 월요일 휴관
>
> **관람료** 무료

공원
06
빌딩 숲에서 찾는 휴식쉼터, 양재 시민의숲·양재천

강남역에서 양재역을 지나 양재IC에 다다르기 전, 양재시민의숲이라는 시민들을 위한 공원이 하나 눈에 들어온다. 복잡한 강남 한복판이라는 느낌이 들지 않게 시민의숲 안으로 들어오면 조용하고 한적한 풍경을 만나볼 수 있다. 잠시나마 복잡한 도시 속에서 벗어나 조용한 휴식시간을 갖고 싶다면 양재시민의숲을 방문해 보는 것도 좋다. 양재시민의숲 앞에는 여의천이라는 작은 하천이 있는데, 이 하천은 울창한 메타세쿼이아 가로수길이 있는 양재천으로 이어진다.

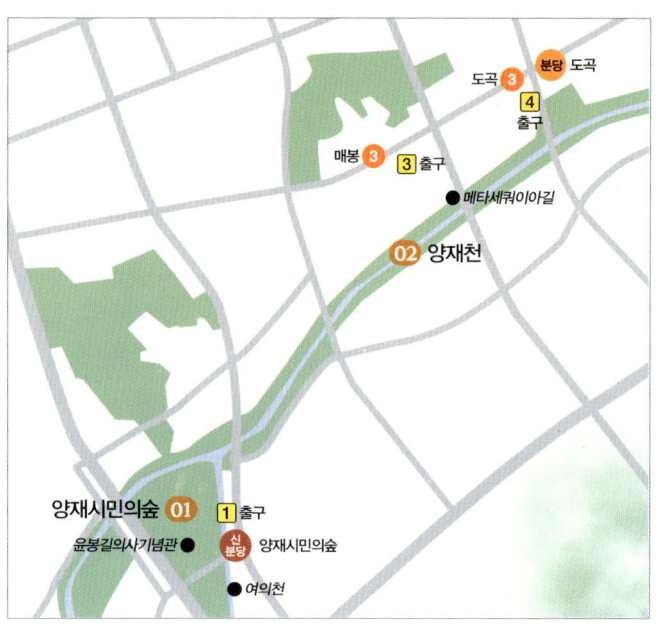

 양재시민의숲

서울특별시 서초구 매헌로 99　☎ 02-575-3895
🚇 신분당선 양재시민의숲역 1번 출구 → 도보 약 5분

여의천

양재시민의숲역에 내리면 곧바로 여의천이라는 하천이 보인다. 시민의숲은 이 여의천이라는 하천을 건너면 바로 만나볼 수 있는데, 여의천의 봄 풍경 역시 아름다운 편이다. 여의천은 강남 개포동과 도곡동을 가로지르는 양재천에서 갈라져 나온 하천인데 양재천에서부터 이어진 벚꽃길이 이곳 여의천까지도 계속 이어진다. 양재천을 구경한 후 산책 삼아 이곳 양재시민의숲까지 걸어도 좋다.

양재시민의숲

이곳에 양재시민의숲이 조성된 것은 1986년 서울 아시안게임과 1988년 서울 올림픽을 기념하기 위해서이다. 1986년 개장되어 30년이 훌쩍 넘었기에 시민의숲의 나무들도 제법 울창해졌다. 봄에는 아름드리 봄꽃들이, 여름에는 울창한 나무들이 가려주는 그늘이, 가을에는 울긋불긋 단풍이 아름다운 공원이다. 공원에는 휴식공간이 많이 있어 가족 단위로 소풍 나온 사람들과 산책 나온 시민들이 많은 곳이다.

윤봉길의사기념관

시민의숲에는 윤봉길 의사의 동상과 함께, 양재시민의숲 입구에 윤봉길의사기념관을 만나볼 수 있다. 시민의숲 근처에는 '매헌'이라는 지명이 곳곳에 보이는데, 매헌은 윤봉길 의사의 호이기도 하다. 윤봉길의사기념관에서는 윤봉길의사의 생애 그리고 항일독립운동과 관련된 여러 자료들을 만나볼 수 있다. 윤봉길 의사가 태어난 곳은 충청남도 예산군인데 예산에서도 윤봉길의사기념관을 만나볼 수 있다.

> **TIP 윤봉길의사기념관**
> 서울특별시 서초구 매헌로 99 양재시민의숲
> ☎ 02-578-3388
> 🚇 신분당선 양재시민의숲역 1번 출구 → 도보 약 5분
> 🕐 3월~10월 10:00-18:00, 11월~2월 10:00-17:00 (매주 월요일, 1월 1일, 설날, 추석연휴 휴관)
> **관람료** 무료

왼쪽 윤봉길 의사 동상   오른쪽 윤봉길 의사기념관

02 양재천 (양재천 벚꽃길)

🚇 3호선 · 분당선 도곡역 3, 4번 출구 → 도보 약 5분

양재천은 3호선과 분당선이 비슷한 경로를 따라 이어지기 때문에 양재천과 가까운 전철역 역시 많은 편이다. 이 중에서 벚꽃길과 메타세쿼이아길을 모두 즐길 수 있는 가까운 전철역은 도곡역과 매봉역이다. 전철역에서 내려 10분 정도 걸으면 양재천 산책로를 만날 수 있는데, 산책로 입구에서부터 벚꽃나무가 울창하게 피어 벚꽃 터널을 만들어준다. 산책길을 따라서 개나리도 피어나기 때문에 하얀 벚꽃과 노란 개나리의 아름다운 조화도 만날 수 있는 것이 특징이다.

왼쪽 위 영동1교에서부터 시작하여 양재천을 따라 분위기 좋은 카페들도 많이 있다.
오른쪽 위·아래 벚꽃이 특히 아름다운 양재천

메타세쿼이아길

양재천 바로 옆 '양재천로'는 왕복 2차선의 작은 도로이다. 영동 2교에서부터 영동 6교에 이르기까지 꽤 긴 구간에 메타세쿼이아 나무가 심어져 있다. 도로 양옆으로 높고 울창하게 피어난 메타세쿼이아 가로수길이 이국적인 느낌마저 들게 한다. 메타세쿼이아 나무는 벚꽃이 울창하게 피어나는 4월 중순쯤 새싹이 돋아, 5월이 되면 양옆으로 울창하게 피어난 울창한 나무를 볼 수 있다. 또 가을 단풍철이 되면 붉게 물든 메타세쿼이아 단풍이 아름다워 산책삼아 걸어도 좋고 드라이브하기에도 좋은 곳이다.

> **TIP 메타세쿼이아길**
> 🚇 3호선·분당선 도곡역 3, 4번 출구 → 도보 약 5분

양재천 옆 메타세쿼이아 가로수길

공원
07
달빛무지개 분수부터 유채꽃까지, 반포 한강공원

서울의 중심부를 지나는 한강에는 곳곳에 한강공원이 자리 잡고 있어 서울 시민의 휴식처로 오랫동안 사랑받고 있다. 서울 강남권에서 가장 많은 사람들이 찾고 구경거리가 많은 한강공원을 꼽으라면 반포한강공원이라 할 것이다. 반포대교에는 기네스북에도 오른 최장거리 분수인 달빛무지개분수를 비롯하여 서래섬에는 매년 봄에는 유채꽃이, 매년 가을에는 메밀꽃이 피어나 공원으로 산책 나온 시민들을 반기는 곳이다.

서울특별시 서초구 신반포로11길 40 ☎ 02-591-5943
🚇 3 · 7 · 9호선 고속터미널역 8-1번 출구, 도보 10분 거리

01 반포대교 달빛무지개분수

반포대교와 잠수교

기네스북에도 오른 바 있는 달빛무지개분수는 날씨가 따뜻해지는 매년 4월에서부터 10월까지 이어진다. 반포대교의 길이 자체가 제법 긴데 다리 한쪽으로 나오는 분수 쇼가 장관이다. 특히 반포대교, 세빛섬 그리고 강 건너 남산타워까지 서울의 야경과 함께 즐기는 밤의 분수가 특히 인기가 있으며, 이것을 보기 위해 시간에 맞춰 반포 한강공원을

방문하는 사람들도 많은 편이다. 한강 유람선을 이용하면 달빛무지개분수 시간에 맞춰 반포대교를 경유하고 있다.

반포대교는 아래로는 잠수교가 그리고 위로는 반포대교가 있는 복층 교량이다. 서울고속버스터미널이 처음 만들어진 1976년에는 서울 대부분의 사람들이 강북 쪽에 살고 있어 강북과 고속버스터미널을 잇는 교량이 필요했는데 가장 빠르고 저렴한 방식으로 만든 것이 잠수교이다. 잠수교는 처음 만들어졌을 당시와는 달리 지금은 가운데 부분이 솟아있는 독특한 형태(낙타봉 구간)를 하고 있는데, 1986년 한강유람선통행을 위해 다리의 일부분을 개조한 것이다.

반포대교 달빛무지개분수

02 세빛섬

서울특별시 서초구 올림픽대로 683 ☎ 1566-3433

반포대교 옆에는 세 개의 인공섬이 보인다. 세빛섬은 가빛섬, 채빛섬, 솔빛섬으로 이름이 붙여져 있는데, 내부에는 레스토랑과 카페를 비롯한 복합문화공간으로 조성되어 있다. 특히 세빛섬은 밤에 되면 LED 조명으로 시시각각 바뀌는 조명이 인상적인데 자칫 심심해질 수 있었던 한강의 야경을 더 풍요롭게 밝혀주고 있다.

03 서래섬

서래섬 산책길

반포한강공원에는 인공적으로 만들어진 섬인 서래섬이 있다. 조선시대에는 반포섬으로 불렸다고 전해지는데, 1960년대에는 그냥 모래언덕에 지나지 않았다. 지금의 서래섬은 1980년대 한강종합개발과 함께 한강둔치변에 작은 섬을 남겨두면서 생긴 인공 섬이다. 서래섬이 가장 아름다운 시기는 5월 중순쯤과 9월 중순쯤으로, 5월에 서래섬에서는 바로 뒤편으로 펼쳐지는 한강과 강북 쪽의 풍경과 더불어 제법 넓은 곳에 피어난 싱그러운 유채꽃을 사진으로 담아볼 수 있다. 봄에 유채꽃이 피어난 서래섬은 가을이면 노란 메밀꽃이 그 자리를 대신한다.

매년 5월 경 열리는 서래섬 유채꽃축제

04 김영모 과자점 (신반포점)

서울특별시 서초구 신반포로 100 ☎ 02-3481-2004
🚇 9호선 신반포역 4번 출구
🕗 08:00-22:30

반포한강공원과 가까운 9호선 신반포역에는 서울의 유명 빵집 중 하나인 김영모 과자점이 있다. 반포한강공원을 방문한다면 잠시 방문해보는 것도 좋다. 자연발효빵과 오트밀샌드위치가 특히 유명하며, 다양한 종류의 빵들을 구경할 수 있다. 김영모 과자점은 서초동에 본점이 있으며 잠실, 반포동, 도곡동에 지점이 있다.

공원
08
아름다운 벚꽃길, 로맨틱한 야경, 석촌호수

잠실지역은 조선시대에는 한양에서 충청도와 경상도로 향하는 길목으로 많은 물자와 사람들이 모였던 교통 요충지였다. 지금도 잠실은 경기도 각지로 향하는 광역버스를 심심치 않게 볼 수 있고 천안, 평택 등으로 향하는 시외버스도 잠실을 경유하고 있어 여전히 서울의 대표적인 교통요지로 자리매김하고 있다. 잠실 하면 무엇보다도 롯데월드 그리고 그 뒤편의 두 개의 호수인 석촌호수가 떠오른다. 최근에는 우리나라에서 가장 높은 건물인 롯데타워가 들어서 잠실은 물론 서울의 또 하나의 랜드마크로 자리매김하고 있다.

석촌호수

서울특별시 송파구 삼학사로 136 ☎ 02-412-0190
🚇 2 · 8호선 잠실역 2, 3번 출구 → 도보 약 5분

잠실지역은 원래 한강의 지류인 송파강이 흐르던 곳으로 잠실도와 부리도라는 두 개의 섬으로 이뤄져 있고, 두 섬을 사이에 두고 한강의 지류였던 신천강과 송파강이 흐르고 있었다. 1970년대 잠실지구 공유수면 매립공사를 통하여 잠실도와 부리도를 지나던 신천강과 송파강 중 북쪽(신천강 쪽)의 물길을 넓히는 대신 남쪽의 물길(송파강)을 없애는 과정을 통해 잠실 택지지구가 생겨나게 되었다. 그 결과 남쪽의 물길 일부가 현재의 석촌호수가 된 것이다.

석촌호수는 송파대로를 기준으로 서호와 동호로 나누어져 있다. 서호와 동호는 송파대로 아래로 직접 연결되어 있는데, 롯데월드 매직아일랜드가 있는 곳은 서호 그리고 롯데월드타워가 들어선 곳은 그 맞은편이다. 시민들을 위한 산책로이기도 하며, 매년 봄에는 석촌호수 둘레를 따라 벚꽃이 피어 서울의 대표적인 벚꽃 명소로 유명하다. 또 밤에 이곳을 찾으면 벚꽃과 함께 매직아일랜드의 신비한 모습을 모두 담을 수 있어 이국적인 풍경까지도 느낄 수 있다.

석촌호수(서호)

왼쪽·오른쪽 위 석촌호수 야경
왼쪽 아래 석촌호수(동호)와 매직아일랜드
오른쪽 아래 석촌호수 산책길

서울스카이
(롯데타워 전망대)

서울특별시 송파구 올림픽로 300 ☎ 02-1661-2000
🕐 09:30-23:00(서울스카이 방문시 사전 예약 필요)
관람료 성인 27,000원, 어린이 24,000원, Fast pass(사전 예약 없이 바로 들어갈 수 있는 입장권 50,000원)

롯데타워는 우리나라에서 가장 높은 건물이다. 롯데타워의 최고층은 그 높이가 555m에 이르며, 전 세계적으로도 순위권에 드는 높은 건물이다. 서울 웬만한 어느 지역에서도 롯데타워를 볼 수 있을 정도로 상당한 높이를 자랑하는데 이곳의 117층에서부터 122층까지는 롯데타워 전망대인 서울스카이가 있고, 가장 꼭대기 층인 123층에는 프리미엄 라운지바인 123 라운지가 있다.

서울스카이 스카이데크

지하 1층으로 입장하여 소지품 검사를 마친 후, 117층 전망대까지 올라가는 엘리베이터인 스카이셔틀을 이용할 수 있다. 이 엘리베이터는 초속 10m로 운행하는 더블데크 엘리베이터로, 117층까지 올라가는데 1분 정도밖에 걸리지 않는다. 1분 동안 엘리베이터 천장에 서울의 역사와 한강의 모습이 펼쳐지는 것을 볼 수 있다. 엘리베이터에서 내리면 본격적으로 서울의 전체적인 모습이 한눈에 펼쳐지는 전망대를 볼 수 있다.

높이가 상당한 만큼 한강에 놓인 다리와 그곳을 지나는 자동차들이 작게만 느껴진다. 날씨가 좋을 때에는 경기도와 멀리 인천까지도 보

전망대로 올라가는 엘리베이터 천장에 1분 동안 펼쳐지는 한강의 모습

서울스카이에서 바라본 서울풍경

일 정도이고, 밤에는 서울의 야경을 볼 수 있어 더 로맨틱한 풍경을 연출한다. 서울스카이 118층에 올라오면 스카이데크를 볼 수 있다. 바닥이 투명바닥으로 처리되어 있어 118층에서 1층 잠실역 사거리의 모습이 아찔하게 보인다. 120층에는 스카이테라스가 있는데 483m의 높이의 야외에서 서울을 내려다볼 수 있다.

롯데월드타워. 117층부터 122층까지 전망대인 서울스카이가 있다.

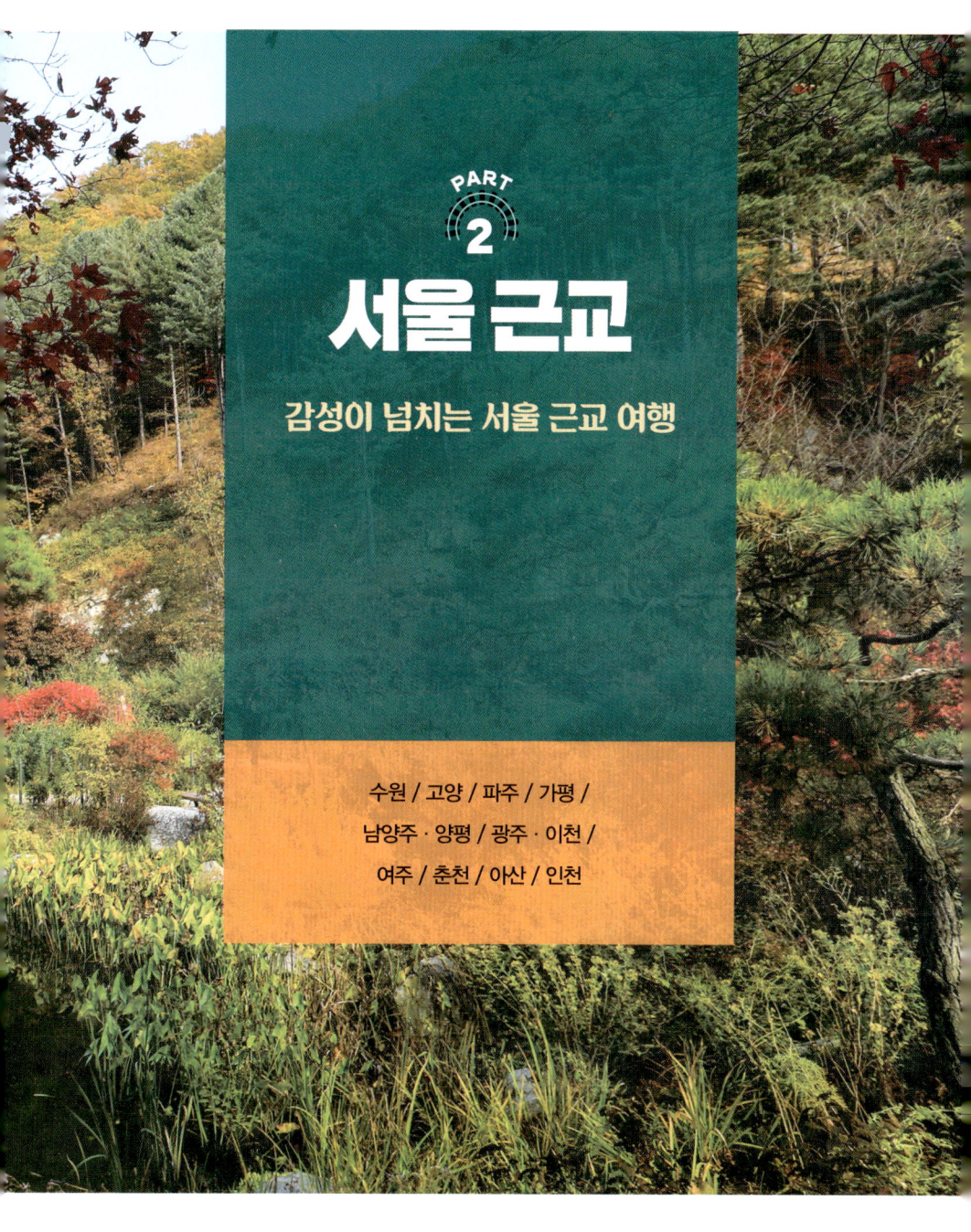

PART 2
서울 근교

감성이 넘치는 서울 근교 여행

수원 / 고양 / 파주 / 가평 /
남양주 · 양평 / 광주 · 이천 /
여주 / 춘천 / 아산 · 인천

감성이 넘치는 서울 근교 여행

❂ 더 편하고, 더 빠르게 서울 근교 기차여행

전철을 이용해서도 찾아갈 수 있지만, 조금 더 편하고 빠르게 가고 싶다면 기차를 이용해보는 것은 어떨까? 서울 근교로 향하는 열차들은 운행시간이 1시간 남짓이어서 부담 없는 여행이 가능하다. 2층 객실에서 시원한 전망을 구경할 수 있는 ITX-청춘(용산)~춘천, 용산~대전)을 이용하면 가평, 춘천이나 수원 지역 등을 더 특별하게 갈 수 있다. 또 전국 곳곳을 누비는 특별한 테마열차 중 하나인 DMZ트레인 역시 외부와 내부 모습을 화려하고 이색적으로 꾸며 설레는 기차여행이 시작될 것이다.

서울에서 조금만 벗어나도 나오는 조용한 풍경. 여기에 빼놓을 수 없는 것이 유유히 흐르는 강의 모습일 것이다. 남양주와 양평지역에는 두 개의 물줄기가 하나로 모이는 두물머리부터 물의정원까지 여유로운 풍경을 즐기기 좋은 여행지들이 많이 있다. 또 최근에 개통한 경강선 전철을 이용하여 갈 수 있는 경기도 여주 역시 남한강을 끼고 아름다운 풍경을 간직한 여행지들이 많아 전철을 타고 여행 가기 좋다.

❀ 잘 가꾼 정원과 아름다운 풍경들까지, 수목원 산책

서울 곳곳에는 주변 산세와 어울려 아담한 정원들을 구경할 수 있는 수목원들이 많다. 이들 수목원에는 계절별로 다양한 축제가 열리고 있는데, 나뭇잎들이 떨어지고 앙상한 겨울 밤이 되면 펼쳐지는 불빛축제가 인상적이다. 수목원은 1년 365일 언제 찾아가도 멋진 풍경을 선사해준다. 맑은 하늘 아래 아기자기하면

서도 다양한 풍경을 간직한 수목원. 소풍 가는 기분으로 가볍게 떠나기 좋은 곳이다.

✺ 흘러간 추억을 되새겨보는 간이역 여행

기찻길들이 속도를 위해 새로운 길로 옮겨지면서 옛 기찻길을 활용한 여행지들이 많아졌다. 서울에서는 공원으로 활용되는 경우가 많지만 근교 지역에서는 자전거길이나 레일바이크로 활용하고 있는 곳들이 많아 산을 넘고 강을 건너던 옛 기찻길을 페달을 밟고 직접 지나가 볼 수 있다. 또 중간중간의 역사가 깊은 간이역들은 휴식처 겸 포토존으로 활용하고 있다. 더 이상 기차가 지나가지 않지만 작은 역이 가지고 있는 정취는 여전하다.

수 원
01
타박타박 걷는 화성행궁 나들이

경기도청이 자리 잡고 있는 경기도 제1의 도시인 수원은 백만 명이 넘는 많은 인구가 사는 곳이면서 역사적으로도 귀중한 문화유산인 수원화성이 있는 곳이다. 수원 시내에서 버스를 타고 지나가다 보면 팔달문, 창룡문 등 도로 한복판에 자리 잡은 문화유적과 성곽을 볼 수 있는데, 서울성곽길과 마찬가지로 수원시 역시 화성성곽을 따라 걷다 보면 수원 시내의 전체적인 모습을 구경할 수 있다. 수원화성은 조선 정조시기인 1794년 착공되어 1796년 완공되었는데 4대 성문인 장안문, 팔달문, 창룡문, 화서문 그리고 수문과 포루 등 다양한 시설물로 구성되어 있다. 1997년 유네스코 세계문화유산으로 지정된 수원 화성 여행은 팔달문 앞에서부터 시작하여 성곽길과 그 주변의 여행지들을 같이 구경해보는 것이 좋다.

수원 찾아가기 수원화성여행은 수원역에서 시내버스로 환승하면 갈 수 있다. 수원역에는 1호선과 분당선 전철 그리고 경부 · 호남 · 전라 · 경전 · 장항선 일반열차와 경부선 KTX를 이용할 수 있다.

수원화성 박물관

경기도 수원시 팔달구 창룡대로 21 ☎ 031-228-4242
🚌 수원역에서 400-4, 7-2, 700-2, 60번 이용 → 수원화성박물관 하차
🕘 9:00-18:00(매달 첫 번째 월요일 휴관)
관람료 성인 2,000원, 학생 1,000원, 어린이 무료
※ 4종(수원화성+화성행궁+수원박물관+수원화성박물관)통합관람권 : 성인 3,500원, 학생 2,000원, 어린이 800원

동서양의 군사시설 이론이 잘 반영되어 '성곽의 꽃'이라고도 불리는 수원화성에 대하여 조금 더 자세히 알아보고 싶다면 팔달구청 옆에 있는 수원화성박물관을 방문해보는 것이 좋다. 수원화성박물관의 상설전시실은 화성축성실과 화성문화실로 구성되어 있는데, 화성축성실에서는 조선 제22대 임금인 정조와 사도세자의 관련된 유물에서부터 화성이 지어지는 과정 등을 알아볼 수 있다. 또 화성문화실에서는 정조의 화성행차 그리고 정조의 친위부대였던 장용영에 대하여 알아볼 수 있는 공간이 마련되어 있다.

화성행궁

경기도 수원시 팔달구 정조로 825 ☎ 031-290-3600
🚌 수원역에서 35, 11, 13번 이용 → 팔달구청·화성행궁·수원성지 하차
🕘 3~10월 9:00-18:00, 11~2월 9:00-17:00
관람료 성인 1,500원, 학생 1,000원, 어린이 700원

화성행궁은 정조의 화성행차일 때 임시 거처로 사용했던 곳이다. 정조 이후에도 순조, 헌종, 고종 등 역대 조선 왕들이 화성행궁을 찾을 때 이곳에 머물렀었다. 조선시대 문화

유적이 모두 그렇듯이 화성행궁 역시 일제강점기에 많은 훼손이 있었고, 화성행궁이 있었던 자리에 초등학교를 비롯하여 다른 건물들이 들어서기도 하였다. 수원시에서는 현재 화성행궁을 복원하는 사업이 한창 진행 중이며, 2020년까지 2단계 복원사업을 진행할 예정이다.

03 수원화성

경기도 수원시 장안구 연무동 190 ☎ 031-290-3600
🚉 수원역에서 82-1, 7-2, 700-2, 60, 66-4번 이용 → 장안공원 하차
🕘 3월~10월 9:00-18:00, 11월~2월 9:00-17:00
입장료 성인 1,000원, 학생 700원, 어린이 500원(관람시간 이후에는 무료 입장)

수원화성 성곽길을 걷다 보면 화성을 중심으로 한 그 주변의 모습이 한눈에 들어온다. 일제강점기와 6·25전쟁을 거치면서 수원화성은 많은 훼손이 있었으나, 옛 모습을 되찾기 위한 노력 끝에 성곽을 따라 수원 시내를 구경하며 가벼운 산책을 즐길 수 있다. 수원 화성에는 장안문, 팔달문 등 화성의 4대 성문과 곳곳에 아름다운 풍경들이 많이 있다. 가장 대표적인 곳이 화홍문인데 홍수를 대비하기 위해 수원천에 만들어진 수문이다. 제법 넓은 규모의 수원화성을 더 특별하게 여행하는 방법은 화성어차를 이용하는 것이다. 화성어차를 이용하면 연무대부터 시작하여 화서문, 팔달문, 수원화성박물관 등 수원화성 근처의 대표적인 관광지를 모두 둘러볼 수 있다.

화성어차

운행구간
연무대 → 화홍문 → 화서문 → 팔달산 → 화성행궁 → 남문시장 → 수원화성박물관 → 연무대

🕐 10:00-16:30(주말 및 공휴일 17:00까지), 30분 간격, 17:00 회차는 전통시장을 통과하여 우회 운행

이용료 성인 3,000원, 학생 2,000원, 어린이 1,000원

화홍문

04 행궁동 벽화마을

🚍 수원역에서 35, 11, 13번 이용 → 장안문 · 수원전통문화관 하차

화성행궁과 화홍문 사이의 주택가에는 작은 벽화마을이 조성되어 있다. 수원화성에서 성 안에 해당하는 이 지역은 수원화성이 세계문화유산으로 지정되면서 개발이 제한되었던 지역이었는데, 산뜻한 분위기의 벽화와 함께 새로운 분위기로 탈바꿈하였다. 행궁동벽화마을에는 예술가들의 공방과 갤러리, 카페들도 들어서 있다. 수원화성 성곽길을 한 바퀴 구경하면서 성 안에 자리 잡은 행궁동벽화마을을 가볍게 구경해보는 것도 좋다.

05 수원 통닭골목

경기도 수원시 팔달구 정조로800번길 16
🚍 수원역에서 35, 11, 13, 46번 이용 → 팔달문 하차

수원화성을 여행한 후 즐길 먹거리로는 수원통닭골목이 있다. 수원통닭골목은 팔달문과 수화성박물관 사이에 있는데, 10개 정도의 통닭집이 모여 있어 하나의 작은 먹자거리를 이루고 있다. 수원통닭골목의 시작은 1970년대로 거슬러 올라가 좌판에서 손수 닭을 튀기던 때부터라고 하니 무려 40년의 세월을 간직한 곳이다. 이제는 곳곳에 수많은 치킨집이 생기고 이에 따라 메뉴도 다양해졌지만 수원통닭골목은 40여 년 전 그때의 맛을 간직하고 있어 지금도 옛 추억을 되새기기 위해 많은 사람들이 수원통닭골목을 찾고 있다.

고양

02

개성 있는 여행지, 여유로운 산책 고양 여행

고양시는 3호선이 일산 신도시와 화정 지역을 지나고 경의중앙선 전철이 행신, 능곡과 구 일산지역을 지나고 있다. 일산 신도시의 중앙에는 큰 인공호수로 유명한 일산호수공원이 있다. 고양시 하면 일산 신도시가 먼저 떠올라 대규모 아파트 단지가 많은 도시라 생각하기 쉽지만, 조용한 휴식을 취하기 좋은 종마목장, 서삼릉과 중남미문화원, 풍동 애니골과 같이 다양한 볼거리와 먹거리 촌도 있다.

🚇 **고양 찾아가기** 일산 여행은 3호선과 경의중앙선을 이용하면 가능하다. 단, 중남미문화원의 경우 가장 가까운 전철역인 삼송역에서 조금 떨어져 있어, 시내버스로 환승이 필요하다.

01 일산 호수공원

경기도 고양시 일산동구 호수로 595
🚇 3호선 정발산역 1번, 2번 출구 → 도보 약 10분
🕐 4월~10월 5:00-22:00, 11월~3월 6:00-20:00

일산 신도시의 중심에 자리 잡은 일산호수공원은 30만 평에 이르는 넓은 면적과 4.7km에 달하는 자전거도로 그리고 다양한 볼거리가 있는 일산 신도시의 대표 공원으로, 개장 당시에는 동양에서 가장 큰 호수공원이기도 했다. 가장 중심부에 있는 한울광장을 중심으로 주엽역 방면으로는 달맞이섬, 전통정원, 자연학습장 등이 있고 음악에 맞추

어 나오는 '노래하는 분수대'도 있다. 호수 공원이 조성된 지 제법 오래되어 나무들도 제법 울창해졌는데, 가을에는 울긋불긋한 단풍들이 제법 아름답다. 일산호수공원은 고양시의 대표적인 축제인 고양꽃박람회, 고양가을꽃축제가 열리고 있는 곳이기도 하다.

02 풍동 애니골

경기도 고양시 일산동구 애니골길
경의중앙선 풍산역 2번 출구 → 도보 약 5분

애니골이라는 이름은 풍동 일대의 옛 지명인 애현마을에서 유래되었다. 애현마을을 사람들이 발음하다 애현골, 애인골을 거쳐 애니골이 된 것이다. 일산 신도시가 조성되기 전 애니골은 백마역 근처에 있었는데, 통기타 카페들이 모여 있는 추억의 장소였다. 1990년 이후 일산 신도시의 개발과 함께 지금의 위치로 옮겨졌고 그 모습도 많이 변하여 대형 음식점들이 많은 경기도 지정 음식문화거리로 지정되어 있다.

03 서삼릉

경기도 고양시 덕양구 원당동 산37-1 ☎ 031-962-6009

🚇 3호선 삼송역 5번 출구 → 041번 환승하여 서삼릉, 마목장 입구 하차

🕘 9:00-18:00(6월~8월 9:00-18:30, 11월~1월 9:00-17:30, 월요일 휴무)

관람료 1,000원(만 24세 이하, 만 65세 이상 무료)

유네스코 세계문화유산으로 지정되어 있는 서삼릉은 희릉, 효릉, 예릉 세 개의 능으로 구성되어 있다. 희릉(禧陵)은 중종의 계비인 장경왕후의 능이며 희릉이 처음 들어선 이후에 인종과 인성왕후의 능인 효릉(孝陵)이 그리고 철종과 철인왕후의 능인 예릉(睿陵)이 차례로 들어섰다. 한양에서 볼 때 이곳이 서쪽에 있어서 서삼릉이라는 이름이 붙어졌다. 서삼릉 바로 옆에는 원당종마목장(렛츠런팜원당)이 있어 두 곳을 한꺼번에 구경할 수 있다.

서삼릉 효창원

서삼릉 희릉

04 원당종마목장

경기도 고양시 덕양구 서삼릉길 233-112
☎ 031-966-2998
🚇 3호선 삼송역 5번 출구 → 041번 환승하여 서삼릉, 마목장 입구 하차
🕐 3~10월 9:00-17:00, 11~2월 9:00-16:00(월·화요일 휴무)

관람료 무료

원당종마목장은 한국 마사회가 운영하는 경기용 말을 사육하는 목장인데, 1997년부터 일반인에게 공개되어 지정된 산책로를 따라 원당종마목장의 넓은 초원 그리고 한가로운 시간을 보내고 있는 말 등 아름다운 목장 풍경을 구경할 수 있다. 특히 입구에서부터 본격적인 목장이 나오기까지 가로수길은 은행나무가 심어져 있어 가을에 방문하면 노란 은행나무 단풍길을 볼 수 있다. 원당종마목장은 산책길을 제외하고는 특별한 여행을 위한 시설들은 없지만 무엇보다도 서울에서 가까운 곳에 이런 평화롭고 서정적인 풍경을 담아볼 수 있다는 것이 원당종마목장이 갖는 가장 큰 매력이다.

중남미문화원

경기도 고양시 덕양구 대양로285번길 33-15
☎ 031-962-7171
🚇 3호선 삼송역 8번 출구 → 703, 330, 333 환승하여 고양 동시장 하차, 도보 약 10분
🕐 4월~10월 10:00-18:00, 11월~3월 10:00-17:00
관람료 성인 5,500원, 학생 4,500원, 어린이 3,500원

중남미문화원은 덕양구 고양동 주택가를 지나 고양향교 옆에 자리 잡고 있다. 중남미문화원은 1992년 중남미지역에서 외교관 생활을 하였던 이복형 대사 부부가 중남미지역의 문화를 알리기 위한 취지로 세워졌다. 매표소에서 표를 끊고 안으로 들어오면 붉은색 벽돌의 이국적인 느낌의 건물들이 눈에 들어온다. 중남미 지역이라고 하면 브라질, 칠레가 있는 라틴 아메리카 지역을 말하는데, 이 지역은 마야, 잉카 등 고대에서부터 시작된 오래된 문화유산이 많은 지역이다. 중남미문화원은 박물관, 미술관과 야외조각공원 등으로 구성되어 있으며, 중남미 각국의 토기, 석기 등 다양한 민속공예품을 구경할 수 있다.

파주
03
헤이리 예술마을에서 찾는 감성여행

서울 한강변을 따라 이어지는 강변북로는 서울특별시를 지나 경기도 땅으로 접어들면 자유로라는 이름으로 계속 이어진다. 이 자유로를 따라 고양시를 지나면 곧바로 파주시로 접어든다. 통일로 가는 관문이기도 한 파주에는 각종 출판사들이 모여 있는 파주출판단지, 예술가들이 모여 만든 헤이리 예술마을이 있어 문화·예술의 도시이기도 하다. 헤이리 예술마을에는 15만 평의 넓은 부지에 곳곳에 이색 박물관과 갤러리, 카페가 있어 당일치기 나들이 코스로도 손색이 없다.

🚌 **파주 찾아가기** 파주는 경의중앙선 전철이 운행하고 있으며 파주 헤이리마을은 합정역
(2·6호선)에서 2200번으로 환승하면 쉽게 찾아갈 수 있다.

01 근현대사 박물관

경기도 파주시 탄현면 헤이리마을길 59-85
☎ 031-957-1125
🕐 9:30-18:00(주말은 19:00까지), 월요일 휴무
관람료 성인 7,000원, 어린이 5,000원

헤이리 예술마을에서 가장 사람들에게 익히 알려져 있는 곳이 근현대사박물관이다. 내부로 들어가면 오래된 골목길에서부터 허름한 간판으로 마치 40년 전으로 되돌아간 것 같은 느낌을 받을 수 있다. 지하에서부터 시작하여 지상 3층까지 이어지는 근현대사박물관에는 풍물관에서부터 문화관, 추억관, 역사관으로 이어진다. 풍물관은 1960년대 저잣거리를, 문

화관은 등굣길 풍경들을 느껴볼 수 있으며, 추억관에서는 오래된 소장품들을, 역사관에서는 근현대사의 역사적인 자료들을 볼 수 있다. 시간여행을 떠난 느낌을 받을 수 있는 공간에서부터 지금은 보기 힘든 아날로그 감성이 묻어 있는 옛 물건들까지 오래된 기억을 근현대사박물관에서 느껴볼 수 있다.

02 93뮤지엄

경기도 파주시 탄현면 헤이리마을길 59-58
☎ 031-948-6677
🕙 10:30-18:00(월요일 휴관)

근현대사박물관 바로 앞에는 독특한 사진을 남기기 좋은 전시관 겸 트릭아트 뮤지엄인 93뮤지엄이 있다. 착시현상을 이용한 트릭아트와 다양한 미술작품을 약 200점 전시하고 있는데, 특히 트릭아트 전시관에는 어떻게 하면 특별한 사진을 찍을 수 있는지에 대한 안내가 나와 있어 누구나 쉽게 실감나는 사진을 연출할 수 있다. 개성 넘치는 사진을 통해 파주에서의 추억을 남기기를 원하는 방문자라면 꼭 한번 방문해볼 만한 곳이다.

커피박물관

경기도 파주시 탄현면 헤이리마을길 23
☎ 070-4176-1212
🕐 4월~10월 10:30-19:00, 11월~3월 10:30-18:00(월요일 휴관)

관람료 8,000원(커피박물관과 음료 포함)

커피박물관. 1층은 카페로, 2~3층은 박물관으로 운영중이다.

헤이리 예술마을에 있는 커피박물관은 대표적인 기호식품인 커피에 대해 많은 것을 알아볼 수 있는 곳이다. 커피의 역사를 살펴볼 수 있고 이와 관련된 오래된 전시물들도 살펴볼 수 있다. 커피박물관은 1층은 카페로, 2층과 3층에 커피박물관이 있다. 2층에서는 커피의 역사, 커피가 만들어지는 과정, 에스프레소 머신이 어떻게 변화하였는지를 살펴볼 수 있으며, 3층에서는 원산지별로 커피의 특징을 알아볼 수 있는 공간이 마련되어 있다. 커피박물관 관람료에는 핸드드립 체험료가 포함되어 있다.

영화박물관

경기도 파주시 탄현면 헤이리마을길 18-9
☎ 031-977-7193
🕐 10:00-18:30(주말 19:30까지) 월요일 휴관
관람료 성인 8,000원, 학생 6,000원, 어린이 4,000원

커피박물관과 가까이 있는 곳에 영화에 대한 모든 것을 살펴볼 수 있는 영화박물관이 있다. 1층으로 들어오면 작은 카페가 보이고 입장권을 구매한 후 지하 1층에서부터 3층에 이르기까지 전시관을 통해 영화와 관련된 다양한 자료들을 살펴볼 수 있다. 터미네이터, 타이타닉, 스타워즈 등 유명한 영화들의 캐릭터와 자료 등을 살펴볼 수 있고 곳곳에는 재미있는 체험공간도 마련되어 있다. 특히 영화에서 음향효과를 어떻게 내는지 알아보고 직접 소리를 내 볼 수 있는 공간이 이색적이다. 나가는 길에는 트릭아트들이 그려져 있어서 재미있는 사진도 찍어볼 수 있다.

파주시
더 가볼 만한 곳

05 지혜의숲

경기도 파주시 회동길 145 아시아출판문화정보센터　☎ 031-955-0082
2·6호선 합정역 1번 출구 → 2200번 환승하여 은석교사거리 하차
지혜의숲1: 10:00-17:00, 지혜의숲2: 10:00-20:00, 지혜의숲3: 24시간

지혜의숲은 파주 출판도시에 있다. 출입구를 통해 내부로 들어오면 로비에서부터 시작하여 벽면에 높이 8m의 어마어마한 서가가 눈길을 끈다. 파주 지혜의숲에는 20만 권의 책들로 구성되어 있고, 총 3관으로 되어 있다. 지혜의숲 1관은 학자, 지식인, 전문가들이 기증한 도서가 있고, 2관과 3관은 출판사 기증도서로 구성되어 있는데 3관은 연중무휴로 운영되고 있다. 독서를 할 수 있는 공간과 카페도 마련되어 있어 커피 한 잔과 여유로운 독서도 즐길 수 있다.

06 임진각&평화누리공원

경기 파주시 문산읍 마정리 618-13   ☎ 031-953-4744
🕒 경의중앙선 문산역 1번 출구 → 058번 환승하여 임진각 하차, DMZ-Train 이용, 임진강역 하차

왼쪽 임진각 전망대   오른쪽 증기기관차 전시장

바람의 언덕

임진각 평화누리공원은 2005년 세계평화축전을 계기로 임진각 내 3만 평에 조성된 복합문화공간으로 임진각 전망대, 증기기관차 전시장, 평화누리공원으로 구성되어 있다. 임진각은 1972년 실향민들을 위해 만들어졌는데, 3층에는 전망대가 있어서 평화누리공원의 주변 모습을 볼 수 있다. 경의선 증기기관차 전시장에서는 DMZ 내 장단역에 있었던 증기기관차가 보존 전시되어 있는데 곳곳에 있는 총탄자국이 당시의 참혹했던 상황을 그대로 보여준다. 임진각 평화누리에 있는 바람의 언덕은 '한반도를 오가는 자유로운 바람의 노래'를 표현한 작품이다. '통일부르기'라는 조형물과 평화를 상징하는 바람개비, Water-Report라는 작품과 연못의 조화가 무척 아름답다.

07 경의선 DMZ-Train

🚆 정차역 : 용산 - 서울 - 문산 - 운천 - 임진강 - 도라산(왕복 1회, 월요일, 주중 공휴일 운휴)
(DMZ-Train은 경원선 서울~백마고지 구간에도 운행 중이다.)

임진각 평화누리공원과 DMZ 파주 안보관광을 즐길 수 있는 특별한 테마열차가 있다. 용산역에서 출발하여 서울역을 거쳐 도라산역까지 운행하는 DMZ-Train이 바로 그것인데, 테마열차인 만큼 차량 외부와 내부 모습이 다른 기차와 확연히 차이가 난다. 외부에는 달리고 싶은 철마의 소망과 추억을 이미지화한 미카형 증기기관차와 손을 맞잡은 동서양의 사람들이 그려져 있고, 내부에는 바닥은 평화누리 공원의 연꽃을, 천장에는 자유를 상징하는 풍선 그리고 의자에는 평화를 상징하는 바람개비를 그려놓았다. 기차를 타는 순간부터 즐거운 여행길이 시작하는 DMZ-Train은 운행시간이 1시간 남짓이어서 서울 근교 여행으로 안성맞춤이다.

가평
04
가평시티투어 버스와 함께 하는 가평 나들이

경기도 가평군은 서울과 가깝기도 하면서 다양한 관광명소와 북한강을 끼고 있어 당일치기 서울 근교 여행으로 손색이 없고 여름이면 수상레저를 즐기는 사람들도 많은 곳이다. 가평에는 자라섬을 비롯하여 쁘띠프랑스, 아침고요수목원 등 다양한 여행지들이 숨어있다. 특히 하루에 6,000원만 내면 무제한으로 이용 가능한 가평시티투어버스를 이용하면 가평군의 여행지들을 모두 구경할 수 있다. 시티투어버스는 가평역과 청평역을 중심으로 그 주변의 여행지들을 30분~1시간 간격으로 순환 운행하고 있으며 원하는 시간에 맞춰 자유롭게 타고 내릴 수 있다.

🚍 **가평 찾아가기** 가평군은 경춘선 전철과 ITX-청춘 열차가 지나가고 있다.

TIP 가평 순환버스(시티투어)

가평군은 경춘선 전철과 ITX-청춘 열차가 지나가고 있다. ITX-청춘의 경우 가평역은 모든 열차가 정차하나, 청평역은 일부 열차만 정차하기 때문에 시간표 확인이 필요하다.

A코스 : 가평터미널 - 가평역 - 자라섬 - 레일바이크 - 남이섬 - 쁘띠프랑스 - 청평터미널 - 청평역 - 아침고요수목원 (9:00-18:00까지 30분~1시간 간격 운행)

B코스 : 목동터미널 - 현암박물관 - 레일바이크 - 자라섬 - 가평역 - 청평역 - 잣향기푸른숲 - 취용예술관 - 아침고요수목원(왕복 2회 운행)

이용요금 성인 6,000원, 학생 4,000원(당일 무제한으로 승차 가능)

01 가평 레일파크

경기도 가평군 가평읍 장터길 14 가평레일바이크
☎ 031-582-7788
※운행횟수 : 동절기 5회 운행, 하절기 6회 운행

2010년까지 산과 강을 따라 달리던 경춘선 기찻길에는 많은 사람들의 추억이 서려 있다. 지금은 복선화된 새로운 기찻길로 전철과 기차가 다니고 옛 경춘선 기찻길은 풍경이 괜찮은 지역을 중심으로 레일바이크나 공원으로 활용 중이다. 강변을 따라 비둘기호, 통일호, 무궁화호가 다니던 곳을 직접 페달을 밟으며 즐길 수 있는 가평 레일파크는 북한강을 건너 강원도 춘천시에 있는 경강역까지 편도 4km, 왕복 8km의 구간을 오갈 수 있다. 회차 지점인 구 경강역은 영화 '편지'를 비롯하여 드라마에서도 꾸준히 나왔던 곳으로 옛 풍경을 그대로 간직하고 있던 간이역이었다. 가평 레일파크의 가장 큰 장점은 중간중간 자동으로 움직이도록 만들어져 오르막도 크게 힘들이지 않아도 된다는 점이다. 시원하고 풍경 좋은 경치, 맑은 공기를 마시며 경춘선 기찻길에 서린 옛 추억을 더듬어 볼 수 있는 소중한 시간을 만들 수 있다.

02 남이섬

강원도 춘천시 남산면 남이섬길 1 ☎ 031-580-8114
관람료 성인 10,000원, 학생 8,000원, 어린이 4,000원
※선박운행시간 7:30-21:45

남이섬의 정확한 행정구역은 강원도 춘천시이지만 남이섬으로 가기 위해서는 가평군에서 배를 이용해야 하기 때문에, 춘천에 있으면서도 가평에서 가야 하는 특이한 곳이라 할 수 있다. 남이섬은 1944년 청평댐이 만들어지면서 자연스레 섬이 되었는데 모래뿐이었던 남이섬에 나무를 심고 가꾸게 되면서 지금의 모습이 되었고, 특히 드라마 〈겨울연가〉의 촬영지가 되면서 유명세를 타기 시작했다. 울창한 메타세쿼이아길로 시작하여 자작나무, 갈대숲길까지 아름다운 풍경을 볼 수 있으며, 새잎이 파릇파릇 돋아나는 봄과 나무들이 시원한 그늘을 만들어주는 여름을 지나 단풍이 아름다운 가을 그리고 하얀 설경을 자랑하는 겨울까지, 사계절 언제나 방문해도 남이섬만의 매력을 느낄 수 있다.

쁘띠프랑스

경기도 가평군 청평면 호반로 1063 ☎ 031-584-8200
🕐 9:00-18:00(연중무휴, 폐장시간은 계절에 따라 유동적으로 운영)
관람료 성인 8,000원, 학생 6,000원, 어린이 5,000원

우리나라에서 찾는 프랑스마을, 쁘띠프랑스는 질서 정연하게 늘어선 유럽풍 건물이 호명산의 산세와 더불어 아름다운 조화를 이루고 있는 곳이다. 덕분에 드라마나 영화에서 많이 촬영되어 우리나라는 물론 외국에서도 드라마나 영화 속 여행지를 찾아온 관광객들을 많이 볼 수 있다. 쁘띠프랑스의 개성 넘치는 건물들은 내부 공간도 알차게 구성되어 있다. 유럽의 주택문화를 느낄 수 있도록 재현한 공간이면서 '어린 왕자'로 잘 알려진 생택쥐페리에 대하여 알아볼 수 있는 기념관과 유럽의 골동품들을 모아놓은 골동품 전시관, 마리오네트 전시관 등 쁘띠프랑스의 건물들을 구경하고 나면 유럽과 프랑스의 문화에 대하여 많은 부분을 알 수 있게 된다. 또 쁘띠프랑스 야외극장을 비롯하여 곳곳에는 다양한 공연도 열리고 있다.

아침고요 수목원

경기도 가평군 상면 수목원로 432 ☎ 1544-6703
🕐 8:30-19:00(12월~2월 11:00-21:00, 토요일 23:00까지), 연중무휴
관람료 성인 9,000원, 학생 6,500원, 어린이 5,500원

가평에 있는 원예수목원인 아침고요수목원은 축령산 자락에 자리 잡은 20개가 넘는 주제정원을 간직하고 있는 수목원이다. 주변의 뛰어난 경관과 함께 무궁화동산, 한국주제정원, 한국정원, 하늘길 등 다양한 이름이 붙은 정원을 거닐며 포근하면서도 편안한 산

책을 즐길 수 있다. 아침고요수목원은 1년 365일 축제가 열리고 있다고 봐도 과언이 아니다. 봄꽃이 피어나고 붓꽃, 수국, 무궁화가 피어나는 여름을 지나 국화꽃 향기가 그윽한 가을을 지나면 어느덧 아침고요수목원의 나무들은 울긋불긋 단풍이 들기 시작한다. 겨울이 되면 수목원은 앙상한 나뭇가지와 추운 날씨 덕에 조금은 황량한 기분이 들 수 있는데 대신 해가 지고 밤이 되면 오색불빛이 어두운 겨울밤을 화려하게 밝혀준다.

매년 겨울에 열리는 오색별빛정원전

가평군 주변 더 가볼 만한 곳

05 호명호수

☎ 031-580-2062
🚉 경춘선 상천역 1번 출구 → 33-13번 환승
🕘 3월 16일부터~11월 30일까지 9:00-18:00(단, 매년 6월 둘째 주 목요일 휴무)

가평시티투어버스가 경유하지는 않지만 경춘선 상천역에 내려 약 1시간 간격으로 운행하는 군내버스를 이용하면 호명산 정상에 있는 가평 8경 중의 하나인 호명호수를 구경할 수 있다. 호명호수는 자연적으로 생긴 호수가 아니라 우리나라 최초의 양수발전소인 청평양수발전소 상부에 양수발전을 위한 물을 저장하기 위하여 인공적으로 만들어진 호수이다. 호수의 둘레는 약 1.7km 정도로 전망대 겸 카페가 있는 곳에 오르면 호명호수의 전체적인 모습을 구경할 수 있다. 넓은 호수와 함께 그 뒤편으로 펼쳐지는 산세가 인상적인 곳이다.

06 에델바이스 스위스테마파크

경기도 가평군 설악면 다락재로 226-57 ☎ 031-581-9400

🚇 2·8호선 잠실역 5번 출구 → 7000번 환승하여 설악터미널 하차 → 32-10번 혹은 택시 이용, 청평역·설악터미널에서 무료 셔틀버스는 주말, 공휴일 운행

🕐 평일 10:00-18:00, 주말 9:00-18:00

관람료 성인 10,000원, 학생 6,000원, 어린이 5,000원

쁘띠프랑스가 가평에서 느끼는 프랑스 여행이라면 에델바이스 스위스테마파크는 스위스 작은 마을에 여행을 온 것 같은 이국적인 느낌을 보여주는 곳이다. 에델바이스 스위스테마파크에는 총 32개의 스위스풍의 크고 작은 건물들이 있는데, 이 중 10개의 건물은 스위스의 문화를 느낄 수 있는 박물관과 다양한 테마공간으로 구성되어 있다. 치즈박물관, 초콜렛박물관, 산타빌리지 등 다양한 테마로 이루어진 건물들의 내부에는 각 테마와 어울리는 포토존과 다양한 볼거리가 있으며, 각 건물은 야외 정원이 따로 구성되어 있어 스위스테마파크가 자리 잡은 설악면의 모습과 이국적인 마을 풍경을 한눈에 볼 수 있다. 박물관과 테마공간들을 구경하고 나면 전망대와 산책길이 이어져 스위스의 작은 마을을 산책하고 있는 것 같은 착각을 불러일으킨다.

남양주 /
/ 양평

05

여유로운 강변 풍경과 함께 하는 힐링여행

경의중앙선을 타고 떠나는 남양주와 양평 여행에는 강과 함께하는 여유로움이 있다. 경의중앙선 전철을 타면 팔당댐을 지나 운길산역으로 한적한 풍경들이 차창 밖에 펼쳐진다. 중앙선 기찻길이 옮겨가기 전 구 철교와 기찻길은 자전거길로 활용하고 있어서 자전거를 타고 나들이 가기에도 좋고, 군데군데 두물머리와 물의정원과 같이 강을 끼고 펼쳐지는 그림 같은 풍경도 감상할 수 있다.

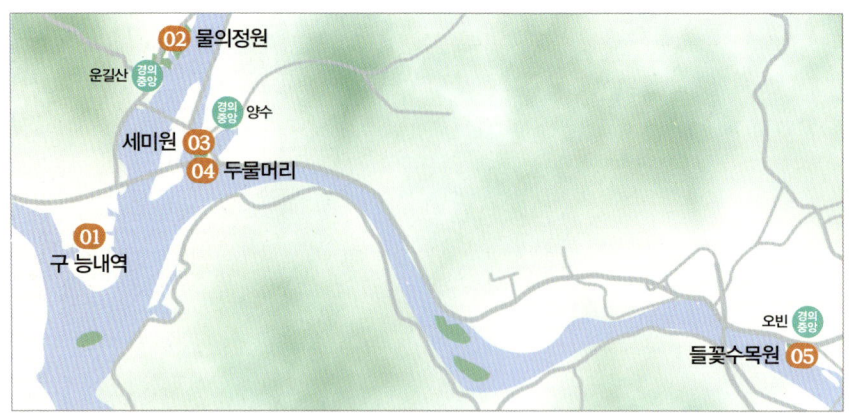

🚇 **남양주/양평 찾아가기** 남양주·양평 여행지는 대부분 문산역에서부터 용문역까지 운행하는 경의중앙선 전철역(운길산, 양수, 오빈역)과 가까이 있다.

01
구 능내역

경기도 남양주시 조안면 능내리 124-5
🚇 운길산역 2번 출구 → 167번 이용, 구 능내역 하차

한강과 남한강을 따라 지나가는 중앙선 철도는 지금의 새로운 기찻길이 생기기 전에는 강변을 따라 지나가는 구간이 많았다. 팔당역에서부터 양수역으로 향하는 구간도 마찬가지였는데, 이 구간 중 남양주시 조안면에 능내역이라는 조그만 기차역이 있었다. 2005년 일찌감치 무인역이 되었고 2007년에는 더 이상 정차하는 기차가 없게 되었다. 2008년에 중앙선 기찻길이 지금과 같이 이설되고 난 후 옛 중앙선 기찻길은 자전거길

로 활용되면서 구 능내역 역시 자전거 길을 오가는 사람들을 위한 쉼터로 다시 재탄생되었다. 대합실도 재단장되어 빛바랜 사진들이 가득한 추억의 공간으로 탈바꿈하였다.

02 물의정원

경기도 남양주시 조안면 북한강로 398
☎ 031-590-2783
🚇 운길산역 1번 출구 → 도보 약 10분

경의중앙선 운길산역에서 걸어서 10분 정도 거리에 북한강의 한적한 풍경을 감상하며 조용한 산책을 즐기기 좋은 수변생태공원인 물의정원을 만날 수 있다. 물의정원이 조성된 것은 2012년으로 불과 몇 년 되지 않았는데, 최근에는 양귀비와 코스모스와 같이 계절별로 아름다운 꽃들을 볼 수도 있어 많은 사람들이 찾고 있다. 북한강의 수려한 자연경관은 물론 잘 조성된 자전거길, 산책로 곳곳에 포토존과 전망대가 마련되어 있다. 자전거를 타고 가다가 잠시 휴식을 취해도 좋고 가족들끼리 근교 나들이로도, 데이트 코스로도 손색이 없는 공간이다.

세미원

경기도 양평군 양서면 양수로 93　☎ 031-775-1834
🚇 경의중앙선 양수역 1번 출구 → 도보 약 15분
🕘 9월~5월 9:00-21:00, 6월~8월 7:00-22:00
관람료 성인 5,000원, 어린이 3,000원

'세미원'이란 이름에는 '한강물을 보면서 마음을 깨끗이 씻자'라는 의미가 담겨 있다. 세미원은 한강으로 이어지는 물길의 수질을 개선할 목적으로 만들어졌는데 청정한 물길과 여러 수생식물을 관찰할 수 있고, 여러 개의 장독대에서 나오는 분수에서부터 빅토리아 연못, 백련지 등 다양한 크고 작은 연못들을 만날 수 있다. 세미원이 특히 아름다운 시기는 7월경이다. 단아한 분위기의 분홍빛 연꽃들이 세미원을 가득 채우기 때문이다. 또 세미원에서 바로 연결되는 배다리를 건너면 두물머리를 볼 수 있는데, 배다리는 정조임금이 사도세자의 묘를 참배하러 갈 때 한강에 설치되었던 배다리에서 착안하여 만든 다리이다.

세미원과 두물머리를 연결하는 배다리

두물머리

📍 경의중앙선 양수역 1번 출구 → 도보 약 20분
☎ 031-770-1001

세미원, 두물머리와 가까운 곳의 전철역인 '양수역'은 북한강과 남한강, 두 개의 물줄기가 만난다고 하여 붙여진 이름으로 우리말로 풀어쓰면 두물머리가 된다. 북한강과 남한강이 만나는 두물머리는 양수역에서 걸어서 20분 정도 걸어가면 만날 수 있고, 먼저 세미원을 구경한다면 세미원의 배다리를 건너 두물머리로 갈 수 있다. 양수리는 오래전에는 나루터로 크게 번성하기도 하였는데 육상 교통이 발달한 이후에는 그 기능을 상실하였고 대신 지금은 수려한 풍경으로 인하여 수도권 근교의 대표적인 여행지로 자리 잡았다. 두물머리에는 드라마 〈허준〉에 나왔었던 돛단배를 재활용한 모습들을 볼 수 있으며 특히 두물머리에 서 있는 액자사진은 이곳을 찾는 관광객에게 특히 인기 있는 사진 포인트이다.

05 들꽃수목원

경기도 양평군 양평읍 수목원길 16 ☎ 031-772-1800
🚇 경의중앙선 오빈역 1번 출구 → 도보 약 10분
🕒 4월~11월 9:30-18:00, 11월~3월 9:30-17:00(연중무휴)
관람료 성인 8,000원, 학생 6,000원, 어린이 5,000원

'수목원' 하면 산을 오르며 만나는 다양한 정원과 깊은 숲속에서 느끼는 맑은 공기 등이 떠오르는 것이 일반적이다. 경의중앙선 오빈역과 가까운 들꽃수목원은 독특하게 강변에 자리 잡은 수목원으로 평지에 꾸며져 있다는 것이 특징이다. 입구를 통해 들어오면 곳곳에 들꽃들, 아담한 연못들, 깔끔한 산책로가 관광객을 반긴다. 자연생태박물관, 야생화단지, 식물원, 장미정원, 수생연못 등으로 구성되어 있으며 넓은 잔디밭도 있어 가족들끼리 피크닉을 떠나기도 좋은 곳이다. 또 수목원을 거닐면서 보이는 남한강변의 여유로운 풍경도 이곳 들꽃수목원에서 느낄 수 있는 매력이다.

광주 / 이천

06

경강선 타고 떠나는 광주·이천 대표 명소 나들이

2016년 9월 경기도 성남시 판교역을 지나 경기도 광주시, 이천시, 여주시로 향하는 경강선 전철이 개통하여 그동안 철도로 가기 힘들던 광주, 이천, 여주 여행이 경강선 전철과 함께 가능해졌다. 경강선 곤지암역에서는 정답게 이야기를 나눈다는 의미를 담은 화담숲을 구경할 수 있으며, 이천역과 신둔도예촌역에서는 도자기축제가 열리는 설봉공원에서부터 시작하여 도예촌, 안흥지 등을 구경할 수 있다.

🚌 **광주/이천 찾아가기** 경기도 광주시와 이천시는 모두 판교~여주 간을 운행하는 경강선 전철이 지나고 있다. 경기도 광주시는 광역버스를, 이천시는 고속·시외버스를 이용해서 찾아갈 수 있다.

01 화담숲

경기도 광주시 도척면 도척윗로 278 ☎ 031-8026-6666
🚌 곤지암역 1번 출구 → 무료 순환버스 이용 혹은 택시 이용 (8,000원 안팎)
🕘 4~5월 8:30-18:00, 6~8월 8:30-19:00, 9~11월 8:30-17:00, 겨울철 휴장
관람료 성인 10,000원, 학생 8,000원, 어린이 6,000원

경강선 곤지암역에서 정기적으로 운행하는 셔틀버스를 이용하면 곤지암리조트 옆에 있는 수목원인 곤지암 화담숲을 찾을 수 있다. 정답게 이야기를 나눈다는 의미인 화담숲은 사람과 사람이, 사람과 자연이 서로 조화를 이루고 있는 아름다운 정원이다. 화담숲을 여행하는 방법은 보통 모노레일을 타고 전망대까지 올라간 후 내려오면서 다양한 주제정원을 구경하는 것이다. 걸어 올라가도 40여 분이면 충분하기 때문에 사람들이 많아 모노레일 대기 시간이 길다면 쉬엄쉬엄 주변 풍경을 감상하면서 걸어 올라가도 큰 부담이 없다. 암석원, 수련원, 진달래원 등의 다양한 테마원과 민물고기 생태관, 곤충 생

태관도 만날 수 있다. 또 화담숲은 그 규모가 제법 큰 편이라 다양한 산책코스가 있는데 가장 긴 코스를 이용한다면 세 시간 정도 걸린다.

02 사기막골 도예촌

경기도 이천시 경충대로 2994-16
🚇 경강선 신둔도예촌역 1번 출구 도보 15분 → 남정사거리 정류소에서 114번 환승하여 사음2리 도예촌 하차

경강선에는 이천역에 도착하기 전 신둔도예촌역을 지난다. 이름부터가 독특한데 역 앞에 내리면 보이는 도자기 빚는 모형을 보면 이곳에 어떠한 곳이 있는지 쉽게 짐작할 수 있다. 신둔도예촌역에서 버스로 세정거장 거리에 '사기막골 도예촌'이 있다. 사기막골 도예촌은 이천의 꼭 봐야 할 명소 9곳(이천 9경) 중의 한 곳으로 50여 개의 도자기 공방들이 모여 있는 곳이다. 도예촌 내부로 들어서니 개성 넘치는 크고 작은 도자기 공방들이 모여 있는 거리가 이어진다. '도자기' 하면 떠오르는 단아한 전통도자기들도 보이고 작고 알록달록한 도자기들도 보인다. '전통'과 '현대'가 조화를 이루고 있는 도자기의 예술을 도예촌 거리를 걸으면서 느낄 수 있다.

03 설봉공원

경기도 이천시 경충대로2709번길 104
☎ 031-644-2645
🚇 경강선 이천역 1번 출구 → 8번 환승하여 설봉산입구 하차.
   도보 약 15분

경강선이 지나는 이천과 여주시는 모두 도자기와 쌀로 유명한 곳이다. 그래서 이천시에는 이천도자기축제와 이천쌀문화축제가 열리는데 이 두 축제가 열리는 장소가 설봉공원이다. 설봉공원에는 이천시립박물관, 이천시립월전미술관과 도자기테마파크인 이천세라피아가 있고 공원의 중심부에 넓은 호수가 하나 자리 잡고 있다. 호숫가에는 감성적인 글귀가 적혀 있어 호숫가를 산책하면서 다양한 글귀를 만나보는 재미도 있고 호수 한복판에 작은 도자기들이 서 있는 것도 독특하다. 설봉공원 한편에는 힐링스테이션이라는 작은 간이역 모형도 만날 수 있고, 설봉공원 앞에 작은 마을에는 아기자기한 벽화들도 볼 수 있다. 다양한 축제가 열리고 감성적이고 편안하면서 재미있는 공간들로 설봉공원의 다양한 매력을 느낄 수 있다.

설봉공원 입구의 힐링스테이션

04 안흥지

경기도 이천시 안흥동 404
🚉 경강선 이천역 1번 출구에서 8번 환승하여 안흥유원지 하차

이천버스터미널 뒤편에 조그마하게 자리 잡은 저수지가 하나 있다. 바로 '안흥지'인데 통일신라시기에 지어졌다는 이야기도 있고 조선 세조시기에 지어졌다는 이야기도 있다. 저수지의 규모가 그리 크지 않고 이천버스터미널과도 가깝기 때문에 버스를 기다리면서 여유 있을 때 거닐어도 좋은 곳이다. 안흥지에는 한복판에 애련정이라는 정자가 있는데 애련정은 1907년 일본인에 의해 소실되었으나 1998년에 다시 복원된 것이다. 소박한 정자가 저수지의 분위기와 잘 어울린다. 애련정은 1474년 이천부사로 부임한 이세보가 동헌 동쪽에 세운 것으로 알려져 있는데, 당시의 영의정이었던 신숙주에게 부탁하여 애련정이라는 정자의 이름을 지었다고 전해진다.

안흥지 애련정

여주

07

남한강 따라 떠나는 인문도시, 여주 여행

경강선의 종점 여주시는 전철이 개통하기 전까지만 하더라도 고속버스나 시외버스를 타고 가야만 했던 곳이었다. 경기도의 끄트머리에 자리 잡고 있어 거리상으로 조금 멀게 느껴진 여주시가 경강선 전철 개통과 함께 더 가까워졌다. '세종인문도시'를 표방하고 있는 여주시는 세종대왕릉과 더불어 남한강을 따라 아름다운 풍경을 살펴볼 수 있는 신륵사, 황포돛배 등 따뜻한 느낌을 받을 수 있는 여행지가 곳곳에 숨어있다.

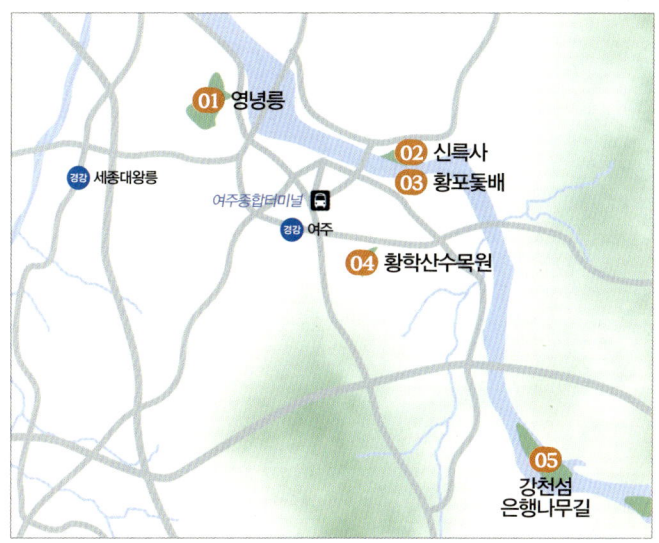

🚌 **여주 찾아가기** 경기도 여주시에는 판교역에서부터 여주역까지 운행하는 경강선 전철이 운행하고 있다. 여주종합버스터미널에서는 동서울·강남고속터미널로 가는 고속버스도 운행하고 있다.

영녕릉

경기도 여주시 영릉로 269-50 ☎ 031-880-4700

🚌 영녕릉방면 시내버스가 세종대왕릉역에서 30~40분 간격으로 운행 중

🕘 9:00-18:00(6~8월 9:00-18:30, 11~1월 9:00-17:30), 월요일 휴무

관람료 성인 500원(만 24세 미만, 만 65세 이상 무료)

경강선 전철역에 세종대왕릉역이 생기면서 여주에 세종대왕릉이 있다는 사실이 제법 많이 알려지게 되었다. 세종대왕릉역에 내려 시내버스로 환승하여 조금만 달리면 세종대왕릉(英陵)과 효종대왕과 인선왕후의 릉(寧陵)을 볼 수 있다. 영릉(英陵)은 조선 4대 왕인 세종대왕과 소헌왕후의 합장릉이다. 하나의 봉분에 왕과 왕비를 합장한 능으로 이런 형태는 조선 왕릉 중 최초이기도 하다. 영릉(英陵)을 지나 약 700m 정도의 산책길을 걷다 보면 효종대왕과 인선왕후의 릉인 영릉(寧陵)을 볼 수 있다. 영릉(寧陵)은 왕릉과 왕비릉이 나란히 놓인 쌍릉 형태로 풍수지리에 의한 쌍릉 형식인 것이 특징이다.

세종대왕릉(英陵)

효종대왕과 인선왕후의 릉(寧陵)

신륵사

경기도 여주시 신륵사길 73 신륵사 ☎ 031-885-2505
🚆 여주역 → 여주터미널 → 980, 981, 988, 990~993번 이용 신륵사 하차
관람료 성인 2,200원, 학생 1,700원, 어린이 1,000원

삼층석탑과 간월헌

여주 시내 한복판을 흐르는 강은 남한강이다. 남한강이 한눈에 보이는 곳에 역사가 오래된 사찰 하나가 자리 잡고 있다. 바로 '신륵사'인데, 신라 진평왕 때 원효대사가 창건

했다고 전해지지만 이를 뒷받침할 명확한 근거는 없다고 한다. 여주에는 세종대왕릉이 있는데 원래 서울 헌릉 옆에 묻혔다가 예종 1년, 여주로 이장되었다. 세종대왕릉이 여주로 이장되면서 신륵사는 왕실을 지키는 원찰로 지정되어 크게 번성하였다. 역사가 오래되고 규모가 상당히 큰 만큼 경내로 들어오니 경건한 분위기가 느껴진다. 신륵사에서는 뒤로 남한강이 유유히 흐르는 것을 배경으로 한 간월헌이라는 정자와 삼층석탑이 아름답다.

황포돛배

경기도 여주시 연양동 323-4 강변유원지
☎ 031-882-2206
🚆 여주역 → 여주터미널 → 강변유원지 방면 버스 이용(여주역에서 택시 이용 시 7,500원 안팎)

여주는 조선시대 한양으로 올라가는 길목으로 조선의 4대 나루터인 이포나루, 조포나루, 광나루, 마포나루 중 이포나루와 조포나루가 여주에 있었다. 조선시대 다녔던 배는 돛을 달고 바람을 이용하여 강을 오가곤 했는데 황포돛배는 보통 0.4~0.5t 정도의 무게였다고 한다. 조선시대 주요 운송수단으로 활약했던 황포돛배를 여주에 가면 실제로 이용할 수 있다. 강변유원지와 신륵사, 영릉을 오가는 코스로도 운행되며, 매주 토요일에는 강변유원지와 여주보를 잇는 야간운항 코스도 운행하고 있다. 남한강을 따라서 펼쳐지는 절경을 시원한 강바람을 맞으며 즐길 수 있고 신륵사를 비롯한 남한강의 명소도 구경할 수 있다.

황학산수목원

경기도 여주시 황학산수목원길 73　☎ 031-887-2741
🚇 여주역 → 여주터미널 건너편 → 915번 이용 황학산수목원하차(여주역에서 택시 이용 시 8,000원 안팎)
🕘 하절기 9:00-18:00, 동절기 9:00-17:00, 매주 월요일, 1월 1일, 설날, 추석 연휴 휴원

관람료 무료

여주 시내 동남쪽에 있는 황학산 자락에는 2012년 개원한 황학산수목원이 있다. 시내에서 조금 벗어나서인지 한적한 분위기가 황학산수목원 산책길마다 느껴진다. 산책길에 핀 다양한 색상의 들꽃과 야생화가 반갑게 맞이한다. 황학산수목원은 총 14개의 테마정원으로 구성되어 있는데 수목원 산책길을 따라 조금 더 걸어 올라가면 전망대를 볼 수 있다. 그리 높지 않은 곳에 있어서 누구나 부담 없이 전망대에 오를 수 있는데 전망대에서 언뜻 보이는 여주 시내의 풍경과 그 주변 풍경이 제법 시원하다. 거리상으로는 경강선 여주역에서 가까워 보이지만 실제로는 여주 시내를 거쳐서 돌아가야 하며 여주역에서 택시로 이동하면 8천 원 안팎으로 나온다.

여주시 더 가볼 만한 곳

05 강천섬 은행나무길

여주역 → 여주터미널 → 991번(강천보건진료소), 992번(굴암리) 하차, 도보 15분 거리

여주 시내에서 조금 떨어져 있는 관광지이지만 가을 은행나무로 아름다운 숨은 명소가 하나 있다. 바로 여주 강천섬으로 원래 홍수 때에만 섬이 되고, 그렇지 않을 때에는 인근 강천면 마을과 연결되는 곳이었다. 그러다가 4대강 공사와 함께 샛강이 만들어지면서 지금은 섬으로 변하게 되었다. 2009년 즈음에 강천섬에 멸종된 것으로만 알았던 단양쑥부쟁이가 자생한다고 알려지게 되었고, 4대강 사업 이후 강천섬이 재조성된 이후에도 섬 곳곳에 단양쑥부쟁이 자생지가 조성되었다. 강천섬은 4대강 국토 종주 자전거길로도 이용되고 있고 캠핑장으로도 활용되고 있다. 은행나무가 심어져 있어서 가을 단풍철이 되면 섬 전체가 노란 은행나무로 물들어 장관을 이룬다.

춘천
08
강 따라, 추억 따라, 춘천 낭만여행

'호반의 도시' 춘천은 오래전부터 기차여행지로 꾸준한 인기를 누려왔다. '춘천 가는 기차'라는 노래는 추억과 낭만이 서린 경춘선 기차와 차창 밖으로 펼쳐지는 강변 풍경을 떠올리게 한다. 옛 경춘선 기찻길은 사라지고 지금은 2층 열차인 ITX-청춘과 경춘선 전철이 서울과 춘천을 이어주고 있다. 춘천여행은 춘천 시내의 춘천역(혹은 남춘천역)을 중심으로 한 여행지 그리고 김유정역과 굴봉산역 주변 여행지로 나뉘어져 있다. 곳곳에는 옛 경춘선 기찻길을 활용한 여행지와 간이역들이 많이 있다.

🚆 **춘천 찾아가기** 춘천으로 향하는 열차는 경춘선 전철과 ITX-청춘이 있다. 경춘선 전철은 청량리~상봉~춘천간 운행하며, ITX-청춘은 용산~청량리~춘천간을 운행한다. 춘천 시내에서 ITX-청춘은 강촌, 남춘천, 춘천역만 정차하기 때문에 김유정역이나 굴봉산역은 반드시 전철을 이용해야만 갈 수 있다.

명동 춘천 닭갈비 골목

🚆 경춘선 춘천역 1번 출구 → 도보 약 15분

춘천 하면 가장 먼저 떠오르는 것은 닭갈비와 막국수이다. 닭갈비라는 음식이 만들어진 곳이 춘천 명동 닭갈비 골목 근처 중앙로2가 18번지에서였다. 막걸리 안주로 돼지고기를 팔았는데 돼지고기를 구하기 어려워 닭고기로 갈비를 만들어본 것이 지금의 춘천 닭갈비라는 명물을 낳았다. 춘천 명동으로 가면 닭갈비 골목을 찾아볼 수 있다. 커다란 철판 위에 다양한 야채와 독특한 양념 그리고 닭고기를 넣고 구워 먹는 닭갈비는 이제 춘천에 오면 반드시 거쳐야 할 하나의 관광코스로 자리매김하고 있다. 춘천 닭갈비 골목은 명동 외에도 온의동과 후평 3동에도 조성되어 있다.

02 소양강 스카이워크

강원도 춘천시 영서로 2663　☎ 033-240-1695
🚇 경춘선 춘천역 1번 출구 → 길 건너에서 150, 11, 12번 환승하여 소양강 스카이워크 하차
🕐 3~10월 10:00-20:30, 11~2월 10:00-17:00
관람료 2,000원(2,000원의 춘천사랑상품권으로 되돌려받고, 상품권은 춘천 시내 음식점, 숙박업소, 전통시장 등에서 사용 가능)

춘천 시내의 소양강에는 강과 주변 풍경을 더 짜릿하게 볼 수 있는 전망대가 있다. 바로 바닥이 투명하게 만들어져 발아래로 흐르는 강물을 실감나게 볼 수 있는 '소양강 스카이워크'이다. 소양강 스카이워크는 길이가 170m 정도로 비슷한 다른 스카이워크에 비해 길이가 긴 편이다. 소양강 스카이워크의 끝은 원형으로 되어 있는데 소양강의 모습과 그 주변 풍경이 한눈에 들어온다. 한쪽으로는 소양강 처녀상이 그리고 정면으로는

쏘가리상이 눈에 들어온다. 쏘가리상 너머로 교각 하나가 눈에 들어오는데 1940년대 일제가 화천댐 건설을 위해 자재를 운반하면서 사용한 폐삭도교각이다. 쏘가리상 역시 이 폐삭도교각을 활용한 것이다.

소양강 스카이워크에서 바라본 쏘가리상

03 구봉산 전망대 카페거리

강원도 춘천시 동면 순환대로
🚇 춘천역에서 택시 이용(10,000원 안팎)

춘천시와 소양강의 모습이 한눈에 들어오고 분위기 좋은 카페가 모여 있는 구봉산은 춘천의 드라이브 코스로 소문난 곳이다. 이곳에는 많은 카페와 레스토랑이 모여 있는데 가장 유명한 곳은 산토리니 카페이다. 테라스로 나오면 소원의 종탑 하나가 서 있는 것을 볼 수 있는데, 이국적인 풍경 너머로 춘천시와 소양강의 모습이 한눈에 들어온다. 노을이 지는 풍경과 춘천시의 야경이 아름다워 낮부터 밤까지 구봉산 전망대 카페거리를 찾는 발길은 계속 이어진다. 구봉산 전망대 카페거리에는 산토리니 카페 외에도 여러 카페와 레스토랑이 많이 모여 있다. 소양강과 춘천시의 불빛을 보며 감성적인 여행의 마침표를 찍기 좋은 곳이다.

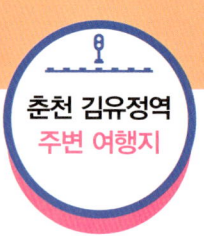

춘천 김유정역 주변 여행지

④ 구 김유정역

강원도 춘천시 신동면 김유정로 1435 ☎ 033-261-7780
🚇 경춘선 김유정역 1번 출구 → 도보 약 3분

경춘선 기찻길에는 항상 추억과 낭만이라는 두 단어가 붙는다. 그만큼 춘천 가는 기차에 서려 있는 아련한 추억이 많았고, 그래서 춘천 가는 무궁화호 열차가 사라질 때에는 이를 아쉬워하는 사람들이 많았다. 다행히도 경춘선의 옛 기차역들은 그대로 관광자원으로 활용된 경우가 많다. 구 김유정역 역시 마찬가지이다. 우리나라 최초로 사람 이름이 기차역명에 들어간 구 김유정역은 지금의 역사와는 비교가 안 될 정도로 작고 소박한 역사이다. 한 시간에 한 대 정도로 기차가 다니던 옛 허름한 플랫폼에는 기관차와 객차 하나가 전시되어 있다. 기관차의 기관실도 직접 들어가 볼 수 있고, 객차는 카페로 활용 중이어서 간이역의 정취를 느끼기에 충분하다. 플랫폼 곳곳은 사진 찍기 좋은 포토존이 많아 추억의 사진을 찍으려는 사람들의 발길이 이어진다.

⑤ 김유정 문학촌

강원도 춘천시 신동면 김유정로 1430-14 김유정 문학촌   ☎ 033-261-4650
🚇 경춘선 김유정역 1번 출구 → 도보 약 10분
🕐 9:00-18:00(11월~2월 9:30-17:00), 매주 월요일, 1월 1일, 설날, 추석 당일 휴관

관람료 2,000원

소설가 김유정은 1908년 춘천 실레마을(지금의 강원도 춘천시 신동면)에서 태어났다. 1933년 잡지 〈제일선〉에 「산골나그네」를 발표하였고, 1935년 우리에게 많이 알려진 소설 「소낙비」가 조선일보 신춘문예 1등으로 뽑히면서 본격적인 작품 활동을 시작하였는데 김유정의 작품은 주로 춘천에서 보고 느꼈던 고향의 정취와 농민들의 고달픈 생활이 주요 모티브였다. 김유정역 인근에는 소설가 김유정을 기념하기 위해 '김유정 문학촌'이 세워져 있다. 김유정 문학촌에는 김유정의 생가가 복원되어 있으며, 그의 생애와 작품들, 소설가 김유정의 작품세계, 작품 속의 무대가 되었던 1930년 농촌의 삶의 모습도 소개하고 있다.

06 강촌레일파크(김유정역)

강원도 춘천시 신동면 김유정로 1383 ☎ 033-245-1000
🚇 경춘선 김유정역 1번 출구 → 도보 약 5분

김유정역에서부터 시작하여 강촌역까지 옛 경춘선 기찻길은 현재 레일바이크로 활용하고 있다. 옛 경춘선 기찻길은 더 이상 기차의 기적소리가 들리지 않지만 차창 밖으로 펼쳐지던 아름다운 강변 풍경을 이제는 페달을 밟으며 직접 느껴볼 수 있다. 김유정역에서 탄 레일바이크는 강촌역까지 이어지는데 6km 정도는 레일바이크로, 나머지 구간은 낭만열차를 이용하는 코스이다. 강촌레일바이크 타는 곳은 김유정역에서 걸어서 5분 거리에 타는 곳이 있는데 김유정 문학촌이 있는 곳답게 엄청난 높이의 책 벽이 특히 인상적이다.

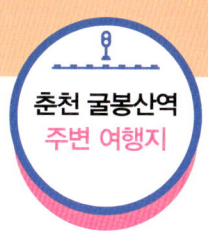

07 제이드가든

강원도 춘천시 남산면 햇골길 80 제이드가든수목원 ☎ 033-260-8300
🚇 경춘선 굴봉산역 1번 출구 → 제이드가든 무료셔틀버스 이용
🕘 9:00-19:30(연중무휴, 폐장시간은 시기별 탄력 운영)
관람료 성인 8,500원, 학생 6,500원, 어린이 5,500원

제이드가든은 춘천시 남산면에 자리 잡은 분위기 좋은 수목원이다. 입구로 활용 중인 유럽풍 건물이 눈에 띄는데 2013년 방영된 드라마 <그 겨울 바람이 분다>로 유명해진 곳이다. 정문을 통해 들어서면 본격적으로 숲속의 아기자기한 푸른 정원이 이어진다. 제이드가든은 총 3가지의 산책길로 구성되어 있는데, 각 분원을 더 가까이 볼 수 있는 '나무내음길', 다양한 단풍나무로 이뤄진 '단풍나무길', 나무들이 만들어내는 그늘과 숲에서 불어오는 바람이 시원한 '숲속바람길'로 구성되어 있다. 제이드가든을 산책할 때 여유 있게 잡는다면 3시간 정도가 걸린다.

08 구 경강역

강원도 춘천시 남산면 서백길 62-52
🚆 경춘선 굴봉산역 1번 출구 → 도보 약 20분

경춘선 굴봉산역은 이 역에서 1km 정도 떨어진 곳에 있었던 경강역을 대신하여 만들어진 역이다. 구 경강역은 1939년부터 영업을 시작하였는데 당시의 이름은 서천역이었다. 그러나 장항선 서천역과의 역명 중복 문제가 있어서 1958년에 경강역으로 변경되었는데, 이곳이 경기도와 강원도의 경계지점에 있기 때문에 붙여진 역명이다. 구 경강역은 작은 간이역과 같은 분위기여서 기차가 다니던 시절에는 각종 드라마나 영화 촬영지로도 자주 사용되었던 곳이며, 지금은 레일바이크 정거장으로 활용하고 있다. 가평군의 강촌레일파크에서 레일바이크를 이용하면 이곳 구 경강역에서 잠시 휴식을 취하는데, 이 시간 동안 간이역의 소박한 풍경을 느낄 수 있다.

아 산
09
매력 넘치는 여행지들의 집합소, 아산

수도권 전철 1호선은 북쪽으로는 경기도 동두천에서부터 시작하여 남쪽으로는 충청남도 아산시까지 이어지는 기나긴 노선이다. 1호선의 남쪽 끝, 아산시는 온양온천이나 도고온천과 같은 온천시설 외에도 다양한 여행지가 있는데 우리나라 전통문화를 느낄 수도 있고 한편으로는 이국적인 풍경도 갖춘 곳이다. 역사가 오래된 성당에서부터 충무공 이순신의 흔적을 느낄 수 있는 현충사와 신비스러운 느낌이 드는 정원의 모습까지 여행지들이 갖는 매력을 다 갖추고 있다.

🚍 **아산 찾아가기** 아산에는 크게 천안아산(아산)역과 온양온천역이 있으며, 여행지로 향하는 시내버스는 주로 온양온천역과 연계되어 있다. 온양온천역은 1호선 전철과 장항선 일반열차로 올 수 있고, 천안아산(아산)역은 1호선 전철, 장항선 일반열차와 KTX, SRT를 이용할 수 있다.

01 피나클랜드

충청남도 아산시 영인면 월선길 20-42 ☎041-534-2580
🚍 1호선 온양온천역 1번 출구 → 600, 601, 610번 이용하여 모원리 하차
🕐 1월~3월 10:00-17:00, 4월~9월 10:00-18:00, 10월~12월 10:00-18:30, 매주 월요일 휴장
관람료 성인 7,000원, 어린이 6,000원

아산시 영인면에 있는 피나클랜드는 분위기 좋은 테마정원과 이색적인 지그재그길이 있고 시원한 아산과 그 주변의 풍경이 한눈에 들어오는 테마파크이다. '피나클랜드'라는

말은 '산의 최고봉'이라는 의미를 갖고 있다. 이곳은 1970년대 아산만방조제를 매립하기 위한 채석장으로 사용하던 부지였는데 이후에 목장으로 활용하다가 2006년에 정원으로 개장한 곳이다. 입구를 통해 들어가면 지그재그로 올라가는 길이 굉장히 이색적이다. 이 길을 따라 피나클랜드의 최정상에 오르면 아산만을 중심으로 한 넓은 평야와 서해대교 그리고 평택호의 모습이 눈에 들어온다. 미니동물원은 물론 잘 꾸며진 조경시설과 장식들도 빼놓을 수 없는 구경거리이다.

02 공세리성당

충청남도 아산시 인주면 공세리성당길 10
☎ 041-533-8181
🚇 1호선 온양온천역 1번 출구 → 600, 601, 610번 이용하여 인주파출소 하차

피나클랜드와 가까운 곳에 고풍스러운 모습의 성당이 하나 있다. 1894년 세워진 공세리성당인데 처음에는 동네 민가를 교회 건물로 사용했고, 공세리성당의 본당은 1922년에 완공되었는데 이는 충청남도 최초의 본당이라고 한다. 공세리성당이 있

던 자리는 충청도 일대에서 거두어들인 세곡을 저장하던 공세 창고가 있던 곳이기도 하다. 또 상처와 종기에 사용되던 고약을 처음 만들어 보급하기 시작한 곳도 바로 공세리 성당이었다. 오랜 역사와 함께 주변에 있는 고목도 공세리성당의 분위기를 더 경건하게 한다.

03 외암민속마을

충청남도 아산시 송악면 외암민속길 5 ☎ 041-541-0848
🚇 1호선 온양온천역 1번 출구 → 100번 이용하여 역촌1리 하차 도보 약 10분
🕘 하절기 : 9:00-17:30, 동절기 : 9:00-17:00
관람료 성인 2,000원, 어린이 1,000원

외암민속마을은 예안 이씨의 후손들이 정착하면서 집성촌으로 발전한 곳이다. 송악면이라는 조그만 마을이 있는 곳 뒤편에 자리 잡은 외암민속마을은 길 하나를 사이에 두고 전통과 현대가 나뉘는 독특한 경험을 할 수 있다. 고택들은 주인의 관직명이나 출신지 명을 따서 이름이 붙여진 것이다. 외암민속마을에는 전통한옥이 60채 정도 있는데 전체적으로 조선 후기 중부지방의 가옥 모습을 잘 간직하고 있다. 여전히 사람들이 거주하고 있는 공간이면서 전통문화를 그대로 간직하고 있는 곳이기도 하다. 돌담길을 따라 걸어보는 것도 좋고 오래된 고택의 모습부터 잘 꾸며진 아담한 연못을 걸어보는 것도 좋다.

04 곡교천 은행나무길

🚇 1호선 온양온천역 1번 출구 → 900, 910, 920번 이용하여 충남경제진흥원 하차

가을 단풍철에 아산을 찾는다면 반드시 추천하고 싶은 길이 있다. 충남경제진흥원 주변에서부터 현충사 방향으로 이어지는 약 2km 정도의 길은 울창한 은행나무 250여 그루가 심어져 있어 노란 은행나무가 만들어낸 단풍터널을 따라 현충사까지 걸으며 가을을 만끽할 수 있다. 2013년부터는 곡교천 은행나무길이 차 없는 거리로 지정되어 자동차가 지나가지 않아 단풍길을 마음껏 걸어볼 수 있다. 바로 아래에는 곡교천이 있는데 가을에 코스모스가 만발하여 또 다른 볼거리를 선사한다.

05 현충사

충청남도 아산시 염치읍 백암리 100 ☎ 041-539-4600
🚇 1호선 온양온천역 1번 출구 → 900, 910, 920번 이용하여 현충사입구 하차
🕐 하절기 9:00-18:00, 동절기 9:00-17:00(월요일 휴관)

관람료 무료

지중해마을과 가까운 곳에 충무공 이순신의 영정을 모신 사당인 현충사가 있다. 임진왜란 이후에 충무공 이순신의 호국정신을 기리기 위해 이순신의 생가가 있는 이곳에 장군의 영정을 모시고 사당을 지었다. 흥선대원군 때 서원 철폐명령 그리고 이후 일제강점기 일제에 의한 탄압으로 한때 현충사의 존폐의 기로에 서기도 하였으나 광복 이후 현충사 성역화 작업의 일환으로 지금과 같은 모습을 갖추게 되었다.

06 지중해마을

충청남도 아산시 탕정면 탕정면로8번길 55-7
☎ 041-547-2246
🚇 1호선 온양온천역 1번 출구 → 970번 이용하여 탕정면사무소 하차

마치 유럽에 온 것 같은 독특한 분위기의 마을이 탕정면에 있다. 바로 '지중해마을'인데, 이곳의 건물들은 모두 유럽풍의 디자인이 적용된 것이 특이하다. 지중해마을 건물들은 분홍색 지붕들이 있는 프로방스 컨셉과 파란 돔 형태의 지붕이 있는 산토리니 컨셉으로 구성되어 있으며, 건물들의 1층과 2층은 상가로 나머지 층은 가정집으로 활용하고 있다. 이국적인 느낌이 드는 거리답게 지중해마을에서는 분위기 좋은 카페와 레스토랑들이 많아 이곳저곳 구경하는 재미도 있다. 지중해마을은 가평의 쁘띠프랑스와 같이 관광지라는 느낌보다는 이국적인 느낌이 드는 특색 있는 거리라고 보는 것이 맞다. 따라서 주변의 다른 아산 여행지를 방문한 후 식사나 휴식 등을 위해 지중해마을을 방문하는 것을 추천한다.

인천
10
과거부터 미래까지 찾아가는 시간여행

인천광역시는 인천역을 중심으로 많은 근대사의 흔적이 남아있다. 인천역 바로 앞에 내리면 차이나타운에서부터 신포역에 이르기까지 보이는 근대건축물들이 바로 이러한 흔적이다. 인천역 주변이 과거의 흔적을 찾아볼 수 있는 곳이라면, 송도국제도시는 미래의 온 것 같은 착각을 불러일으키는 도시의 야경과 독특한 형태의 초고층 건물들이 즐비하다. 두 곳을 여행하면서 인천의 과거와 미래를 살펴볼 수 있다.

🚇 **인천 찾아가기** 차이나타운, 인천자유공원, 개항누리길, 송월동 동화마을은 1호선·수인선 인천역(1번, 3번 출구 이용)에 내리면 걸어서 여행할 수 있으며, 월미도는 인천역에서 버스를 이용하면 10분 정도 거리에 있다. 송도국제도시는 인천 1호선이 지나고 있다.

01 차이나타운

인천광역시 중구 차이나타운로59번길 12
☎ 032-760-7537

인천역에 내리면 바로 보이는 차이나타운은 1883년 인천항이 개항되고, 이듬해인 1884년 청나라 조계지에 화교들이 모여 살면서 만들어진 곳이다. 그만큼 오랜 역사를 가지고 있는 차이나타운은 지금은 관광특구로 지정되어 중국풍의 건물이 모여있으며 관광명소로 탈바꿈하였다. 차이나타운에 있는 '공화춘'은 한국에서 짜장면이 처음으로 탄생한 곳으로 알려져 있는데, 지금은 짜장면박물관으로 사용 중이다. 그리고 중국음식점과 먹거리를 판매하는 거리가 이어진다. 주말 등 사람들이 많이 방문할 때에는 대부분 가게에 긴 줄이 이어진 것을 볼 수 있다.

인천자유공원

인천광역시 중구 자유공원남로 25
☎ 032-761-4774

차이나타운을 걷다 보면 삼국지를 주제로 한 벽화 골목인 '삼국지벽화골목'이 나온다. 이 삼국지벽화 골목을 지나면 우리나라 최초의 서구식 공원인 자유공원을 볼 수 있다. 자유공원은 1889년 이곳에 거주하는 외국인들을 위해 조성된 공원으로 처음에는 '만국공원'이라 불리었고 1957년 자유공원이란 이름으로 바뀌었다. 자유공원의 중심부에는 인천상륙작전을 기념하기 위해 세워진 맥아더 동상이 세워져 있는데, 맥아더 동상으로 올라가는 길목에는 인천역 주변 바닷가와 월미도의 모습이 한눈에 펼쳐지는 전망대가 있다. 봄에 자유공원의 둘레길에는 벚꽃으로 아름답다.

03 개항누리길

청일조계지계단

자유공원을 나와 청일조계지계단을 따라 내려오면 개항누리길이 보인다. 개항누리길로 이어지는 청일조계지계단은 인천광역시 기념물 51호인데, 이름 그대로 개항기 청과 일본의 주거지역을 구분하는 곳이었다. 개항누리길 주변으로는 오래된 근대건축물들이 보이는데 지금은 박물관이나 문화예술공간으로 사용되고 있다. 대표적으로 중구청 근처에 있는 인천아트플랫폼은 구(舊)일본우선주식회사 건물을 비롯하여 이곳에 있었던 근대건축물들을 리모델링하여 전시관 등으로 활용 중이다. 또 근대건축역사관이나 인천개항장박물관 역시 근대건축물을 박물관으로 활용하고 있는 곳이다.

인천아트플랫폼

짜장면박물관

인천광역시 중구 차이나타운로 56-14 ☎ 032-773-9812
🕘 9:00-18:00(연중무휴)
관람료 성인 1,000원, 학생 700원, 어린이 500원
※ 통합권(짜장면박물관 + 인천개항박물관 + 인천개항장 근대건축전시관) : 성인 1,700원, 학생 1,100원, 어린이 800원

짜장면박물관은 우리나라에서 짜장면이 처음 탄생한 곳으로 알려진 공화춘 건물에 있다. 짜장면은 인천에서 건너온 중국인들이 열악한 노동환경 아래 빨리 끼니를 때우기 위해 만든 음식이었는데, 짜장면박물관에서는 짜장면의 처음 탄생에서부터 지금과 같이 대중음식이 되기까지의 과정, 짜장면을 만드는 과정, 철가방과 같이 짜장면과 큰 연관이 있는 것들에 관한 이야기와 짜장면과 관련된 제품들도 살펴볼 수 있는 공간이다.

인천 개항박물관

인천광역시 중구 신포로23번길 89 ☎ 032-760-7508
🕘 9:00-18:00(연중무휴)
관람료 성인 500원, 학생 300원, 어린이 200원

인천개항박물관은 옛 인천 일본제일은행지점 건물을 박물관으로 재활용한 곳으로 개항기 인천광역시의 변화에 대하여 느낄 수 있는 곳이다. 인천개항박물관은 1883년 인천항의 개항 이후부터 시작하여 개항기의 우체통, 전화기 등 근대 문물을 볼 수 있다. 제2전시관으로 오면 인천항의 개항 그리고 인천광역시의 발전과 떨레야 뗄 수 없는 경인선 철

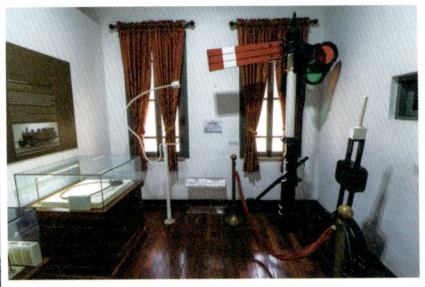

도와 관련된 자료들을 볼 수 있다. 제3전시관에서는 개항기의 인천 풍경을 살펴볼 수 있다. 특히 개항기의 풍경을 배경으로 기념사진을 찍을 수 있는 포토존이 실감 나게 꾸며져 있는 것이 독특하다. 마지막 전시실은 이 건물이 과거엔 은행으로 사용되었던 건물인 만큼 개항기 인천전환국과 금융기관에 대하여 알아볼 수 있는 공간으로 이어진다.

06 인천개항장 근대건축 전시관

인천광역시 중구 신포로23번길 77 ☎ 032-760-7549
🕘 9:00-18:00(연중무휴)
관람료 성인 500원, 학생 300원, 어린이 200원

인천개항장 근대건축전시관은 인천 일본18은행지점으로 사용되던 건물이었는데, 앞서 살펴본 구 인천 일본제일은행지점을 비롯하여 이곳 근처에는 많은 근대건축물들에 대하여 알아볼 수 있는 곳이다. 인천개항장의 근대건축물들은 6·25 전쟁을 거치면서 많이 사라졌는데, 지금은 사라진 이 건축물들을 사진과 모형을 통하여 알아볼 수 있는 곳이 근대건축전시관이다. 제1전시실과 제2전시실은 개항 당시 인천항과 조계지의 풍경

을 살펴볼 수 있고, 제3전시실에는 등록문화재로 지정되어 있는 근대건축물부터 지금은 소실되어 볼 수 없는 근대건축물을 조그만 모형을 통하여 볼 수 있다.

07 송월동 동화마을

인천광역시 중구 자유공원서로37번길 22
☎ 032-764-7494

인천역 주변의 여행지들이 개항 이후 인천광역시의 역사를 알아볼 수 있는 여행지들이 많다면 송월동 동화마을은 다른 여행지와는 다르게 '동화'를 주제로 꾸며진 벽화마을이다. 송월동은 소나무가 많아 솔골 혹은 송산 등으로 불렸고, 소나무 사이로 보이는 달이 운치가 있다고 하여 '송월동'이라는 지명이 붙여졌다. 한때는 독일인을 비롯하여 외국인들이 거주하는 부촌이었으나 세월이 지남에 따라 인천 곳곳에 신도시가 들어서면서 이 지역은 자연스레 오래되고 낙후된 지역이 되었다. 침체된 지역에 활기를 불어넣기 위해 '세계명작동화'라는 독특한 주제로 송월동 동화마을이 탄생하게 되었다. 동

화를 주제로 한 만큼 다른 지역의 벽화마을보다 더 밝고 활기찬 느낌을 받을 수 있는 것이 특징이다.

08 월미문화의거리

인천광역시 중구 북성동1가 98-57　☎ 032-764-0842
🚇 인천역 1번 출구 → 2, 10, 45, 23번 환승하여 월미도 하차

인천역에 내려 광장에서 버스를 타고 10여 분 정도만 가면 월미도에 갈 수 있다. 이름이 '월미도'여서 섬이라고 느낄 수 있지만, 지금은 섬과 육지 사이가 메워져 연결되었다. 월미도라는 이름은 섬의 생김새가 마치 반달의 꼬리와 같다고 하여 붙여진 이름인데, 개화기 무렵에는 외국 세력이 이곳을 두고 치열한 세력 경쟁을 벌였던 곳이기도 하다. 섬이 육지로 메워진 것은 1923년의 일로 유원지로 개발되어 일본인들을 위한 위락시설이 월미도에 들어오게 되었고, 한국전쟁 이후에는 군부대가 주둔한 적도 있었으나 지금은 섬 전체가 공원으로 꾸며져 있다. 일명 월미문화의거리라고 불리는 이곳은 놀이공원과 음식점, 카페거리 등으로 이루어져 있으며, 영종대교 등 인천 앞바다의 경치를 구경할 수 있는 유람선과 영종도 방면으로 향하는 여객선 이용도 가능하다.

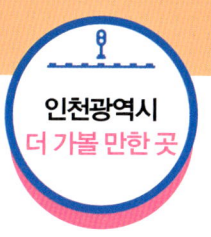

인천광역시 더 가볼 만한 곳

인천의 미래를 엿볼 수 있는 송도국제도시

송도해상신도시는 지금도 하루가 다르게 많은 건물들이 올라가고 있는 곳이다. 송도국제도시 중에서도 센트럴파크역에 내리면 구경거리가 많이 있다. 국내 최초의 해수공원이라는 타이틀을 얻고 있는 센트럴파크는 바로 옆 복합문화공간인 트라이볼과 함께 도시의 야경을 감상하기 좋은 곳이다. 또 센트럴파크역 바로 옆 G타워에 오르면 센트럴파크와 송도국제도시의 전체적인 모습을 한눈에 내려다볼 수 있다.

01 센트럴파크
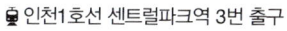
인천광역시 연수구 테크노파크로 196
🚇 인천1호선 센트럴파크역 3번 출구

센트럴파크는 동북아무역센터 앞에서부터 인천대교전망대 앞에 이르는 길게 이어진 곳이다. 규모는 약 12만 평 정도로, 이 공원의 가장 큰 특징은 '국내 최초의 해수공원'이라는 점이다. 센트럴파크의 중앙 부분의 수로는 바닷물을 끌어와서 조성된 것인데 국내에서는 최초로 시도된 것이다. 수로를 따라서 수상택시를 이용해볼 수 있고 센트럴파크를 걸으며 G타워 전망대와 인천대교 전망대를 찾아가 볼 수 있다.

❷ 트라이볼

인천광역시 연수구 인천타워대로 250 ☎ 032-760-1014
🚇 인천1호선 센트럴파크역 3번 출구

센트럴파크역에 내리면 독특한 형태의 구조물이 눈에 띈다. '트라이볼'이라는 복합문화공간인데 센트럴파크의 물길과 포스코빌딩 그리고 독특한 형태의 '트라이볼'이 아마도 송도국제도시를 상징하는 대표적인 모습이다. 마치 물 위에 떠 있는 것 같은 형태를 취하고 있는 이 독특한 건물 내부에는 대규모 공연장(콘서트홀)과 다양한 교육프로그램을 운영할 수 있는 교육실이 마련되어 있으며, 트라이볼과 뒤편 송도신도시의 마천루를 배경으로 한 풍경은 특히 야경 명소로 유명하다.

❸ G타워 전망대

인천광역시 연수구 아트센터대로 175 ☎ 032-453-7882
🚇 인천1호선 센트럴파크역 3번 출구 → 도보 약 5분
🕐 29층(하늘정원) 10:00-19:00(주말 휴무)
　33층(IFEZ홍보관) 평일 10:00-20:00, 주말 10:00-18:00

송도 센트럴파크의 전체적인 모습을 구경하고 싶다면 G타워 전망대를 방문하는 것을 추천한다. G타워 33층에는 실내 전망대(홍보관)가 있으며 29층에는 야외 전망대가 있다. 실내 전망대와는 달리 29층 야외 전망대에서는 송도국제도시와 그 주변의 모습을 더 실

감나게 볼 수 있는데, 개방시간이 19시까지로 겨울철에 방문한다면 해가 지고 난 뒤 송도 센트럴파크와 주변 빌딩에서 내뿜는 화려한 야경도 구경할 수 있다. 다만 토 · 일 · 공휴일에는 개방을 하지 않기 때문에 주말에 방문한다면 33층 전망대만 이용할 수 있다.

04 인천대교 전망대

🚇 인천1호선 센트럴파크역 2번 출구 → 도보 약 13분

센트럴파크 끄트머리에는 서해의 일몰을 바라볼 수 있는 인천대교 전망대가 있다. 컨테이너를 활용한 단순해 보이는 전망대이지만 이곳에서는 인천대교와 그 너머로 떨어지는 하루해의 모습을 담아볼 수 있다. 인천대교는 영종나들목에서부터 송도동 연수분기점까지 송도국제도시와 인천국제공항을 연결하는 다리로, 사장교로 놓인 이 다리를 짓기 위해 많은 첨단공법이 들어간 곳이다.

인천
11
바다가 보고 싶을 때? 전철타고 인천 바다여행

영종도와 용유도에는 인천국제공항, 을왕리해수욕장을 비롯하여 서해 여행지가 곳곳에 숨어있다. 또 오직 영종도에서만 이용할 수 있는 이색 교통수단이 있는데, 세계에서 두 번째로 상용화된 자기부상열차가 그것이다. 자기부상열차를 이용하여 10여 분 정도를 달리면 용유역에 도착하는데 영종도 바다 여행은 바로 이곳에서부터 시작한다.

🚇 **인천 찾아가기** 인천공항자기부상열차를 이용하기 위해서는 인천국제공항역에서 갈아타야 한다. 인천국제공항역은 공항철도와 KTX가 운행하고 있다.

01 인천공항 자기부상열차

🕐 7:30-20:15(15분 간격, 무료)

인천국제공항역에서부터 용유역에 이르기까지 6.1km를 약 12분에 운행하는 인천공항 자기부상열차는 전자기력을 이용하여 지면에서 약 8mm 정도 띄워서 운행하고 있다.

기존 철로를 다니는 열차들에 비해 자기부상열차는 마찰력을 줄일 수 있고 레일의 마모가 적어 유지보수 비용도 덜 들 뿐 아니라 낮은 동력을 이용해서도 높은 속력을 낼 수 있다는 장점이 있다. 자기부상열차의 종점 용유역에 내려 조금만 걸어가면 바닷가를 볼 수 있다. 거잠포선착장이 보이고 멀리 작은 섬이 하나 보인다. 이 섬의 이름은 매도랑인데 상어 꼬리를 닮았다고 하여 샤크섬이라는 별칭이 붙어있다. 용유역에서 20분 정도 걸어가면 잠진도선착장으로 갈 수 있다. 잠진도선착장에서는 무의도로 향하는 배를 이용할 수 있는데, 영화 제목으로도 유명한 실미도는 무의도에서 다시 배를 이용하면 찾아갈 수 있다.

거잠포선착장에서 바라본 매도랑

 마시안 해변

인천광역시 중구 마시란로 118 ☎ 032-746-3093
🚇 용유역에서 204번 환승하여 마시란해변(슈퍼 앞) 하차

용유역에서 잠진도선착장으로 향하는 길에 작은 바닷가를 볼 수 있다. 자기부상열차 용유역에서 가장 가까운 해수욕장으로, 걸어서 20분 정도가 걸린다. 용유도에는 왕산해수욕장이나 을왕리해수욕장이 특히 유명하지만 중간중간에 크고 작은 해수욕장이 숨어 있는데, 마시안 해변 역시 이 중의 하나이다. 마시안 해변의 경우 갯벌체험을 할 수 있는 해수욕장으로 겉보기에는 평범한 모래사

장이 있는 것 같지만 물이 빠지면 넓은 갯벌이 눈 앞에 펼쳐진다. 직접 갯벌에 들어가 허용된 무게까지 해양생물을 잡아볼 수 있어 인기가 높다.

선녀바위 해변

인천광역시 중구 선녀바위로 68-2 ☎ 032-760-7532
🚌 용유역에서 302, 306, 204번 환승하여 선녀바위해수욕장 하차

선녀바위 해변은 을왕리 해변으로 가기 전에 나오는 작은 해변이다. 이곳에는 독특한 모양을 한 바위가 있는데 이 바위가 바로 선녀바위이다. 영종진 방어영에 수군들이 상주하였던 시절 이 군을 통솔하던 지휘관에게 첩이 한 명 있었다. 지휘관이 사랑이 식어 첩을 멀리하자 애첩은 화가 나서 이 남자가 근무하는 군부대 앞 태평암이란 바위에 몸을 던져 자살을 하였는데 이 애첩의 시신은 수습을 해 줄 사람이 없어 용유도 포구에 표류를 하게 되었다고 한다. 뒤늦게 후회한 지휘관이 표류하던 시신을 묻고 이곳을 선녀바위라고 했다는 이야기가 전해진다.

을왕리 해변

인천광역시 중구 용유서로302번길 16-15
☎ 032-752-0094
🚇 용유역에서 302, 306, 204번 환승하여 을왕리 해수욕장 하차

용유도, 선녀바위 해변, 마시안 해변의 이름은 모르더라도 을왕리 해변은 서울에 사는 사람들은 한 번쯤 들어봤을 법한 이름일 정도로, 을왕리 해변은 용유도에서 가장 유명한 해변이다. 1986년에 국민관광지로 지정이 되었으며, 버스에서 내려 을왕리 해변으로 향하는 길에는 조개구이집, 카페와 같은 먹거리와 마실 거리는 물론 숙박시설도 많이 있다. 백사장의 길이가 약 700m에 이를 정도로 넓고 서해안에 있는 해변인 만큼 낙조가 특히 아름답다.

05 인천공항 전망대

인천광역시 중구 공항서로 279
☎ 032-751-2117
🚇 용유역에서 306번 환승하여 인천공항전망대 하차
🕙 10:00-17:00

관람료 무료

인천국제공항 근처 오성산에는 인천공항을 한눈에 볼 수 있는 전망대가 있다. 공항에서 비행기를 타지 않는다면 쉽게 볼 수 없는 공항 내부의 전체적인 모습을 이곳 전망대에서 볼 수 있다. 활주로에서부터 탑승동 그리고 여객터미널까지 한눈에 들어오는데 쉴 틈 없이 이륙하고 착륙하는 전 세계의 많은 비행기를 볼 수 있다. 내부로 들어가지 않아도 인천공항의 전체적인 모습을 볼 수 있기 때문에 전망대가 문을 닫은 밤 시간대에도 야경을 보기 위해 많은 사람들이 찾고 있다.

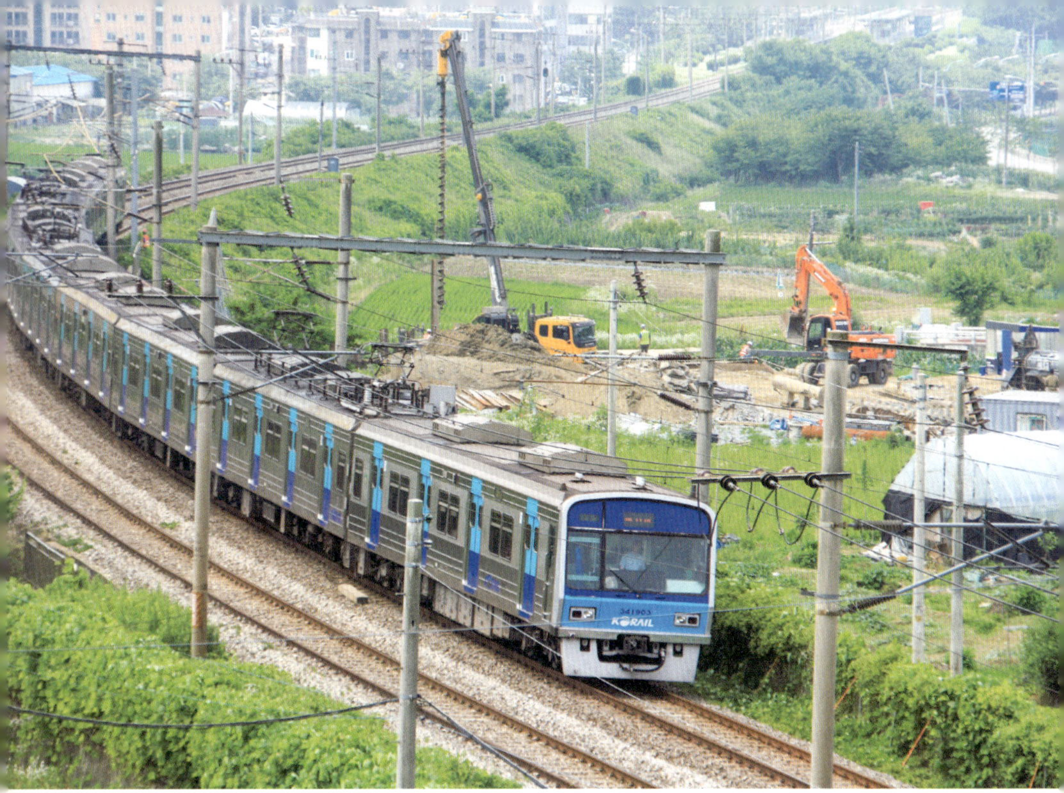
KORAIL

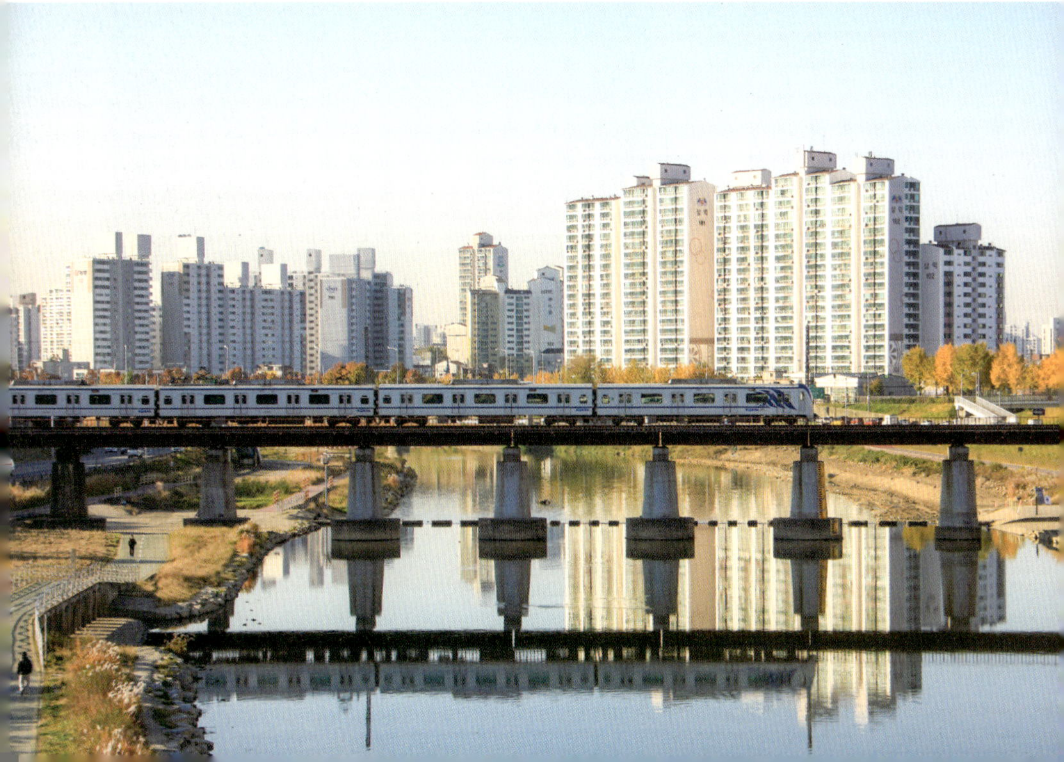